U0917847

追 旅 思

娄建源◎著

文匯出版社

图书在版编目(CIP)数据

追旅思 / 娄建源著. —上海：文汇出版社，2017.9

ISBN 978-7-5496-2284-9

Ⅰ.①追… Ⅱ.①娄… Ⅲ.①旅游经济—经济管理—文集 Ⅳ.①F590-53

中国版本图书馆 CIP 数据核字(2017)第 200214 号

追旅思

著　　者 / 娄建源

责任编辑 / 甘　棠
封面装帧 / 光　南

出版发行 / 文匯出版社
　　　　　上海市威海路 755 号
　　　　　(邮政编码 200041)
经　　销 / 全国新华书店
排　　版 / 南京展望文化发展有限公司
印刷装订 / 启东市人民印刷有限公司
版　　次 / 2017 年 9 月第 1 版
印　　次 / 2017 年 10 月第 2 次印刷
开　　本 / 700×1000　1/16
字　　数 / 280 千字
印　　张 / 18.25

ISBN 978-7-5496-2284-9
定　　价 / 32.00 元

序：勤笔耕耘喜丰收

一方水土养育一方人。有山有水的上海市松江区，历史较为悠久，人文底蕴丰厚，是人才辈出之地。进入改革开放新时期以后，文化传承与科技创新都多有成就，加之山青水秀、景色优美，故而令我神往。这是我喜欢常常去松江的缘由。

因了这缘由，我认识了在松江区旅游委任职的娄建源。我们如水之交，过从不密，但我对他印象深刻：这是一位重视文化、传承文化的旅游人。

十年前，他组织评选“松江新十二景”、编辑《松江旅游文化丛书》和开展“旅游征文评选”活动，我均应邀参加。随意交谈中，他三句不离松江的历史文化和旅游文化，给我直感：此人定是全身心地投入在松江的旅游事业中。之后的几次交往，他更是给了我善于观察，肯动脑筋，有思路，重实践，又实事求是的干部形象。再后来，我才知道，他还勤于动笔，松江很多旅游宣传文稿和活动策划文案均出自他手，还时常有游记散文、文史探究等发表在报刊上。这加深了我对他的好感。2012年，由他主编的新版《松江导游词》出版后，我欣然写下书评《风景每天都是新的》，以此表达我对松江旅游文化的赞美和推崇。

最近他让我惊喜：文汇出版社要为他出书了！我意外之余是感动：从书名《追旅思》想来，文章应该是他身居领导岗位时所写的吧。这真是不容易。工作繁忙，事务杂多，能抽出时间、静下心来，写下一篇篇富有真情实感的散文随笔，这绝非一般干部所能为。

娄建源同志要我为他这本书作序，我理当尽力而为。

在阅读书稿的过程中，我感觉他对事物、对旅游景区的观察比较细腻，角度也比较独特。毫无疑问，无论做旅游还是写文章，他都非常用心。我从他的文章里，还能感受到他的驾驭和调控自我的能力很强。他常让我看到两个不同的角色在相互交融、交替：有时他是旅游委的干部，认真、严谨、负责地工作着、思索着；有时他是文学爱好者，与文朋诗友品茗闲聊，说散文说灵感说创作，兴趣盎然，谈笑风生。以我对他的了解，这是他真实的状态。

难能可贵的是，他的游记，不少又非纯游记。他的笔端，常常能透过景区看到一个城市、一个地区的历史文化、民俗文化和传统艺术文化，他总是理性地科学地思索如何赋予景区以文化的内涵，如何以城市文化特色为根基，让旅游文化成为文化旅游的补充和延伸，从而使得他的文章有了深层次的意义和价值。

读他的文章，我还有一点感触：他为人真诚和守信，却又不乏幽默和风趣。在《唉！凤凰》中，说到沱江边的原居民都迁走了时，他写道："翠翠找不到了，她的后代的后代也找不到了……"读了让人会心一笑。在《磁器口碎片》中他写到："一位老者在给游客写'姓名书法'，我也情不自禁请老者写了一幅。写完后，他将'我'嵌入一相框，并装入纸盒……"让人有阅读的轻松感和场景感。

他的内心世界丰富而细腻，他注重细节，感情渲染自然、准确，文章读来流畅、有美感。比如《感动廊桥》："我终于'迟到'地踏上了这片温州的土地。在游览了雁荡山合掌峰景区后，我们来到了浙闽交界处的泰顺县，去拜访心仪已久的美丽廊桥……"读这样的文字，读者的心情会跟着他愉悦、舒畅起来。再如《观企鹅回家》中："它们小巧玲珑，走走停停，个个肚子都圆滚滚的。走着走着会突然向前扑倒，一会儿才慢慢站起来。它们都身负重任，肚子里装着为孩子们准备的食物。它们张开翅膀，摇摇摆摆，边走边看，在寻找自己的家……"这样的描写，又给读者身临其境感，乐亦在其中矣。

这就使我想到一个问题：如何遣词造句，使自己的所感所想所悟恰到好处地表达出来，而不显突兀？这也是我曾经面对的一个问题。我在党政机关工作时，写文章特别是文学作品时，稍不注意，笔下就出现官腔官调，以至于文学性和可读性不够。而同为官员，可以看出，娄建源在这方面把握得很好，即便有时不经意间流出的那点“官味”，也不拿腔拿调，读者读到的，是他对文学的钟爱和追求。这一点，大家可以读读《“山骨水肤”引客来》。

他的文章还有一点与众不同，往往会与松江的文史联系起来。如《今古人鹤情》中的华亭鹤、《凝固的烟云——盂城驿》中的秦皇驰道、《古堰画乡雨中情》中的卫泾等，可见松江的历史文化和旅游文化是如何地根植于他的心间。

写到这里，想起娄建源说，《追旅思》是他为自己从事旅游工作这么多年的体会和感悟作的一个集结。从某种意义上说，集结，是为了出发。在此，我祝愿他继续勤于笔耕，在文学创作方面不断有佳作问世！

是为序。

李伦新

2017 年 4 月 2 日于乐耕堂

目　　录

第二辑　山 骨 水 肤

第三辑　华亭补遗

第四辑　灯下偶得

第　一　辑

旅途印记

今古人鹤情

曾经，我对鹤并没有太多的关注，只知道它是国家重点保护禽鸟，仅此而已。

八月下旬，我去了黑龙江省齐齐哈尔市。齐市因有占地 2 100 平方公里的国家级自然保护区——“鹤乡”扎龙而闻名天下。所以齐市又别称“鹤城”，以“世界大湿地，中国鹤家乡”为广告语。据说全世界现有鹤类 15 种，中国有 9 种，而扎龙保护区就有 6 种。其中尤以丹顶鹤最为珍贵，世界现有丹顶鹤 2 000 多只，而扎龙就有 500 余只。在齐市的这些天，我才真正解读了“鹤”。

齐市人利用一切机会向我们介绍引以为豪的丹顶鹤。说鹤傲然卓立，步履优雅，行止有节，仪态大方；说鹤举止之间，让人觉得它有一种若有所思的深沉，有一种不卑不亢的潇洒；说鹤鸣声如松涛、似雷鸣，一鹤长啸，引发百鹤齐鸣，有道是“鹤鸣九皋，声闻于天”；说鹤是长寿珍禽，一般能活到 40 多岁，最长的可活到 60 岁；说鹤是“爱情”忠贞的象征，又是“计划生育”的典范；说鹤是国家重点保护珍禽，无价之宝，不许买卖，仅有少量的用于友好城市间的馈赠。

齐市人还给我们讲了一个关于鹤产蛋的有趣现象。鹤每次只产 2 个蛋，然后孵化。扎龙人曾做了一个试验，将鹤引开，将 2 个蛋“偷”走，鹤回来后，不见了蛋，就不再下蛋了。如只“偷”走一只蛋，鹤还会再下一个蛋，再次“偷”走一个，它又下一个，这样，最多的可连续下七个蛋。

齐市人在我们会场外布置了一个反映鹤的摄影作品展览，并自豪地说他们已将丹顶鹤作为国鸟申报，而且是目前唯一的候选鸟。言语之中，那种爱鹤之情显得那么自信，那么真诚和优越。齐市人还特地安排我们去扎龙观赏丹顶鹤。当我们四五个人围着丹顶鹤拍照时，我“读”到了它的“傲然卓立”；当我与鹤合影时，我感到了它的“仪态大方”；当它在我们头顶上飞过时，我看到了它的“潇洒优雅”。此刻，我感到自己“读”懂了“鹤”。

在齐市，我还听到了一个“护鹤天使”的动人故事。有一个名叫徐秀娟的女孩，中学毕业后随父在扎龙驯养鹤，后自费考入东北林业大学禽鸟专业。毕业后，受正在筹建中的江苏盐城珍禽自然保护区之邀，毅然离开家乡“鹤城”，手捧着三颗鹤蛋去了盐城丹顶鹤迁徙越冬地。从最初的三只人工孵化出的丹顶鹤开始，去建立不迁徙的丹顶鹤野外种群。可在一年后的一天，她为寻找飞失的丹顶鹤，不幸滑入沼泽地，再也没有上来，时年 23 岁。有一首以徐秀娟事迹为原型创作的歌曲《一个真实的故事》曾在大江南北广为传唱：“静静的小河，你可曾记得，有一位女孩她曾经来过，为何片片白云悄悄落泪，为何阵阵风儿为她诉说，还有一群丹顶鹤，轻轻地、轻轻地飞——过——”。激情、悲怆的歌声给人以心灵的震撼、美的熏陶。江苏盐城及齐齐哈尔扎龙自然保护区分别为她修建了“徐秀娟纪念馆”和纪念碑。今年 9 月 16 日，正值徐秀娟因公殉职 20 周年纪念日，一部由国家环保总局主持拍摄的影片《鹤乡情》公映了，齐市妇联在全市组织开展了诗歌朗诵会，以缅怀她爱岗敬业的先进事迹。

齐市回来后，关于鹤的故事时常萦绕在我的脑海之中，陶醉在人与鹤的情缘中，不由得想起古往今来，人与鹤是风情万种，情缘不断。

我所在的松江有二十四景，其中有一景，名为“华亭鹤影”。现虽已无踪可寻，但据史传，早在三国、两晋时代，松江就有“华亭鹤”。南朝“山中宰相”陶弘景也曾养过华亭鹤，后来鹤死了，他亲手把它埋葬，并写下《瘗鹤经》。南朝的孔德绍、唐代的白居易都曾留下了这样的作品。晚唐诗人皮日休在自己喂养了一年多的华亭鹤飞走后，万分伤心，深情写下《悼鹤诗》。远离故乡的陆机在罹难时想到的还是家乡的华亭鹤，“华亭鹤唳，岂可复闻乎”，这悲怆的呼唤足以证明华亭鹤对松江的象征意义。

唐代崔颢“昔人已乘黄鹤去，此地空余黄鹤楼。黄鹤一去不复返，白云千载空悠悠”的千古佳句，给人以一段思念，一种惆怅。武汉有楼无鹤，给了黄鹤楼残缺之美。后听人说，鹤幼时羽毛为黄色，飞走为黄鹤，来年返回时羽毛已变成白色，故有“黄鹤一去不复返”之叹了。

有一则民间传说，说的是晋代大书法家王羲之晚年时，收到一封书信，上写“端阳正午时，乘鹤归府去。断尽烦恼丝，上天拜王母。”王看后从容而道“是时候了！”说罢，起身向鉴湖边走去，岸边有一大白鹤，见王走来，便趴了下来，王骑上鹤背，鹤腾空而起，向西而去。后来，人们常把德高望重的人逝世，尊称为“驾鹤西游。”

还有这么一句话“腰缠十万贯，骑鹤下扬州”；还有这么一幅图，“松鹤延年”图。先人喜欢将鹤当坐骑，用鹤来形容吉庆、长寿，不管是“乘鹤”、“骑鹤”、“驾鹤”也好，还是将“松”与“鹤”两个不相干的放在一起也罢；不管鹤有“仙气”也好，有“灵气”也罢，这都是先人的一种美好愿望，一种赞美。可见人与鹤的情缘之深，千百年来，一脉相承。

冥冥之中，我仿佛看到在松江的古泖河边、浦江烟渚中、五厍湿地里，华亭鹤回来了。这滩涂、这湿地在慢慢地扩大，芦苇茂密，鹤也在慢慢地增多，成群的飞翔……

2007 年 9 月

（原刊于 2007 年 10 月 16 日《旅游时报》D16 版）

美哉，茶溪谷

要写茶溪谷，先要说说深圳华侨城。

20世纪90年代，在深圳这片改革开放实验区的热土上，华侨城人建起了一个个主题公园，吸引了数千万的游客来游玩。深圳并没有多少旅游资源，而华侨城人硬是在这片热土上创造出一个个神话，开辟了一个个全新的主题公园。华侨城人的大胆、大气、创新、超前、追求卓越，引领了时代的潮流。在全国各地的一片"主题公园"热"退烧"后，华侨城的一个个项目仍然魅力不减，辐射到长沙、成都、北京、泰州、上海，创造出一个个奇迹。

去年，听说华侨城人在深圳东部的梧桐山中花了4年时间，总投资35亿人民币，在9平方公里的山峦里建起了东部华侨城项目，建起了茶溪谷、云海谷和大峡谷3个板块，在试营业不到一年的时间里，接待了60万人，真是一个不错的业绩。我们很想去看看。

前些天，我与几位同事去深圳参观东部华侨城的项目。小车从深圳宝安机场出发，横穿了整个深圳城区，来到了深圳东部大梅沙，进入了山道，在海拔500多米高的梧桐山中穿行。

小车在山道上拐了几个弯后，眼前便出现了一条高架在山谷中逶迤伸展的铁轨桥，一列只有3节车厢的森林小火车驮在上面缓缓地行驶。

到了，茶溪谷到了。

茶溪谷占地3平方公里，分别由茵特拉根、茶翁古镇、湿地花园和三洲茶园4部分组成。

小车驶过茵特拉根火车站，便拐了弯，停在了茵特拉根酒店门口。下车后又换乘上电瓶车，继续沿着山道向上行驶，沿途是茵特拉根酒店的裙屋和数十幢别墅。远处的一幢“总统堡”座落在山腰中，颇有气派。电瓶车穿过茵特拉根矿泉 SPA，经过落翔桥，载着我们来到了湿地花园。我发现，电瓶车行驶在一条塑胶道上，原来这是一条山地自行车环道。我们来到了湿地长廊，走上了廊桥，来到了一座取名为“生命之源”的大拱形红色钢塑前，眼前是一片湖区，据介绍，这片山区中有大小水库十多个，周围城镇的饮水就靠这些水库，在这里建旅游休闲度假设施对生态保护、水资源的保护要求特高。听后不得不佩服华侨城人的大胆、敢做和敬业精神。

我们在茵特拉根小镇咕咕舞台前下了车。在咕咕钟门楼前，一位“街头人体秀”迎接了我们，大家情不自禁地与他合影，进入钟楼商业步行街，异国情调的商品、旅游纪念品琳琅满目，使我们不由得顿足观望。步行街中部的湖上，建有一廊桥，望着这廊桥，似曾相识，似阿尔卑斯山下的瑞士小镇——琉森。对！就是眼前的这景。廊桥边一支瑞士人组成的乐队在演奏着一首我不知名的乐曲，异国风格的建筑窗台上，栽有一盆盆鲜花，使我仿佛置身于瑞士的街景中。

我们来到了三洲茶园，站在离地面近 40 米的竹溪索桥上，远远望去，四周是满目苍翠，幽幽湿地，茶溪美景，尽收眼底。三洲茶园由寻幽竹溪区、闻香茶岭区、森林探秘区 3 大区域 31 个景点组成。我们坐着电瓶车一路走马观花，感叹不已。最后我们来到了茶翁古镇。镇广场中央竖着一名叫醍醐灌顶的大茶壶造型，广场四周有戏台、百茶屏、茶屋、茶艺坊和茶馆饭庄一字排开。

下山的路上，我沉浸在茶溪谷的美景之中，也许我会再次来东部华侨城的茶溪谷。在山路弯弯，高低起伏的塑胶道上悠闲的骑着自行车，坐上观光升空氦气球鸟瞰整个东部华侨城；或去茵特拉根矿泉 SPA 做一次水疗，在小镇上逛逛，听听街头摇滚乐队的演奏，中午在茶翁古镇吃上一顿农家菜，下午泡上一壶南岭香茶，眺望着远处山峦的群峰绿海，望着脚下层层茶田，享受着山地清音的天籁之美；或坐在路边的茶棚里，体验一下在茶马古道边歇脚的滋味，看着古镇戏台上演出的粤剧，听着当地茶农无忧无虑的闲聊；晚上去大剧院观看一场流光溢彩的天禅之舞，真是犹如仙境，太惬意了。

华侨城人在深山里活生生地打造了一个全生态的旅游休闲度假区，难怪我国第一块国家生态旅游示范区挂在了这里。深圳市市长曾说“东部华侨城将成为深圳市一张流光溢彩的城市名片”。这张城市名片的新颖之处，从某种角度上说，恰恰就在于她所开创的文化旅游新体验。是啊！人们说，现在的旅游已从单一观光型步入旅游观光和休闲度假并举的时代，华侨城人着实又领先了一步，不声不响地创造出了一个与主题公园截然不同的生态休闲度假新产品，又一次引领了时代的新潮流。

美哉，茶溪谷！

2008 年 8 月

（原刊于 2008 年 9 月 15 日《中国旅游报》第 14 版）

神奇的敦煌雅丹地貌

初冬的敦煌，天亮要比上海晚两个小时。8时用早餐，天还黑乎乎的，一轮明月还高高挂在天上。半个小时后，太阳才慢慢露脸，可那月亮却迟迟不肯隐去，于是便出现了日月同辉的壮观景象，非常美。在敦煌的两个早晨，我都有幸看到了这一精彩天象。

天刚放亮，我们便匆匆驱车离开了敦煌城，一路向西疾驶而去。导游小张说，到敦煌雅丹国家地质公园有170公里，路上需走3个多小时。车行驶在茫茫戈壁中，南边是鸣沙山，东西绵延40多公里。北边是一望无际的戈壁荒漠。望着车窗外荒无人烟的戈壁滩，我却在胡思乱想，这里如果建十万个足球场也只是一角，真是太大了。以前，只能在电影电视中看到戈壁沙滩，今天算是真正体会到了什么是地大，什么叫荒凉。

上午10时，我们来到闻名遐迩的"玉门关"和"汉长城遗址"，拍了几张照片，稍作停留后便又上车向西而去，又行了80公里，才来到了敦煌雅丹国家地质公园的主景区。

在去敦煌前，我对雅丹地貌并没有多少兴趣，本来嘛，到敦煌，就是冲着莫高窟、鸣沙山和月牙泉去的。一路上，导游小张给我们讲了许多关于雅丹地貌的情况。"在地质学上，雅丹地貌专指经长期风蚀，由一系列平行的垄脊和构槽构成的景观"她还介绍说："敦煌雅丹地貌生成大约经历了70至30万年的时间，是迄今为止发现的全球规模最大、地质形态发育最成熟、最具观赏价值的雅丹地貌群"；"一般的雅丹地貌均在较大的土沟之中，而敦煌雅丹地貌完全矗立在平坦的戈壁滩上，而且连成一大片，面积约有400平方公里"；"到了雅丹地貌处，就好像走在一个盆子的边上，再走400公里，就到了盆子的中央，那就是罗布泊了”。小张如是说，我们听后一阵激动，想不到我们已来到了罗布泊的边上了，不由得想起多年前那位独身徒步探险魂断罗布泊的余纯顺，于是喟叹：这大自然也真让人琢磨不透呀！

下车，我们身置高处，远远望去，茫茫戈壁滩上矗立着一座座浅红色的土质“古建筑”，俨然中世纪的古城。这座特殊的“城堡”，有城墙、有街道、有大楼、有广场、有教堂、有雕塑……走近看时，整个雅丹地貌都各具形态，有的像座塔，有的像宫殿，有的像麦垛，有的像或立或卧的各种动物形态，有的像大海中乘风破浪的舰队，有的像游牧民的圆顶毡房……大自然的创造力是无穷的，这片雅丹地貌真是鬼斧神工，妙造天成，其自然完美的创造给人带来的是无限的遐想、振奋。

我们边走边看，赞叹连连。大家在“大漠雄狮”、“孔雀欲飞”、“群龟出海”、“沙海舰队”前拍照留念，并与雅丹地貌来了个“亲密接触”。A君向着“城堡”深处一路狂奔，转眼间小如鸟儿；B君则张开双臂，兴奋地大声叫喊；C君一个劲儿地按着快门，定格了无数的风光美景；D君则一会儿在沙地里寻找着什么，一会儿又不声不响地注视着路边“地窝子”边的奇石根桩摊位，据说它们来自罗布泊深处的楼兰古国；我用手指去碰划了一下地貌的土层，哇！土质是那么的硬，就像砖块。

敦煌真是神奇，鸣沙山、月牙泉、莫高窟，尤其这独特的雅丹地貌……

2009年3月

（原刊于2009年4月6日《中国旅游报》第16版）

感动廊桥

五月的一天，我终于“迟到”地踏上了这片温州的土地。在游览了雁荡山合掌峰景区后，我们来到了浙闽交界处的泰顺县，去拜访心仪已久的美丽廊桥。

廊桥又称屋桥、亭桥，因廊内可避风雨，许多地方称它为风雨桥；也因为桥上的建筑华丽，内部装饰考究，有的地方也把它称为花桥。还有的地方称它为风水桥或福桥。称呼虽然不同，结构和造型也有差异，但所起的作用却基本一致。廊桥不仅是交通设施，还兼有社交、标识、观赏、祭祀等多种政治、经济、文化、民俗方面的功能。

廊桥大致可分为编梁木拱廊桥、八字撑木拱廊桥、木平廊桥、石拱廊桥等几类，其中编梁木拱廊桥最具文物价值。我国的编梁木拱廊桥大多集中在浙闽交界的崇山峻岭中，如浙江省的泰顺、庆元、景宁等地，福建省的寿宁、屏南等地。泰顺有“中国廊桥之乡”之称，全县 16 个乡镇中分布有 33 座廊桥，其中 15 座于 2006 年被列入全国重点文物保护单位。

我们朝着泰顺的泗溪镇进发，在众多廊桥中，就数泗溪的廊桥最美。泗溪这个地方，因有东溪、北溪、南溪顺山而下，汇成了西溪流向下游而得“泗溪”名，是个有山有水的好地方。溪多桥也多，现存的溪东桥和北涧桥这两座廊桥分别建于明隆庆四年(1570 年)和清康熙十三年(1675 年)，两座廊桥横跨在东溪和北溪上，相距不过 200 米，俗称“姐妹桥”，桥梁专家将其誉为“世界桥梁之典范”、“世界最美丽的廊桥”。

我们来到北涧廊桥，首先映入眼帘的是有红色护栏板的廊桥以及桥东边的两株大树。两株大树一株是樟树，据介绍说，已有近千年树龄，至今叶茂参天。另一株叫乌桕树，虽说乌桕到处都有，但长得这么高大的极为罕见。这两株树千百年来形影不离，犹如一把巨伞，把廊桥掩遮了大半。绿树红桥，掩映成景。北涧桥桥长50多米，宽有5米之多，高有11米之余，桥屋20间，形似架在河上的一座长条形屋子。廊桥两边有护栏，护栏上都开有风洞窗，饰以精美的雕刻，鲜丽的漆画，窗下是一排廊靠椅，可倚可靠、可坐可览。一川风景。

廊桥上热闹得很，10多位来旅游的中学生，聚在一起合影留念，不时发出阵阵欢笑声。廊靠椅上，有10余位老人闲坐聊天，几位妇女一边在做针线活，一边看着孩子玩耍。许多过桥人，坐在廊靠椅上小憩、畅谈古今。

在北涧桥东桥头，听得有人在招呼我们："过来看看吧！"抬头望去，是一位老者站在一家店铺前向我们招手。店铺招牌上写着泰顺廊桥文化展示厅。展厅门面不大，也很简陋。一边放着一张桌子，上面有五六本介绍泰顺廊桥的书和画册、明信片等，我顺手将一本画册拿在手中翻看，可老人并不急于介绍画册，而是对我们说，"我先给你们介绍一下廊桥吧"，说完我见他手中已拿了一根细细的木棒，只见他走到一幅导览图前，开始了他的讲解。

老者叫周万巩，是泰顺廊桥文化展示厅的主人。老先生的讲解深入浅出，从地理位置、历史渊源到廊桥主体构架，一路娓娓道来。他将廊桥的主体结构归纳为"四无四法"。"四无"指的是编梁木拱桥的主体构架上"无钉、无榫、无梁、无墩"。"无钉"即桥的主体构架上无一颗铁钉；"无榫"即木头与木头之间不用榫头，怕破坏了木头的牢固性；"无梁"即不用主梁，采用编(别)交叉的方法支撑；"无墩"指两岸之间不用桥墩，便于快速泄洪。"四法"是指古人在建造这种编梁木拱桥时用"顶、编(别)、撑、压"的方法。所谓"顶"是指将圆木搭成"八字形"，木的顶端接口靠互相顶住来衔接；"编(别)"是指桥的拱形部分是用许多木头交叉的方法编织而成；"撑"是指木与木之间、上下之间靠圆木撑起；"压"是指桥面用一寸厚的木板铺两层地板加固，桥上加盖长廊或建起屋、亭、阁，用这些重量来压住主体结构。这样，一座充分利用力学原理和杠杆原理搭置而成的编梁木拱廊桥就"建成"了。

讲解中，周老先生还特别提到哪年哪月的哪次洪水涨到廊桥的哪个部位，哪年哪月洪水涨到接近桥面的位置，但北涧廊桥这座已有330多年历史的廊桥，其主体构架却毫发无损，只是被上游漂来的树木撞坏了几块挡板。

周老先生早年是一位乡村教书先生，后加入浙闽抗日游击队。新中国成立后当教师、医生40多年。离休后，他主动回到老家泗溪，当了一名廊桥文化的义务讲解员，一讲就是10多年。

在当义务讲解员的同时，他从地方县志、乡村民间的宗谱以及荒山坟头墓碑文字中收集了许多关于廊桥的资料。从2002年开始，他自己动手制作展板。2003年5月，他用自己的离休金2.5万元，在廊桥桥头近30平方米的旧屋中布置了这个展厅。展厅里展示着有关廊桥的分布图、照片、模型和相关资料。近年来，他在儿子周方泰的帮助和资助下，又投入8万元资金请来木工匠定制了20座廊桥的模型。2008年他花了10万元编印了《国宝廊桥》摄影集，其中收集了33座全国国家级文保廊桥的71帧图片，2万余文字。周老先生用他的恬淡和宁静、真诚和爱心，用他的古道热肠为古廊桥的文化传播作出了无私的奉献。10多年来，他先后接待了42个国家的游客和访问学者，人数达50万人次。

站在北涧廊桥上，我分明看到一位与古廊桥比肩而立的老人，这是一位浩然有古风的老人，一位令人尊敬和感动的“守桥人”。如果廊桥会动容的话，它一定会被周万巩先生的爱桥之心所感动，一定的。

2009年5月

（原刊于2009年8月17日《中国旅游报》第14版）

观企鹅回家

企鹅很绅士，是因为它的体羽和形态——腹是白色的，体羽背部是黑色的，如里面穿了件白衬衣，外面披了件晚礼服，站立着或行走时都像个绅士。企鹅很大方，是因为它见人并不害怕。记得有一短片，介绍的是南极科考人员坐在雪地里与企鹅合影，而边上的企鹅则旁若无人，在人群边上蹒跚地走它的路，招招摇摇、风度翩翩。企鹅很壮观，是因为在冰天雪地上成千上万只企鹅都齐刷刷地站立着，作企望状。当然，这些都是在电视中看到的。

3月初，我到澳大利亚墨尔本参加会展，旅居当地的友人Z君说，你们白天没空，晚上可去菲利普岛看看企鹅上岸。于是展会结束后，我们赶紧买了些面包，在友人的陪同下匆匆驱车赶往菲利普岛。

一路上大家都很兴奋，友人介绍说，世界上只有3个国家可看到企鹅上岸回家。一个在南非、一个在南美、另一个便是南澳的菲利普岛，故该岛又以"企鹅岛"著称。130公里的路程花了2个多小时，到了菲利普岛的萨兰姆海滩，天已完全暗下来了，已是当地时间晚上8点多了。据说，天一黑企鹅就要上岸了。

买了门票，急匆匆赶向海滩，走上了一条人工修建的木栈道，栈道两边是灌木丛，不时传来"咕咕"的叫声，循声可见一个个小洞，有小企鹅在探头探脑。友人说，这是企鹅的孩子在等它的父母回来。

走到木栈道的尽头时，看到的是一个可坐百多人的观察台，这时早已坐满了前来观看企鹅上岸回家的游客。观察台在海滩内的土坡上，远处还有几盏灯，将海滩照亮。大家都不言语，集体"失声"，在静静地等候着企鹅上岸。观察台上忽然一阵骚动，我们朝海滩边望去，在泡沫的浪花中，出现了一点点暗暗的小东西，它是借着浪花跳出来的，企鹅回来了。一会儿已有一群企鹅上岸了。远远望去，它们并不着急回家，而是一只只站立着，伸长脖子在观望，我想这可能是它们在侦察周围是否有危险。过了一会儿，看到它们似乎在排队，又似乎在等待还未上岸的同伴，磨蹭了几分钟，这群企鹅才慢慢向我们走来。这时后面又出现了一群、又一群……

当这群企鹅走到我们站立的木栈道旁时，我才发现，原来旁边还有一条土路，是企鹅回家的"专用道"。而木栈道是平行的建立在企鹅专用道边上的，这使游客能近距离观看企鹅回家。

首群企鹅大约 20 只左右，前后我们看到了有七八群。它们小巧玲珑，走走停停，个个肚子都圆滚滚的。走着走着会突然向前扑倒，扑倒后也不急于爬起来，一会儿才慢慢站起来。回家的企鹅，它们都身负重任，肚子里装着为孩子们准备的食物，回家后反哺给企鹅幼仔。它们张开翅膀，摇摇摆摆，边走边看，在寻找自己的家。对木栈道上的围观游人置之不理，真是"旁若无人"。远处土坡上不时传来这些企鹅的孩子们的"咕咕"呼叫声，饿了一天了，在急呼着它们的父母该给宝宝喂食了。在这左一声右一声的"咕咕"呼叫声中，这些企鹅纷纷离开了队伍，各自回到了它们的家中。我陪着它们慢慢走，看着它们回家。它们的家，有的是一个小小的土窝，有的是一个浅浅的坑，有的就蜗在灌木丛边，整片土坡到处都是它们的身影。这种极具魅力的景观真是太美了。

这一晚的静观企鹅回家，让我好几天都心绪难平。企鹅日出而作，日落而息，生儿育女，如同人类，它们也在为生存而奔波劳苦。好在人类已懂得不去打扰它们，而是格外爱护和保护它们了。

2010 年 3 月

（原刊于 2010 年 4 月 16 日《中国旅游报》第 6 版。2010 年 9 月 21 日转载于《华东旅游报》）

磁器口碎片

知道山城重庆有个叫磁器口的地方，那还是40年前看了长篇小说《红岩》时候的事。小说中的“疯子”华子良，就是在磁器口机智脱险，找到党组织，将“白公馆”和“渣滓洞”秘密关押共产党人的情报传出去的。从那时起，我就想有朝一日能到磁器口看看。多年前，我得到了一套“磁器口春秋”的移动通信充值卡，画面上的磁器口古朴厚重，让我更向往。

以前曾到过重庆，但都是匆匆而过。从成都坐火车或汽车抵重庆，到“白公馆”、“渣滓洞”谒拜了革命先烈，然后在解放碑转一转，便在朝天门码头坐船下长江三峡了。这次是专到重庆，特意去了磁器口。

磁器口，原来叫白崖场。据传，明太祖朱元璋去世后，皇太孙朱允炆继位当皇帝，史称建文帝。后遭燕王朱棣反叛，建文帝逃入四川，在重庆白崖场马鞍山上的白崖寺隐居，削发为僧。百姓视皇帝为龙身，因此，引来了四方香客烧香拜佛，白崖寺便改为龙隐禅院，山下的白崖场也被称为龙隐场。明末清初，龙隐场已称龙隐镇了。康熙年间，因四川人口减少，清政府强迫“两广”、“两湖”及闽的百姓移居四川。福建汀州连城镇孝感乡的江家三兄弟，带着祖传的制碗技术也移民来到龙隐镇，并在此开碗厂。很快，碗厂多达10多家，龙隐镇也声誉鹊起，龙隐镇也改名为瓷器口。古时，因“瓷”与“磁”相通，清乾隆后期，人们便把“瓷器口”改写成“磁器口”了。

磁器口在历史上曾是巴渝重镇，辉煌一时。镇上店铺曾经达1 000多家，人口达6万，嘉陵江边的大码头停泊船只二三百艘。从清晨到夜晚，镇上人声鼎沸，人来客往，络绎不绝，呈现出“白天里千人拱手，入夜后万盏明灯”的繁荣景象，被誉为“小重庆”。

这天我穿过磁器口牌坊，进入一条叫黄桷坪巷的小街，没入熙熙攘攘的人群之中。小街两边的商铺栉比相连，都是重庆当地的名特产店铺，千张皮、水八块、椒盐花生、合川桃酥、豆瓣鱼、毛血旺……有趣的是，有几家店铺的招牌为“张飞牛肉”，门口都站着一个彪形大汉，脸上涂满油彩，身着古战袍，形似当年的“张飞”，大声吆喝，招徕路人。小街中，有一家茶室，是一个民居天井，里面放着一些木桌竹椅，并没有刻意的装潢，只在门口贴着央视某主持人曾在此喝茶的照片，算是一个广告。

转入正街，有10多家专卖麻花的店铺，一家“陈麻花”店铺前，竟排起了长队，足有三四十人。买来尝一口，酥、香、脆、辣，不油腻，风味的确独特。我的同事被身边游人手托凉粉碗边走边吃的景象所感染了，给我们每人买了一碗，也“入乡随俗”地边走边吃起来。路边有好几家书画店铺，在一家“野老书画社”门口，我止步看一位老者在给游客写“姓名书法”，他用草篆给人写名字，印章式，很有国画味。我也情不自禁请老者写了一幅。写完后，他将“我”嵌入一相框，并装入纸盒，盒上写着“你的名字是一幅画”，很有味道。

正街上有一牌坊，上书“龙隐门”三字，想必是明末清初的遗物。出了牌坊，便到了嘉陵江边。四月下旬，正是枯水期，江边的碎石滩上，支起了好多遮阳伞，成了个小憩喝茶的观景之地。

“一条石板路，千年磁器口”。磁器口的正街、横街、黄桷坪巷到处可见的古民居，屋下是大块鹅卵石堆砌而成，中间是大木条，木板墙体，屋顶是飞梁翘角，还有那吊脚楼群。古朴的建筑，留下的是历史的记忆。我想以后有机会，还要再来走走，在吊脚楼里品茗，尝一尝正宗的毛血旺，去看看山上的宝轮寺，漫步在古街小巷中，去寻找记忆中的碎片，那该是多惬意呀！

2010年5月

（原刊于2010年10月25日《中国旅游报》第15版）

帕米尔高原上的国门

国门，是一个国家领土主权和尊严的象征。我曾先后到过中越边境的东兴国门、中缅边境的打洛国门、中俄边境的满洲里国门。国门都建得高大雄伟，很有气派，再加上旁边那块印刻着“中国”两字和一轮中国国徽的国界碑，国门下站立的威武、挺拔的中国军人，令人感到自豪安全。这次，我有幸去了处在我国西部帕米尔高原上的、海拔 5 300 米的红其拉甫国门，却有了别样的感觉。

八月的一天，我们一行从新疆西南城市喀什出发，经 314 国道（也称中巴友谊公路），一路南行，430 公里的路走了近 10 个小时。公路是沿着两山之间的河道向大山深处延伸的，一边是湍急、咆哮的河谷，一边则是高耸入云、积满冰雪的大山。山路险峻，遇到的尽是乱石险滩、洪水和泥石流，许多路段的路面和桥梁或塌方或被洪水冲垮了，我们不得不在临时的便道上慢慢前行。陪同我们的人说，当年建这条中巴公路时，牺牲了许多筑路的战士，此路是用生命换来的。车在绕山公路上行驶，头顶上就是“张牙舞爪”的乱石，我们都不敢说话，就怕响声惊动了巨石而掉下来。

过了红其拉甫边检站后，公路就向山上盘旋上去，几个“Z”字形后，已将河道远远地抛到了山谷底，变成了一根银丝。这时，海拔高度已近 5 000 米了，四周荒无人烟，空气已稀薄，车上有人已感到耳鸣头痛了。这条路是通往中亚的必经通道。丝绸之路、唐僧取经、马可・波罗东行、高仙芝远征，大小勃律都曾经过这条道路。

“我看到国门了！”有人突然高呼。

我们的精神顿时抖擞了起来，透过前车窗，我们看见公路前方的山顶上耸立着一座“门”，简单，却不失雄伟庄重和震慑。

大家都很激动。红其拉甫，意谓血谷，是昔日盗贼出没之地，也是战争的频繁之地。如今，它是我们中华人民共和国的国门！

下车后，我们顷刻感到冷风嗖嗖，真是“高处不胜寒”。难怪站岗的哨兵已穿上了棉大衣。八月的上海高温酷暑达 39 度，而帕米尔高原的国门却寒冷飒飒。

大家兴奋地拍照留影，以国门、界碑为伴，以巴基斯坦境内的雪山为背景，按动着快门。有人拉着那位陪同我们参观国门的解放军少尉和界碑边的两名巴基斯坦士兵一起合影。陪同人员告诉我们，巴国士兵很乐意与中国游客一起合影，双方的军人之间也很友好。

据说，中巴公路全长有 1 000 多公里，我国境内有 430 公里，自 1986 年 5 月开通后，已成为中巴两国交往的唯一的陆上通道。可惜近来由于洪水泛滥，巴方的公路已多处受损。巴国遭受水灾，我国的人道主义支援物资就是通过这条公路艰难地运送过去的。

我来回快走着，想多角度地多拍几张照，一位解放军哨兵向我走来，起初，我以为是自己误拍了军事禁区？哨兵走近后，温和地对我说：“高原缺氧，您走慢点。”我感激地向他说了声“谢谢”。

我望着这座耸立在海拔 5 300 米高原上的国门和那印有“中国”两字的界碑，望着解放军黝黑而显得苍老的面容和国门边搭建起的驻军帐篷，心中涌动的是一种敬仰之情。这里没有村庄，更没有集镇，这里只有寒冷、乱石和冰雪，可为了祖国和人民，高原上的边防军人将美好的青春无私地奉献给了国门。国门虽无语，但历史会记住他们的。那一刻，我耳边仿佛传来了那首来自帕米尔高原的经典歌曲“花儿为什么这样红……”

2010 年 9 月

（原刊于《中国旅游报》2010 年 11 月 1 日第 15 版）

台儿庄的韵味

一部电影《血战台儿庄》让人们知道了地处鲁南的台儿庄，了解了这部体现中华民族“扬威不屈之地”的抗战史。

我们一行先后考察了 4A 级景区冠世榴园和青檀寺景区、台儿庄古城和铁道游击队纪念园、滕州 4A 级微山湖湿地公园和盈泰温泉度假村、4A 级抱犊崮国家森林公园和 3A 级熊耳山国家地质公园，而我却更留恋古城台儿庄。是它那深厚的文化底蕴，深深地吸引了我。

水韵。千年京杭大运河由北向南，借道微山湖后，便折向东流，百公里的西东走向，形成一个大弯道，到了台儿庄后又折向南。台儿庄位于京杭大运河的中间节点，是京杭大运河上唯一一座古码头、古驳岸等人工遗存完整的运河古城。城内留存有 3 公里明清时期的古运河，完整地保存着 1.5 公里长的古驳岸，13 个古码头，还有古船闸、纤夫村，被世界运河专家称为“活着的运河”。历史上的台儿庄地势低洼，是洪水走廊，老百姓筑台而屋、随“汪”而居。城区内分布着 18 个大小不一的“汪”(池塘)，明沟暗渠把这些“汪”穿起来，与古运河相连，形成纵横交错的水网。“汪渠相连，筑台而居，水巷纵横，以船代步。”台儿庄拥有 7 公里的古水街小巷，可以舟楫摇曳，游遍全城。那天，我们在参观了位于运河南岸的“台儿庄大战纪念馆”后，沿着运河向古城走去。一路上，看到的是水绕古城，城依占水，小桥流水的景观风貌。河边的鲁南民居，显示了“门前车马响，屋后闻橹声”的水城韵味。向我们展示了大气而古老的“江北水乡”文化。

古韵。台儿庄，形成于汉，发展于元，繁荣于明清。据《峄县志》记载：“台(儿)庄跨漕渠，当南北孔道，商旅所萃，居民饶给，村镇之大，甲于一邑，被乾隆称‘天下第一庄’”，呈现出“商贾迤逦，一河渔火，歌声十里，夜不罢市”的繁荣景象。城内至今仍完整地保存有古民居、古街巷、古商铺等建筑群。有的建筑修旧如旧，灰墙黛瓦，马头出墙，古色古香的楼道，漆黑乌亮的门窗，无不显现着旧日的韵味。

文韵。台儿庄是一座南北文化交融、中西文化合璧于一城的文化名城，城内的大战文化、运河文化、鲁南民俗文化、票号文化等博物馆，极具人文魅力。不能不提的是，作为世界著名的二战城市，台儿庄有53处战争遗迹被保存了下来。台儿庄现存有北方大院、鲁南民居、徽派建筑、宗教建筑、闽南建筑、欧式建筑、岭南建筑等八种建筑，荟萃了五大主要宗教以及文昌阁、关帝庙、妈祖庙等72座庙宇，处处彰显出这座古城独有的文化魅力。

游韵。当我们从西大门进入古城台城旧志景区时，看到的是一幅充满旅游文化的立体画卷。河边有“观景轩”，广场四周分布着“参将署”、大石坊、铭文碑亭和照壁。经过水门内的西门码头，是一座拐角楼，登上楼后的广源桥，可见广源河两边重楼迭院、画梁翘角、红灯摇曳、游船漂移。下得桥后，是一幢具有鲁南风格的民居客栈——万福驿站，进入驿站，只见玄关处是上百只瓦罐层层叠叠，瓦罐中种垂着花卉，不大的庭院开满黄色的鲜花，煞是好看。院内布置得很精致，美观、温馨。我想，以后有机会也来住一宿，体验一下也是个不错的选择。隔壁的晋派建筑“扶风堂”、“天水堂”为特色高星级客栈，徽派建筑“久和客栈”和鲁南、闽南民居错落有致。大石坊内大衙门街两边一字排开的是客栈、餐馆、酒楼、商铺、谢裕大茶行、日升昌记……漫步在古街小巷中，倚靠在运河边，会让人产生无限遐想。如果是坐在手摇橹的小船中，穿桥过道，移步换景，迎着拂面的秋风，听着岸边传来的“鲁南地方戏”，那该多惬意啊！

2010年11月

（原刊于《中国旅游报》2011年4月25日第15版）

德天瀑布

知道在广西中越边境上有个德天大瀑布已有好几年了。看照片，德天大瀑布在青山绿树间，水流跌落而下，层层叠叠，远处的喀斯特地貌的山峦群峰伫立，非常美丽。据说，这是世界第二大的跨国瀑布，又被国家地理杂志评为“中国最美的瀑布”。想去亲眼目睹其芳容成了我的向往。

七月，我终于有幸踏上了寻觅之路，车从南宁出发，210 公里的路要走 4 个多小时，先走了 30 多公里的高速公路，下高速后走国道，然后改走省道，最后还要走一段乡村道路。导游说这次德天之行，我们要走 4 种规格的道路，这在出游中也是不多的。一路上，欣赏着车窗外的南国风光，穿行在一座座喀斯特山峦间，倒也不觉得枯燥。在离德天瀑布不到 10 公里处，我们已到了中越边境，在路边的餐馆用了午餐，感觉已经有了越南味。饭店后面有一条河，名叫归春河，该河源于广西，流入越南后又回流至广西，成为中越边界的界河。

到了目的地后，导游在一块导游图前给我们作了介绍。来到山坡边，整个德天瀑布就出现在我们面前。山下的归春河，上游是一个山的断崖，河水是从断崖上直泻而下的，由于山坡上岩石的阻挡，形成了三迭瀑布，这就是德天瀑布。瀑布宽约 100 多米，纵深 60 多米，落差 70 多米，层层而下。此时正逢丰水期，水势激荡，水花飞溅。其中有一条水流流向越南境内，成了在不远处的另一个瀑布，叫板约瀑布。板约瀑布要小得多，显得秀气和苗条，但它和德天瀑布是连为一体的。在晴天白云和苍翠绿树的衬托下，这两个瀑布显得非常美丽。我们一行迫不及待地向山坡下的河边走去，不远处有多个竹排靠在岸边，我们就登上竹排想和德天瀑布来个零距离“接触”。在竹排上，大家忙于拍照。以这么美丽的瀑布为背景，似乎每个景都舍不得放弃，竹排靠近瀑布后，飞溅出来的水珠浸湿了我们的衣服，大家全然不顾，甭提有多高兴。

上岸后，我们沿着山路向上攀去，奔腾的河水，到了断崖处就没了，下面的归春河却显得非常开阔。我们来到山上的中越 53 号界碑处，界碑有两块，一块竖于清代，一块是 2001 年新竖立的。而游客们都自觉地在老界碑处排成一队等待照相，原来是这块 53 号老界碑的碑上所书“中国广西界”中的“广”字的繁体字写错了，而且把中文这一面面向了越南，竖反了。大家感到很有趣，竖碑的人也太粗心了，所以拍照的人也格外多。

界碑过去一步就是越南境了，有一个小集市，到处都是越南小摊位，出售的是香烟、香水、咖啡、首饰等，小贩们大声吆喝着招揽游客。两个越南小伙子头戴着绿色的遮阳帽，那样式、那颜色使我们想起了 30 多年越南战争中越南士兵的装饰。这界碑和小集市也算是给德天瀑布增加了两个配套游览项目。

下山的路上，绿水、翠山、竹排、农田、牛群，展现给我们一幅美丽的图画，站在画中回头望，德天瀑布赫然挂在空中。

2012 年 8 月

（原刊于 2012 年 8 月 22 日《松江报》副刊）

“大美”果洛

一

那天，我们在青海省海南州一个名为共和的县城住了下来，为的是第二天到果洛州近一点。根据安排，我们第二天在果洛的旅游资源考察要走三个县，1 000 多公里，需 14 个小时。清晨 5 点起床，此时天还没亮呢。5 辆由上海援赠的“龙威”越野车外加其它 3 辆越野车共 8 辆车组成的车队，6 点便悄悄地出发了。

上海与青海果洛是对口援建的市州，近两年，上海已派出 7 名援青干部挂职在 6 个县，并援建了多个项目。我们一行主要是进行旅游踩线，看看能否为上海市民开辟果洛旅游产品。果洛方面由一位副州长和两位上海援青干部全程陪同。果洛位于青海省东南，是去玉树的必经之地，也是黄河的源头。平均海拔在 4 000 米以上，高原缺氧，条件艰苦。

果洛距青海省会西宁有 500 公里。那天，我们沿着 214 国道向西南而行，这条国道原先就是唐蕃古道。陪同人员问我，知道为何要称“青藏高原”，而不是叫“藏青高原”？我一时语塞。他告诉我说，古时我国的京城一般都在中原地区，如长安、开封等，有人要去西藏，都是先入青海，再到西藏的，所以，高原也是先到青海后再到西藏的，故称“青藏高原”。

2 小时后，车队进入果洛州境，沿途可见在建的西宁到玉树的高速公路，全程有 800 多公里。进入被称为“千湖之县”的玛多县后，靠近了黄河源头，呈现出水草肥美的景色，在海拔 3 000 多米的山上，是森林生长极限地带，见草不见树。只见成群的牦牛、羊群在悠闲地吃草，偶尔也会看到野鹿和狼，野狼看见我们的车队放慢了车速，似乎知道是冲着它来的，便向草原深处逃去。

到了玛多县城，我们又换乘当地安排的车辆马不停蹄地直奔“牛头碑”。“牛头碑”位于鄂陵湖边措哇尕则山山巅，海拔 4 610 米，到了山顶向下俯瞰，扎陵湖、鄂陵湖两个大湖尽收眼底，这就是黄河源头。在海拔 4 200 米的高原有着近 1 200 平方公里的大湖，真可谓“黄河之水天上来”。从四处大山里流下的雪水、泉水和雨水在此聚集，水是清澈蔚蓝的，并不像我们在黄河中下游所见的那样混沌。

回玛多县城的路上，在鄂陵湖水下溢的出口处不远，有一块石碑，上面用汉、藏文写着“迎亲滩”。陪同的人告诉我们，这就是当年松赞干布迎接文成公主的地方。新郎选择在黄河源头迎接新娘，他是否已知道黄河之水会流经中原，流过新娘的家乡？他是否也知道“我住长江头，君住长江尾”的诗句？是寓意还是巧合？

到玛多县用午餐，已是下午 2 点了。当地人用最好的牛羊肉招待我们，可这一上午坐车颠簸，再加上刚从 4 600 米的山上下来，人还是有点不适应，感觉有些缺氧，饭也吃不下，看着这么好的牛羊肉，好馋呀，便拿袋子装了几块，以便路上吃。幸亏当时备了这份牛羊肉，否则下午准挨饿，因为路途远，我们这天的晚饭直到夜里 11 点才吃到。

二

离开玛多县后，我们的车队在花石峡这个岔道口上了一条州道前往第二站达日县。一路上我们能看到远处海拔 6 282 米的阿尼玛卿雪山，阿尼玛卿在藏语中意为“黄河流经的大雪山爷爷”，它和西藏的冈仁波钦、云南的梅里雪山、玉树的尕朵觉沃并称藏区“四大神山”。途中，由于道路在施工，再加上雨后泥泞，路很不好走，280 公里路花了 4 个小时才到。

入城时，首先映入眼帘的是两座大型的雕塑，一座是格萨尔母亲雕塑，另一座则建在远处高高的山顶上的格萨尔王雕塑。据说这里是格萨尔的家乡。格萨尔王，相传是莲花生大师的化身，一生戎马，扬善抑恶，弘扬佛法，传播文化，成为藏族人民引以为自豪的旷世英雄。我们停车于县城中的格萨尔广场。广场正面对着山顶上的格萨尔像。望着广场上那一排排类似图腾的石柱，我分明感到是一排排的说唱传人正在传唱着《格萨尔王传》。

傍晚6时多，乘着天还没黑，我们朝着这天的最后一站班玛县赶去。车行了1小时，天已完全黑了，我们就在盘山公路上悄无声息地赶路，这时，人也困了，肚子也饿了，玛多带来的牛羊肉正好给我们补充了能量。

到达班玛县城时，当地的领导还在路边等候，并给我们献哈达。这种礼节在藏区似乎每到一地都这样。晚上11时半，我们才吃了晚饭。饭后，已是深夜12时多了，好客的藏族朋友还拉着我们围成圈跳锅庄舞，真是难忘此景。

第二天，我们在班玛还参观了白札寺莲花宫殿和塔林，阿什羌寺、果芒寺、藏民学校、民间工艺展、红军沟、藏民碉楼和全国海拔最高的马可河原始森林。原始森林总面积达10.16万公顷。这天我们就住在林场内林业局的招待所里。

三

第三天，我们去了这次果洛之行的最后一个县——久治县。沿途可见满山盛开的格桑花，成群的牛羊在悠然地吃草，而藏狗就像“护卫士”守卫在牛群边，如有牛远离了牛群在一处独自吃草，藏狗就会一路奔过去，挡在牛头前狂叫一阵，仿佛在说“你离队了，赶快归队”，迫使牛回转身走回牛群。路上，我们正碰上好几批牛群在转场，牛群占了整条公路，黑压压的一片。我们按喇叭，牛群理都不理，我们学着司机的样子，边拍打车门边发出“嘘嘘”的驱赶声，胆小的小牛就会离开公路乱跑。这时狗狗们就四处出击，将牛赶回来，真是尽职呀！

久治县境内的国家地质公园年保玉则风景区有点类似新疆的天池，前面是草原，到处盛开着格桑花，靠湖边耸立着一座巨大的经幡，喇嘛和藏民围着经幡，边念念有词，边向天空撒着手中的彩色小纸片，这种祈祷也是藏区的一道亮丽的人文风景。后面是仙女湖，湖边鱼翔浅底，悠然自得。藏民不食鱼，故也不允许捕捉，鱼特别多，保护得很好。湖后便是群山了，由无数海拔在 4 000 米以上的山峰组成，海拔 5 369 米的年保玉则主峰屹立在群山之中。景区由 108 个海子和连绵不断的怪石奇峰构成。山的深处已和四川交界了。年保玉则是长江、黄河两水系的分水岭。

果洛，这片 7.6 万平方公里的土地被誉为“名山之宗、黄河之源、牦牛之地、歌舞之乡”。三天的考察给我留下的是：想说欣赏你却不易。你有黄河源头、草原牛羊、原始森林、红色旅游、格萨尔文化、藏传佛教寺院、藏族碉楼风情，还有冬虫夏草、当归、大黄、贝母、蘑菇和蕨麻等多种珍贵药材……但高原缺氧、路途遥远等将我们阻隔。随着交通、住宿等设施的改善，我坚信，你是大美的，将会有更多的客人来到你的身边。

2012 年 8 月

（原刊于 2012 年第 4 期《云间文艺》）

沂蒙深处

对山东沂蒙山区的了解，以前仅知道孟良崮战役和红嫂，是革命老根据地，还有那两首唱红大江南北的《沂蒙山小调》和《沂蒙颂》，其它的就不甚了解了。

记得两年前有人介绍说山东临沂的旅游资源不错，近日沂水县来我区推介旅游，才知沂蒙山区还有好多可看可玩的景点。仅沂水县就有十多个 A 级景区，其中 4A 级就有 6 处。"百闻不如一见"，为了开辟新的旅游线路，我们一行去了沂水踩线。

一出临沂机场，沂蒙山已清晰在望。从沂蒙山流下来的沂河水经过百公里的畅流在此穿城而过，河面宽阔、水流平缓。

我们直奔位于蒙阴县垛庄镇的孟良崮战役遗址纪念馆。在讲解员的娓娓道来下，我们边听边看，对孟良崮战役又有了新的了解。对陈毅、粟裕将军的英勇善战，捕捉一瞬间的战机全歼王牌 74 师，使战局发生逆转佩服至极。对"红嫂"不仅是一个人而是一个"群体"有了新的认识。陪同人员说，他们的爷爷辈在当时是家家有人参加解放军，户户都有人卸下门板组成单架队支援前线。所以"孟良崮战役是沂蒙人民用小车推出来的"，这种军民融为一体、共产党依靠广大人民的革命传统，就是当今在思想建设中热烈讨论的"沂蒙精神"的生动表述。

离开纪念馆后，我们驱车向沂蒙山深处的沂水县而去。在三天的考察中，先后考察了 7 个 4A 级、2 个 3A 级景区，深感不虚此行。

位于沂水县南院东头镇的 4A 级景区——"天然地下画廊"为喀斯特地貌特征溶洞。洞内钟乳遍布、石笋林立，在五彩灯光照射下，168 处经典景观栩栩如生，自然天成。溶洞的后段是利用暗河改造成的漂流项目。我们两人一组坐在皮筏舟上，经过 1 200 米弯曲起伏的惊险漂流，才出得洞来。在该镇另一处 4A 级景区——“地下荧光湖”溶洞里，我们坐在船上，在漆黑一片的暗河中慢慢前进，抬头去寻找那萤火虫发出微弱的星星点点，也别有一番情趣。在城西南的 4A 级景区——“山东地下大峡谷”中，溶洞中有巨大的喀斯特裂隙，形成的“峡谷”深达近百米，两壁如削，气势雄伟景观壮丽；洞内地下暗河漫长而曲折，水量充沛，四季长流，在我国北方溶洞内实属罕见。景区利用暗河水势开发的千米漂流项目，被上海大世界基尼斯记录总部认证为“中国最长的溶洞漂流”项目。由于有了前二次的体验，这次漂流也就不感到惊险了。之外，我们还参观了 4A 级景区——“雪山彩虹谷”和工农业旅游示范点、3A 级景区“蒙山龙雾茶博园”、“沂蒙山酒文化园”和 4A 级景区“天上王城”，还驱车 80 多公里来到潍坊市境内的 4A 级景区——“沂山国家森林公园”考察，观东镇庙安王殿、游玉皇阁、风动石，远眺狮子崮和歪头崮，各有特色和看点。

沂水县院东头镇的“恬然居”沂蒙风情度假村，是我们在沂蒙深处用第一顿午餐的地方，很有特色。一盘长有十足的全蝎，据说只有沂蒙有，其它地方的蝎子只有八足。还有红烧兔子头、沂蒙全羊汤、沂水木柴鸡、沂蒙小豆沫、泉庄豆酱皮、沂水煎饼、百合、板栗、生姜丝等，山区风味十足。在主人热情款待下，大家吃得很多，也很开心，新奇布满了面容。在海拔千米的沂山顶上我们还吃了一餐以山上的许多种不知名的野菜为特色的午餐，让我们齿颊留香。

在沂水，除了“吃”有风味，“住”也很舒适、温馨。第一晚住在按五星标准建造的沂水龙冈大酒店，这是一家建在城区沂水边上的景观酒店，临窗而望，沂水在脚下缓缓流过，整个城市尽收眼底。第二夜，住在城南环路的东方瑞海温泉度假村，这也是个 4A 景区。一天奔波下来，晚上泡个温泉，那是多么惬意呀。

同样“购”也出乎我的意料，我原想，旅行社的老总们，走的地方多，见多了，也就不太会“激动”的，一般不会轻易出手购物。没想到这些人进入一家土特产专卖店后会买那么多的东西，大包小包的，什么黄豆酱、大百合、大红枣、核桃、煎饼等，样样都要。

第三天上午，我们还受邀参加了当地的“桃花节”开幕式。一路上，只见老百姓热情高涨，大伙儿成群结伴，像过年走亲访友似的赶往现场，参与活动的场面很是热烈。让我们也感受到了这是“老百姓自己的节日”。

2013 年 5 月

纪王崮

如果说沂蒙山的喀斯特地貌溶洞和地下暗河是北方少有的，那么“崮群地貌”则是沂蒙山特有的一种地貌形态。如果说连绵的八百里沂蒙是一幅壮丽的画卷，那么兀立其中的沂蒙七十二崮无疑就是这幅画卷中最具代表性的风景。“崮群地貌”是继“丹霞地貌”、“张家界地貌”、“嶂石岩地貌”、“喀斯特地貌”之后的我国第五大岩石地貌类型，被誉为“地之神秀，山之骄子”。

那日车行在沂蒙山区，看沂蒙山的山峰呈三角形，而“崮”就像个锅盖的“提钮”，很突兀地竖在三角形的顶端上，它的四周，是悬崖峭壁。这就是大自然造地运动留给山东的特色。

“纪王崮”是沂蒙山4A级景区——“天上王城”的核心部分。它是沂蒙山最大的崮，也是唯一有人居住的崮。

纪王崮上建有“天上王城”，这城有它的历史渊源。按照《春秋》和《沂水县志》记载推测，这里就是2 700多年前纪王迁都所到之处。公元前690年的春秋时期，被周武王分封的诸侯国纪国，建都于今寿光市境内。纪国国君纪哀侯迫于当时西邻齐国的强势，为避其锋芒，养精蓄锐，以图东山再起，便率领部分臣民来到这座险峻陡峭、绝壁万仞的地方，建立了纪国的第二座都城。2012年，沂蒙山景区拟在崮顶西侧建滑道，无意中发现了春秋古墓，发现和出土了巨型铜鼎、铜剑、车马坑、编钟等众多遗迹和文物，央视连续5天直播了这一情况，春秋时期纪、齐、鲁、莒四国更多不为人知的历史故事由此引起了国内考古界广泛的关注。

乘王城索道我们来到了悬崖峭壁下的崮底。一个人工搭建的108级台阶沿着峭壁把我们引上了海拔577米的崮顶。站在崮顶，远眺连绵不断的沂蒙崮群，七十二个崮形态各异，竞相争雄，崮、山、坪、岭、石、树、路交相辉映，风光大美。

我问陪同人员，崮上人的粮食和水怎么解决？他说，崮上有泉眼，可蓄水、种田。登上崮顶，占地约4平方公里的崮顶呈平面马蹄形状，一座“天池”和一块块田地赫然其中……

在崮顶，我们观看了大型马战特技表演——王城保卫战。表演展现了两千多年前两军交战的恢宏场景。然后参观了纪王宫、擂台、御岛园等等，并在一个名叫“望崮居”的可容纳500人的圆形建筑内用餐。后又参观了春秋古墓遗址和崮西侧悬崖上的一个名为“崮顶人家”的村落，它完整地保存了沂蒙山区特有的石头院落和民间风俗，游客可以体验打铁、织布、酿酒、手下煎饼、驴拉磨的过程。在崮的北端有民俗文化展示区和传说中纪王的烽火台、跑马场等。崮的中段建有祭元台，是大型祭天节目《祭天盟誓》实景再现的地方。崮的后侧，有一个长为200多米的山洞横穿至崮西侧，传说是当年纪王的藏兵洞，现已被改建成了国内最大的地下冰雕景观群。出了山洞，可看到挺拔矗立的古城门、千年遗存的古城墙、走马门、瞭望台等。沿着崖壁上的木栈道往下走，下面是上山的古道，上面是望而生畏的石壁峭崖，值得回味。

2013年5月

（原刊于2013年5月16日《松江报》副刊）

向往镇远

镇远，有人介绍说很美、很有看点，值得一去。看了㵲阳河和镇远古城的照片后，让人心动。这次，我们去黔东南西江千户苗寨和榕江考察，特挤出时间去了镇远，可惜时间太短了。

那天早晨，我们从黔东南州府凯里出发经黄平、施秉，百公里的山路走了3个多小时，来到了镇远。首先看到的是古城西门的古牌楼和高高的防火墙民居，奇特的是房子都是紧贴石屏山的峭壁悬崖而建。时已中午，我们在兴隆街禹门码头边的一家饭店用餐。饭店门临街面、背后紧靠着㵲阳河。推窗而望，此景曾似相识，似凤凰而非凤凰。少了吊脚楼，多了古砖瓦屋。饭后我们沿着小街向东边走边逛，满街都是本地的土特产商店和旅游纪念品专卖店，但少了凤凰那样的拥挤和喧哗，显得安静和宽畅。来到了大河关码头。㵲阳河在此拐了个弯转向北，在此眺望河东岸镇远卫城的青龙洞景区是最佳位置。

青龙洞其实并无洞，它是一群自下而上紧贴着中和山崖壁而建的古建筑群，由建于明代的中元洞、紫阳洞、万寿宫、青龙洞、香炉岩和祝圣桥组成。远远望去，中和山云垂花簇、悬崖峭壁下红楼寺宇点缀其中，宛如一座仙山琼楼矗立水中。

北面有一座始建于明洪武年间，名为“祝圣桥”的七孔大石桥，其醒目的是桥面中央有一座名为“状元阁”的亭子，很奇特。这座桥是古驿道进入贵州、西去滇缅的必经之道，也是古城镇远享有“滇楚锁钥、湘黔锁喉、黔东门户”之称的实景地。也曾作为320国道桥梁使用，抗战时期，此桥为运送援华抗战物资做出了重要的贡献。

南面远处传来了火车的鸣笛声，闻声望去，只见中和山南有一座铁路高架桥与山洞衔接，火车缓慢地从山洞中钻出，过了桥后消失在中和山的后面。想不到沪昆铁路从这里经过，镇远也有站点，上海到镇远也就是一昼夜不到的时间。

㵲阳河在此处呈“S”形状，四周皆山，山下沿河是两块不大的平地，镇远古城就建在这平地上，河南为卫城，河北是府城，犹如一幅太极图。当我们漫步走过“祝圣桥”来到青龙洞下，回望府城，古民居群依石屏山而建，层层叠叠，山顶上古城垣依稀可见。

由于时间不允，我们在镇远并没有好好地游玩，只能说是微接触。府城中的古巷古民居古码头和石屏山上的几处景点，卫城中的青龙洞景区和沿㵲阳河南岸的多个景区都未涉足。

为了弥补不足，我在邮政驿站买了一套钢笔画的镇远风光明信片，盖上纪念戳和当日的邮戳，留作纪念。买了镇远史志和手绘旅游地图便于阅读了解。在坐船游览了古城上游的㵲阳河景区后，我们便意犹未尽地、很不情愿地离开了镇远。

在离去的路上，友人遗憾地说：“应该在镇远住一两个晚上，深度体验一下古城的风光、风情、风味和苗侗族的风俗”。是呀，这样还可游览古城周边的景区，如高过河景区、铁溪景区，去看看报京侗寨的“三月三”讨葱节、尝尝拦路牛角米酒、去爱河苗寨体验“六月六”的吃新节、去尚寨听听土家族的“八月八”唢呐节……

我喜欢镇远，喜欢这座具有 2 200 年历史的全国历史文化名城，我一定会再来。

2013 年 5 月 14 日

周村有味有魂

知道山东淄博地区有个叫周村的地方，那还是10年前在报上得知。那年，周村举办了开埠100周年庆典活动，并作为旅游景区宣布对外开放。十年了，由于周村既不在济南、泰安和曲阜的传统游线上，也不在青岛、烟台和威海的老牌游线中，几次去山东都与周村擦肩而过。去年八月，终于如愿。

周村位于济（南）青（岛）线上，离济南仅90公里。历史上也是齐鲁文化的交汇处。在明嘉靖年间已有“周村店”的称谓，明末清初开始走向繁荣。康熙年间“趁墟者车马辐辏”，乾隆年间“周村烟火鳞次，泉贝充物，居人名曰旱码头”。1750年，乾隆南巡时曾到过周村，并御封周村为“天下第一村”。1904年，周村被清政府批准为自开商埠后，商业更加繁荣，“日进斗金”。作为一个镇，却“驾乎省垣之上”，超过了济南府城。成为辐射鲁中、跨江（长江）越河（黄河）的著名商品集散地，被誉为“金周村”、“旱码头”。

周村吸引我的是它的古朴原味。

我们一行下车的地方是周村景区的北入口处，标志是一座古朴的、上书“大街”二字的牌坊，矗立在街口。穿过牌坊，一条石板路向前延伸，两边的青砖灰瓦建筑两层的多，或为前店后坊，或为下店上宿。鳞次栉比、错落有致。讲解员告诉我们：原来周村的商业街市有二十多条，现在保存下来的主要是三条街。南北向的大街、银子市街，东西向的丝市街位于两街之中，组成了古商城核心景区。三条街长约800米。古街虽历经百年风雨，仍保持着古朴的明清原貌和历史本色。

周村吸引我的是它的商业文化。

我们漫步在充满北方商业文化气质的古老街道上，看到的是商幡招展，牌匾林立，仿佛穿越时空，感受到百年前商人们步履匆匆的身影，体会到当年“天下之货聚焉”的繁荣景象。大街上老店、老字号密集。大清邮局、英美烟草行、南洋兄弟烟草公司、仁德茶庄、漆店、瑞蚨祥丝绸店、谦祥益绸布庄、丁家煮锅、周村烧饼、馍馍酱铺、书画店、瓷器店、红木家具、竹木制品等。百年前，从这里走出了数十家的老字号，在全国独领风骚。与其它地方的古镇不同的是，这些百年老店还原汁原味地，至今还在经营着，每个老店都有它的故事。

古街上现有15处景点，均是当地文化的展示，有着深厚的底蕴。在三益堂印刷展馆，展示着蒲松龄先生的生平、著作与周村的渊源，他的第一本《聊斋志异》印刷成书就是在这里完成的。

在位于大街中段瑞蚨祥老字号旧址的丝绸展览馆里，能看到昔日的“八大祥”发展的经历和周村丝绸发展的史料，可了解到瑞蚨祥。美国零售业巨头沃尔玛公司创始人山姆·沃尔顿生前曾说：“我创立沃尔玛的最初灵感，来自中国的一家古老的商号。它的名字来源于传说中一种可以带来金钱的昆虫。我想，它大约是世界上最早的连锁经营企业。它做得很好，好极了！”这个昆虫就是“青蚨”，就是瑞蚨祥，它的丝绸制作了新中国第一面五星红旗。

在民俗展览馆中，可看到周村独特的“扮玩”模型场景，我眼前仿佛出现了正月十五前后七天，各家字号门前张灯结彩，高跷、芯子、旱船等一家比一家精彩。花灯“上不见天，下不露地”，夜晚，竞相比赛“打铁花”，火树银花映红了天空，大街小巷人头攒动，只有五六万人的周村城一天涌进了十几万人。独特的“扮玩芯子”，今已被列入国家“非遗”名录。在周村烧饼博物馆里除了史料介绍1 800年来，如何由汉代的“胡饼”演变成今日的周村烧饼的过程，还可目睹整个制作过程，品尝它的“薄、香、酥、脆”。

在大街广场古树下，竖着一块上刻“还金处”的石头，流传着一个诚信做人的故事：赶集的商人在此捡到一个布袋，内有二百两银子，于是，他在此苦等了半天，将银子归还失主且不要酬金，自己却耽搁了做生意。第二天，失主就在此竖了这块石头以致谢。

位于银子市街的杨家大院和大染坊，由于它保存完好，成了多部电影和电视连续剧的天然外景拍摄地，张艺谋、巩俐、葛优的《活着》，还有《闯关东》、《娘》、《王尽美》、《中国商人》、《悬天涯事件》、《谁为梦想买单》、《黑白往事》和专为周村定制的《旱码头》都在这里开机。演艺广场位于大街南端，这里有戏台、茶楼和饭店，是游客小憩、赏戏的地方。一曲“非遗”的“五音戏”会把你带入百年前，让你感受到地方戏的魅力。

“今日无税”碑说的是清顺治年间的周村籍刑部尚书李化熙辞官回乡时，皇帝赐他一道手谕，免除周村一日的税款，为“一日无税”。后得“泰山老奶奶”的暗示，便将“一”字改成“今”字，成了“今日无税”，刻在石碑上，竖立在街市中心位置。于是，周村由原交税的“官集”变为不交税的“义集”。周村的兴旺，李化熙这个人是不得不说的。“每岁代为纳，豪棍敛迹，不得横行”，优化了周村的经济环境，使周村具有良好的经商环境和基础，他的作用功不可没。

还有英美烟草公司展馆、状元府、李振声院士馆、票号展览馆、魁星阁、淄博艺术博物馆等无不彰显出周村独特的韵味，被专家称为“中国活着的古商业街市博物馆群”。

今日的周村，不仅是它的古朴原味——有味，更在于它所蕴含的文化——有魂。

2015 年 2 月

唉！凤凰

朋友，如果问你，知道镇远古城吗？你可能会摇头，如果问你，知道凤凰古城吗？你也许会说，“沈从文的《边城》谁不晓得”。是呀，因为有名家的名篇，去凤凰体验文人所描绘的边城安宁和淳朴，成了众人的向往。于是乎，四面八方的游人纷纷涌向了凤凰。

在凤凰，也看到了沈从文故居、陈宝箴古宅、熊稀龄故居、杨家祠堂，还有那古城城楼、沱江、虹桥、跳岩、吊脚楼、万寿宫等。但总感到少了《边城》那个意境，少了那个时空的生态。河边轻絮的薄雾遮掩着岸边的竹篁看不到了，“翠翠”找不到了，他们的后代的后代也找不到了，原居民都动迁了，取而代之的是那外来的商家和游客，密密麻麻的建筑使小城拥挤不堪。望着河中的“跳岩”感觉到沈从文的《边城》写的小城并非是凤凰古城。《边城》中提到“看水手起货、听水手爬桅子唱歌”，说明河道是通航的，然而沱江河是不通航的，因为河床上有一段一段的水坝，坝上有跳岩，河水有落差。沈先生所描写的“边城”应该是在湘川结合部的那个叫茶峒的小镇。凤凰是沈从文的故乡，所以人们总把《边城》看作是凤凰。

不管怎样，凤凰火了，火得有些过了。今日凤凰城内外仿佛被 9 种“气”味笼罩着，会让你难以“受用”。

老沈在《从文自传》中写故乡凤凰时说：“寺方居民不过五六千”。现在全县已有 42 万人了，古城内外也有 20 万人。以前在迴龙阁街上走一段路去虹桥上班，只要 7 分钟，现在要花半个多小时，人挤人“挤你没商量”，“人气”沸腾。一个古县城，上千家的宾馆、饭店、客栈、餐馆、纪念品土特产商铺，满街的姜糖铺，还有那让你看得“云里雾里”的银器店，“商气”特浓。沿着沱江河两岸一字排开的上百家酒吧，一到夜晚，喝酒唱歌，震耳欲聋，有誓把吊脚楼震塌、把沱江河掀翻的气势，啤酒空罐垒成了墙装饰着酒吧，“酒气”弥漫。众多的商铺都在卖那不上台面的“土匪烟”和“土匪酒”，传承和弘扬这东西总觉得不爽，“匪气”缠身。在古城北门城楼内的标营街，由于污水沟在石板路下，人走在上面，一股恶臭味扑鼻而来，躲都躲不开，“臭气”熏天。据说沱江河边上的吊脚楼原汁原味的很少了，原住民仅剩下两户了，十年的仿造，我们看到的大多数已是仿制品了，连河上的桥和“跳岩”也新建了好几个，“仿气”满城。在餐馆林立的街区走，不管是否到了用餐时间，一路上“饭托儿”如排队似的站立两边，然后见游客就一拥而上，缠住不放，“俗气”不堪。4 月 10 日始，凤凰古城实行进城必须购买 148 元的门票，“留下买路钱”，“霸气”十足。凤凰城内外，黑导、斩客、假货、如厕难、卫生差等，使古城的投诉量占到整个湖南省的 67%，摊上这些事，你不是被气“饱”，就是气“瘪”，“怨气”难咽呀，唉！

如老沈现在还在世的话，老先生肯定会后悔，千不该万不该去写那个《边城》啊！

2013 年 5 月

（原刊于 2013 年 6 月 5 日《松江报》副刊）

注：实行了 3 年的凤凰古城大门票终于在 2016 年 4 月 10 日宣布取消。

萧红故居

初到哈尔滨，想看的是中央大街、索菲特大教堂，还有那太阳岛。然而，接待我们的朋友是来自哈市郊区呼兰区，他们竭力安排我们去呼兰区。

从市中心到呼兰区 40 分钟的车程。去的第一个地方是萧红故居，这倒是一个惊喜。因为读过萧红的一些作品，所以就很想去看看。

我们的车停靠在萧红故居边上，故居的正面和侧面的外墙较长，有些纵深感，可以想象院内是蛮大的，毕竟是大户人家。院口却不大，门楣上有一匾，写着"萧红故居"，门右侧挂着"国家 3A 级景区"的铭牌。望着这两块牌匾，我想，萧红她父母亲、她祖母、她的家族无论如何也不会想到，一个被他们"开除"出家族的、名叫张乃莹的叛逆之女，多少年后竟然成了故居的主人，让成千上万的人为她而到此一游。

走入院门，给人以一种空旷的感觉，并不像其它名人故居那样，房屋挨着房屋。对门迎面竖着一尊汉白玉雕成的萧红坐像，两边是冬青等绿树。绕过雕像，后面是一排五开间的砖瓦平房，是典型的北方乡村建筑，平房中间是客厅，东侧两间保留了她祖母卧室的原样，西侧两间是她父母、她和弟妹的卧室。现改为展厅，展示着萧红与萧军、舒群、端木蕻良等人的照片和信件。房内光线明亮，摆设陈旧简单，大火坑的一头是橱柜，另一头是两个大箱子，远不如江南大户人家那么豪华气派。

在萧红祖父卧室，我眼前呈现出的是那个小名叫"缨花"、缠坐在她祖父身边、跟着祖父大声地"吼"着一首首古诗的小女孩；在她祖母的炕墙窗边，我仿佛看到那个怀着仇恨、用小手指在窗纸上"嘭、嘭"戳出一个个小洞的小女孩；我还闻见窗外的祖母用大针戳那从窗纸里伸出来的小手指，屋内小女孩“哇哇”地大哭时，祖母得意的笑声；在西屋她父母的卧室里，我忽然感到了“冷”，莫不是里面充满着父母给萧红的白眼和冷漠所致？

从厅房后门走出，便来到了后院。后院是有菜地和仓房和碾坊，还有那满地的蒿草。这是萧红童年时代“最快乐”的地方，她常常悄悄钻进母亲的仓房，去翻寻好玩的东西。菜地四周有树、有花、有草。她爬上树，躲开了祖母的追打；她采了许多红蓼花，捉了好多只蜻蜓、蝴蝶；她玩累了，就在蒿草地上睡着了，醒来后仰望着天空中的“火烧云”，一会儿是一匹马，一会儿是一只大狗，忘记了吃晚饭，也没人来叫她。这就是她的童年，孤独的、寂寞的。

离开萧红故居时，我心绪惆怅。这是她的出生地，也是她的伤心地，是她不想回的“家”。在那个“重男轻女”的封建时代，萧红很不幸很无助地成为“弃儿”，在“白眼和冷遇”中长大。她活了 31 岁。在“身先死，不甘，不甘”中离世。她的一生是流浪的、哀婉的、凄美的，也是反叛的、觉醒的、抗争的。八年的文学创作，特别是在鲁迅先生的支持下，她成为新文学运动的勇士，成为 20 世纪 30 年代的“文学洛神”和“民国的四大才女”……他日再读她的《生死场》、《呼兰河传》，我想，崇敬之情定会溢满我胸腔。

2013 年 12 月

（原刊于 2014 年 1 月 15 日《松江报》副刊）

文成的美景

说起文成，许多人会茫然，问“在哪里”，还有人会问，是“文成公主”吗？

其实，文成是浙江温州地区的一个县，她北靠青田、南临泰顺、东接瑞安、西邻景宁，地处浙南的崇山峻岭深处，是个典型的山城。文成建县时间较短，迄今不满70年。当年浙闽新四军在此一带活动很活跃，国民党政府为了控制这四个县的结合部，便将这四县中各划出一块，共1 292平方公里，于1946年建立文成县。鉴于明代开国元勋、帝师刘基（伯温）故里在此便以刘基的谥号“文成”为县名。

浙江处于丘陵地区，是以山水为美。除了杭嘉湖地区和宁绍地区有些平原外，其它地区多为山区，可谓“八山一水一分田”。而高山的走势除了东部的天台山脉和西部的天目山脉外，主要大山都分布在浙南，如括苍山脉、雁荡山脉、仙霞岭等，海拔千米之上，而文成就藏匿于这大山深处。

去年九月，在长三角自驾游目的地推介会上，听了文成百丈漈景区领导的一番介绍，才知文成有多个旅游景区。之后，便有了与旅行社老总们前去踩线的机会。

在4A级铜铃山景区，我们沿着形式各异的山体栈道拾级而下到了峡谷底，再沿着一个个“壶穴”而上，看到了那被誉为“华夏一绝”的十二壶穴，一个接着一个。它是峡谷中经万年激流旋冲而形成的壶穴奇观，瀑连瀑、潭叠潭，很为壮观！4A级龙麒源景区是一个畲族风情的景区，因当地畲民为纪念畲族始祖龙麒而得名。入口处，一座长达300多米的钢索桥凌空穿越了小山和湖泊，把我们引入峡谷对面的一个名为“桃源洞”的隧道。走出隧道眼前豁然开朗，清风幽静、绿树小道、鸟语花香、小溪潺潺，仿佛来到了桃花源。溪流中有一段500米长的名为“金碧滩”的溪涧，河床是清澈见底的金黄色岩石，没有泥沙，任凭流水千万年地冲刷，呈现的是一片金碧辉煌，让人惊讶感叹！

文成山水风光，要数4A级的百丈漈最有名。百丈漈景区位于文成县城西北约5公里处，游此景，有两条线可走，一条是乘车到天顶湖，沿山道台阶拾级而下，此为上入口。那天，我们从下入口处进入，沿着山谷小道缓缓而上。游步道在溪水中蜿蜒而上。从百丈漈下来的水有的直冲而下，有的被岩石挡回后折返而去，还有的是从岩石下冒出，争先恐后地向下奔去。看三漈，有百丈宽，灵空幽谷，犹如长纱白练，横穿在3公里长的秀谷之中，伴随着我们踏汀步、钻山岩，我们边走边听水声、观瀑涌，有一股空灵之流推送着我们向前。过了三漈后，山体挡住了视线，眼前出现的是一个偌大的木制观光平台，边上还有一座临潭而建的茶楼。山谷在此处拐了一个弯。走上平台，才能看见一漈和二漈。这里是赏漈的绝佳位置，如人间仙境。

百丈漈大瀑布全程落差为353米，在一漈下面仰望，207米的落差，51米宽的瀑布，只感到它的高和雄伟。它被上海大世界基尼斯总部认证为“中国单体落差最高的瀑布”(常年流水)，同时入选“中国十大名瀑”，实为名不虚传。李白观庐山瀑布时曾留下“飞流直下三千尺，疑是银河落九天”的千古佳句，而百丈漈也有“天赐神流三千尺，半空烟霞唾棉球”的美句。

入夜，我漫步在文成县城的泗溪河边，沿河灯火阑珊，河水静谧。我想，这水，它从百丈漈下来，带着甜美的甘露，滋润着这座山城，使山城更加朦胧柔美；这水，不像白天那样奔腾不息，倒像个玩累了的小孩安静了下来，缓慢地流动。似乎对小城有些依依不舍，有些留恋，但终究还是汇入下游的飞云河，向东而去。

2014年1月

(原刊于2014年2月11日《松江报》副刊)

细节印象

一次，在德国的法兰克福乘高铁去比利时的布鲁塞尔，这也是我第一次在国外坐高铁。那天下午6时前我们进入火车站，查看了一下信息栏，知道自己是在几号站台该坐几次列车，何时发车，几号车厢几排几号座位……

没有人验票，我们就进入到了站台。不一会儿，列车就进站了。到站的旅客下车后，我们便上了车，也没有人验票。我们放好行李坐下后，一会儿列车便缓缓启动了。一个多小时后，列车已过了科隆，向着德国边境驶去。这时车厢广播里播出了一个通知，说是本次列车有故障，要在前方的小站停靠，请大家换乘另一列火车。广播了几遍后，列车便在一个不知名的边境小站停了下来。大家也没有言语，各自拿着行李默默地依次排队下车。这时天已黑了并下着雨，好在换乘的列车就停在站台对面。两辆列车是门对门，车厢号也是相同的，走几步就登上了换乘的列车。放好行李坐下后不一会儿，列车就启动了。这一切都在安静中进行，车厢内也一切如常，就好像没换过车。车到布鲁塞尔，仅晚点了十分钟。

我不知道这种换乘的情况在德国是否经常发生？但我却真正体验到了什么是文明有序。进站、上车、途中、到站均没人验票查票，途中临时换车又是那么井然有序。没有人喧哗，也无人罢换，更没有人骂娘，一切是那么的默契。这不由让我想起在许多年前的一个细节。那次我在日本福冈的一个地铁露天站台上等车，坐在我边上的一位女士在抽烟，也刺激了我的烟瘾，于是也点了支烟。刚吸了几口，只见这位女士将她手中握着的三角纸包递了过来，她笑着示意我将烟灰弹在里面。我很不好意思，但同时很感动。

近日在巴西世界杯上有一篇报道说：首场赛后，现场的日本球迷主动用自带的垃圾袋收集看台上的垃圾。在对希腊的比赛后，再次冒着大雨打扫看台。这真是给我们上了一课。虽然前两战日本队打得糟糕，可日本球迷却赢得了巴西的尊敬。

我现在开车时碰到横道线，如有人要穿马路，我便会停车挥手让他们先过。开车时一般不按喇叭，更不会把垃圾扔出车窗外。这些细节也是受国外开车人的影响。前些日子报上说，外国人在我们国家也乱穿马路，看来环境的影响力不可小觑。细节也是衡量一个国家或城市文明与否的标准之一。

2014 年 6 月

（原刊于 2014 年 6 月 26 日《松江报》副刊）

漫画里的埃菲尔铁塔

法国人天生的幽默、诙谐，他们竟然会在明信片上用漫画形式对埃菲尔铁塔来搞笑一番。我曾在埃菲尔铁塔下的纪念品商店里买了五张漫画型的明信片留作纪念，每每看到这五张明信片，就忍不住要笑。

第一张明信片上画的是女人的一只脚，穿在高跟皮鞋里，粉红的底色背景与黑色的皮鞋形成强烈的色块对比。然而，皮鞋的高跟部分竟然是一个倒置的埃菲尔铁塔，天哪！这也太不可思议了，法国人竟然这样"糟蹋"自己的伟大建筑，这样夸张女士的高傲。第二张画的是一位穿白衣、戴着厨师帽、面带微笑的蛋糕师，将一个形如埃菲尔铁塔的大型蛋糕送给一位着红色连衣裙的女士。"啊，这就是我的埃菲尔铁塔!"女士高兴地说。蛋糕上端涂上了叫人垂涎欲滴的奶油蛋白，而下面则如埃菲尔铁塔的拱形一样是镂空的。法国人要把埃菲尔铁塔当蛋糕"吃"了，胃口也真大。而第三张则将埃菲尔铁塔改画成一个高高的男士，塔顶处画成了一个头戴贝雷帽、面露微笑的男士头像，塔身改画成男士的身体和下垂的手，而这下垂的手臂下却横夹着一条"法棍"(法式长棍面包)。这"铁塔男士"跟在一只欢快的小狗后面走在街上，似乎是在逛街遛狗，又似乎是买了面包后高高兴兴回家去了。也许是长期以来埃菲尔铁塔老是被人参观、拍摄，"他"有点厌烦了，也想沿着塞纳河去逛逛，这拟人化的幽默真是蛮有趣的。第四张画的是夜幕下的埃菲尔铁塔，月光下，路灯灰蒙蒙的，整个画面是灰暗的。好多只黑猫集聚在塔下，三只大黑猫看上去像是它们的长辈，似乎是在商量着什么。有两只黑猫在塔脚边闲逛，还有四只小猫则爬在了塔上，其中一只正向塔顶攀去。我不明白这幅画要表达什么?

是不是说人们喜欢埃菲尔铁塔，猫也喜欢，人白天参观，猫晚上玩耍。第五张画得更为夸张，埃菲尔铁塔的几个法文字母，被拟成一个个老鼠像，一座奶酪制成的埃菲尔铁塔，被三只大耳朵的老鼠啃得千疮百孔。也许这老鼠是一家子，也在旅游野餐。塔下铺着一块餐布，上面有面包、刀叉和老鼠咬下来的奶酪碎片。鼠爸鼠妈正咬着碎片大快朵颐，肚子是胀鼓鼓的，坐在地上的鼠儿子似乎已吃不动了，这顿奢侈大餐实在是太幸福了。埃菲尔铁塔怎么就成了老鼠野餐的食物了呢？

大凡旅游明信片的图案都是中规中矩的，这法国人也真是，竟拿埃菲尔铁塔开涮，这幽默、这诙谐、这搞笑也亏他们想得出来。

2014 年 7 月 10 日

（原刊于 2014 年 7 月 30 日《松江报》副刊）

漫步在海德堡

在欧洲旅游观光，看教堂、古堡的很多。教堂是了解宗教文化的场所，而古堡是了解当地历史文化的地方，而这两者又是密不可分的。在欧洲，以“堡”为名的地方很多，如在德国，就有纽伦堡、汉堡、弗伦斯堡、沃尔夫斯堡、奥格斯堡、海德堡等，每个“堡”都有它的历史文化，每幢建筑都有它传奇的故事。

一天，我们从法兰克福驱车不到 2 小时便来到了位于莱茵河支流上的内卡河畔的海德堡。

海德堡的历史可追溯到 2 500 多年前，当时，日耳曼族的凯尔特人已在圣灵山上建造了堡垒和神庙，后来古罗马人在此居住了近 200 年才迁徙回到莱茵河的西岸。1 500 年前海德堡就有了永久性的居民点，到了 1156 年，皇帝弗里德里希一世封其同父异母之弟，施陶芬的康拉德为莱茵河畔的普法尔茨伯爵，开始掌管这片土地。“海德堡”这个名称已使用了 800 多年了。600 年前，在这里还创办了德国境内最古老的大学，现名为海德堡大学。海德堡经历了城市扩充、宗教改革、宫殿修建、古堡防御工事、战争、雷击、30 年战争等，二次世界大战后还成为美国在欧洲的高级军事基地中心，是一座布满历史沧桑的古老城市。

海德堡南面靠山，北面临河，城市的制高点便是南面山丘上的古堡，眺望古堡，会产生一种想去探究的欲望和冲动。仰望古堡，雄伟典雅，淡红色的砂成岩外墙布满了与命运抗争的痕迹。清晰可见古城堡有一个角已经坍塌，那是古代的火器攻城时留下的，厚达 7 米的高墙也难以防范敌人的进攻。

我们驱车沿着山坡驶到了古堡遗址边。穿过凯旋门式的伊丽莎白门便进入古堡的外围城墙上的炮台花园平台，向北眺望，整个海德堡城一览无遗。内卡河从东面的山峦中穿出，在城中流过，拐了一个弯，向着西北方而去，最终汇入了莱茵河。内卡河上，一座建于200多年前的石拱老桥将河的两岸连接了起来，据说以前曾在此处先后建过8座木桥，但不是毁于洪水，就是被战争所摧。海德堡是由古堡遗址、老城区和河北岸的新城区三部分组成，在古堡上往下望，在一片绿树林中露出一个个红瓦的屋顶，可以感觉到什么叫森林中的城市。

我漫步在古堡城墙上。望着城堡西侧的断壁残墙，想象着500年前的遭雷击和400年前的战争情景，30年战争损毁了古堡，200年前的再次遭雷击迫使维修工程中断，真是多灾多难。古堡与外城墙是隔开的，中间是近25米深、50多米宽的护城壕。从门塔进入古堡大院，院内的建筑大多已有400至700年的时间了，这是历代选帝候们花了300多年时间所建造的古堡建筑群的中心部分。这些富丽的宫殿有着精美绝伦的艺术装饰，风格也不尽一致，可见建筑并不是一次规划建成的。有文艺复兴时期和早期巴洛克式的建筑风格，石板人物雕像、穹顶彩绘、哥特式挑楼等。大大小小20多幢建筑，保存下来的有鲁普莱希特宫、宫女楼、图书馆楼、玻璃宫、奥特·亨利宫、弗里德里希宫的大部分。他们分别是鲁普莱希特三世当选为德意志国王后下令建造的。建筑中的竣工石、帝国之鹰、国王大厅、徽章浮雕、人物雕塑、石柱门框等无不体现了它的历史价值和艺术风格。眺望这一幢幢大楼，那空荡荡的窗洞和缺顶的房屋，让人觉得这壮丽的残宫外观比完好的宫殿更加庄严，更加绝妙！

我漫步在海德堡的古堡内院。来到了古堡的地窖，地窖中的大酒桶是世界上最大的木制葡萄酒桶，初始一只可装12.5万公升的酒，后来又建造一只容积为19.5万公升的酒桶，取代了前者。1751年，又制造了现在这只能容22万公升的大酒桶，再次被刷新纪录。它由130根橡树干箍成，8.5米长，7米高，上面还有一个舞池，想想，在酒桶上跳舞那是什么滋味，那真是“酒不醉人人自醉”。酒桶对面的墙边楼梯旁有一座雕像，再现了小矮人“培克尤”的形象。这个酒量极大的南蒂洛尔人是卡尔·菲力普(1716—1742年)时的宫廷小丑兼酒桶卫士，每当被问到能否再喝一盅酒时，他总是一样地答道：“为什么不呢？”而这句话在南蒂洛尔方言里发音为“培克尤”，他因而得此名。据说，培克尤是只饮酒从不喝水的，他在被人说服喝了一杯水后而死去。他的形象至今仍然是海德堡狂欢节和普法尔茨人喜对人生的象征。他雕像旁边的“钟表”，据说也是培克尤自己发明制作的。我也和其它游人一样，去拉了一下钟座下的小圆环，“叮咚”声响时钟表门打开，跳出了一只毛茸茸的小松鼠，吓了一跳！离开地窖后，我们来到位于奥特·亨利宫一楼的德国药房博物馆。这里展示的是从中世纪到十九世纪不同时期的药房布置，实验室、仪器、器皿、药物、医疗手稿、文献和出版物，非常齐全。

我漫步在海德堡的老城街区。老街区早在海德堡成立之前就已经存在了。很早以前，渔民、手工业者及商人就迁居在内卡河畔，他们共同分享着古堡的庇护。1 200 年前老城形成后又扩大了有一倍之多。400 年前的两次战争几乎将这座城市变为废墟。后来，化了 20 年时间又按原样把老城重新建设起来，并在建筑整体上呈现和谐且统一的巴洛克风格。海德堡老城基本是在内卡河南岸、王屋山下一条狭长的地带铺开的。午餐后，我们从大学广场开始，沿着这条被誉为德国最长的步行街——主街，漫步于“弹格路”(一种用四方石块铺成的路面)上。建造于 300 年前的老大学楼，内有校长办公的地方，博物馆和老礼堂。而大学的教室几乎布满了整个城市。从最初的 500 名学生到今天的 30 000 名学生，大学广场今仍然为主要的聚会地点。在老大学楼后面的奥古斯丁巷的原校舍管理员住房，是历史上学生的禁闭室。使用了 200 年，几代受罚的学生为了消磨时光，利用水彩和蜡烛熏烟，在禁闭室的墙壁和天花板上留下了密密麻麻的铭文和图画。学生如因犯有酗酒、不拘小节、影响夜间安宁等违规行为将受到被关两周的处罚，是不损害名誉的惩戒，这就像参加考试一样，属于大学生活的一部分。被关的人在前两三天只能得到水和面包。之后，允许外面送饭和坐监人的互访，甚至可以去听课。他们戏称这里为“贵宾馆”和“无忧宫”。在大学广场南侧，与之相对应的是新大学楼，大门入口处上有智慧女神阿西娜的雕像。还有一块“积极进取”的题词，二战时纳粹党曾把它改为“忠于德意志精神”，1945 年又被更正了回来。新大学楼内院西南角的“女巫塔”建于 1380 年，以前是中世纪海德堡的防御建筑的一部分，曾被用做女子监狱，后被布置成一处纪念地，以纪念在第一次世界大战中死去的大学生。院内东侧还有耶稣会中学、学院楼、纪念碑、法院旧址、教堂、宗教艺术和礼拜仪式博物馆等，从这些历史遗存中可见这所 600 年的大学变迁的痕迹。

沿着主街可见两边有许多狭窄的横巷里拥挤在一起的房屋，不难想象，1693 年法国士兵放火烧毁老城的惨烈。继续往东走，我们来到了老城东。前面便是谷物市场，这里，可以仰望山上古堡遗址秀丽的一角。这里有有名的“卡尔王子”贵宾馆，十九世纪有许多名人曾下榻于此，如歌德、天文学家罗伯特·本生等。这里也是音乐会、演唱会的舞台。建于 1718 年的圣母像喷泉仍屹立于广场之中。这里也是攀登古堡的小路起点处，有一座标志性建筑称为“格莱姆贝格楼”，曾住过古堡的文物保护者和海德堡城市历史文物收藏奠基者格莱姆贝格公爵。再向东走没多少步，还可见多幢老房子，似乎每幢房屋都有它的故事。这一路上可见到历史上有名的两家学生餐馆：塞培尔和红公牛餐馆。还有那诱人的带有埃皮尔式栅栏露天台阶的布尔楼和魏玛宫，布尔楼里面的楼梯很有看头，它展示了毕德麦耶尔派时期安逸、宁静的田园风格。如今，这里是大学的宾馆。魏玛楼已有 300 多年历史了，从原来一位将军的住宅，后来改为波特海姆科学基金会所在地，到今天，是基金会下属的民间艺术博物馆。卡尔门是老城最东端的标志建筑，建于 1775 年，这座门正是颂扬选帝候卡尔·特奥多丰功伟绩而建的，使入城的东大门更显雄伟。卡尔门北侧便是内卡河了，在此处筑有一个船闸，可有效阻止洪水泛滥。同时，让河水仍能保持应有的深度。一组升降闸室，让过往的船只解决了落差的问题。

从卡尔门折返后我们又回到了主街上，首先看到的是一座手持长矛的高大骑士雕像，这便是有着悠久历史的“文化酿酒坊”餐馆。啤酒是自家酿造的，并且是每逢周四就会举办深受欢迎的爵士音乐会。往前走过一个街口，我们便来到施密特黑讷楼楼前。阿道夫·施密特黑讷是诗人，同时也是基督教堂和圣灵大教堂的牧师。他在十九世纪的下半叶曾居住在这里，除了他的关于海德堡的中、短篇小说外，最著名的作品是小说《德意志之心》。之后，我们便到了集市广场。这里集聚着多处历史建筑，广场东面是市政府大楼，西面是圣灵教堂，南面一字排开的是御药房、“骑士楼”和梅德兴楼，北面是特莱退尔楼。广场当中的散发着巴洛克气息的大力神海格立斯喷泉，为这个广场添上了浓重的一笔。先前的几个世纪，广场曾是公审法庭和刑场，是焚烧巫婆和异教徒的地方。在喷泉旁，直到1740年都挂着可以转动的，会发出音响的笼子，犯有轻罪的人被关在龟笼里，被转得天旋地转，同时也受到市民们的嘲讽和咒骂。广场后来成为大学生的五月歌会、迎夏游行后燃烧火炬的地方。市政府大楼是在1693年被毁后重建的，并扩大了体量。门口没有警卫，我们便走了进去，参观了一圈，里面很安静，也没什么人。广场南面的御药房重建于1700年，一块重彩的普法尔茨选帝候的徽章彰显了以往这座建筑的地位。而处于广场西侧的圣灵教堂于1398年建成，是这一带最大的教堂。教堂的唱诗厅、中厅、楼厢和墓志铭均有特色，1693年被法军摧毁，55座选帝候的墓葬均被毁，唯一的例外是教堂的奠基者、国王鲁普莱希特一世和夫人的墓碑被完好地留存了下来。最惨的是大量的藏书被运走，1622年一次就装满了50辆大车运往了罗马。后来虽归还了一小部分，但损失还是巨大的。直到今天，这些文献仍然是梵蒂冈教皇图书馆中最珍贵的一部分。教堂正门对面的“骑士楼”，建于1592年，是德国最漂亮的文艺复兴建筑之一，是十七世纪的战争中唯一没有受到大的损害而幸存下来的一幢民楼。整幢楼的外立面特别悦目的是那通过横条、半柱和半露壁柱，通过相对称的许多窗子和隐显的挑楼，将楼层和山墙楼层次分明地或水平或垂直地分割开来。山墙上有着许多精美的浮雕、徽章和装饰，还铭刻着一些文字，非常养眼。在圣灵教堂北面的鱼市，座落着特莱退尔楼，也非常地漂亮。

在中世纪时，主街就将老城分成两个部分，它的边巷就像鱼骨一样，一边向南城墙延伸，一边向北河岸衔接。石巷就是从圣灵教堂直接通向老桥和桥头堡的便捷之路。石巷两边有许多小店和酒馆，有古老的“水鬼”饭店、时尚的纪念品商店、德国餐具店等。石巷南高北低，向北眺望，可见高耸的桥头堡，而巷子两边的房屋就如同框子般和谐地框在它的周围。

在巷口，店铺特别密集，“东家磨坊”、“老桥”、“金梭鱼”、“荷兰人大院”及“四季”宾馆等，接待着来自北边过来的游人。桥头堡的双塔属于中世纪城防工程的一部分，它和之后在北面河岸建立起的高大门塔构成了进入海德堡的防御要道。石拱老桥桥墩上的塑像底座上，刻有铭文，记载着普法尔茨之父一卡尔·特奥多的政绩：完成了普法尔茨和巴伐利亚的统一、大学400周年校庆、执政50周年等。围绕着基座的4个雕像代表了莱茵河、多瑙河、伊莎河和莫泽河的河神。下面的桥墩上，新标出了历史上大洪水的高度。

桥头堡东侧的建筑以前是屠宰行会，后改为内卡学校了，也已有300多年历史了。沿着桥西的小路走没几步路，便可拐进一条与石巷平行的小巷，名为哈斯皮尔巷。巷内有一座卡耶斯楼，1424年的文献上称它为“舞屋”。年轻的选帝候弗里德里希五世在迎娶他的英国夫人时，曾在这里举行过150桌的盛宴。梅里安于1620年所绘的海德堡全景图上可以认出这幢带有四坡屋顶的房子，后来这里曾是一个带有大厅的中世纪商店。如今，这里是一家书店和一个有趣的艺术博物馆。走到了下街，前面的18号房屋是魏玛共和国(1919—1925年)的第一位帝国总统弗里德里希·艾伯特(1871—1925年)的出生地，如今是他的纪念馆。向前跨过一条横街，就是三圣街了，以前的犹太巷。在中世纪早期，海德堡没有强迫犹太人集中住在隔离区，但是犹太人还是自发的聚居在这条巷区。鲁普莱希特一世准许犹太人在缴纳保护费和赋税的条件下在海德堡做生意和置办地产，将犹太人引进了城市。而他的二世皇帝却在1391年断然将犹太人驱逐出去，并将没收来的犹太人房产交给了大学。为了寻求良心上的安慰，便将犹太人的教堂改成了圣母教堂。

走到这里，海德堡的老城似乎还有三分之一没看，陪同我们的小王告诉我们，海德堡的河北岸的哲人路、手套村、圣山、新村和王座山的徒步之旅、内卡河谷之旅、夏季的焰火集庆活动都很有特色和看点。他还介绍说，今日的海德堡也充满活力，它是高科技的研发中心，印刷机制造业领先全球、软件公司、金融服务龙头公司、水泥公司都很有名，它还是德国最重要的橄榄球运动中心之一。我想，在海德堡我只待了5个多小时，但对海德堡印象深刻，因为，这是一次文化旅游。

2014年6月

(原刊于2014年第4期《云间文艺》)

莫干山下的汽车集结赛

严寒的冬日里难得有这么一天，蓝天白云，阳光明媚。我们一行共18辆小车在上午七时半集结，经过预热后，8时正，便像模像样的每隔3分钟开出一辆，沿着S32申嘉湖高速向莫干山方向驶去。

这是一次汽车集结赛活动，事先做了一些准备，组织者进行了踩线，是保密的，对我们还进行了比赛规则和注意事项的讲解培训。出发前，每辆车两侧车窗玻璃上都贴上了编号，反光镜下也扎了红绸带，示为标记。我们抽签为20号，为最后一辆。等我们出发时，算算时间第一辆车已开出了近一个小时了，大概已过嘉兴了。好在这段路不计时，各管各的。走完申嘉湖高速后转G25长深高速杭州方向，在青山匝口下高速后，沿G104国道行驶，10时半按时到达吴兴区的埭溪加油站。

稍作休息后，第一路段的比赛便开始了，也是每车间隔3分钟出发。因为从未体验过，也不知怎么个比赛法，心里有点忐忑不安和紧张。我对领航员说，重在参与，就算出来自驾游。比赛的“路书”是在发车前2分钟给我们的，还来不及细看，便出发了。按照路书的提示，多少公里左转，哪个路口右转，开多少公里应开几分几秒，很详细。说是集结赛，其实就是分段计时赛。而这个计时，要求是在规定的线路和时间里到达，早到或晚到都要扣分。

我们驾车行走在莫干山东面山脚下的乡间道路上，开到一牌坊处，路书提示要在此处调头，并以牌坊为背景，将小车用手机拍摄下来，并在此停2分钟再开。然后朝着德清县的莫干山镇方向驶去，领航员说，此段慢了2分钟，于是便加快了速度，平均时速约在50公里。路上，我在祈祷，路边那些装毛竹的货车拖拉机千万别把路堵死了，否则，我就完了。到了莫干山镇后，路书提示是左转，我心里就定了许多，不用上山了，这是朝筏头方向去的路。去年暑期，我在德清休假，曾从筏头翻过山去安吉的，故认为第二赛段肯定是走这条道。在我的记忆中，从德清到安吉，只有这条山道可走。

从莫干山镇到筏头，途中正好经过闻名全国的"裸心谷"。这里分布着许多"洋家乐"，当地政府将道路和路边的环境都建设得很美。这一路上，路书的提示也少了，我们边欣赏着两边的风景边说着话，车速也慢下来了，已完全忘记了这是在比赛。到了筏头镇时才发现时间又慢了，赶紧加速追上去，到达终点牛头坞农庄时，估计慢了 10 多秒，裁判还验证了我们的手机照片。

在农庄吃了碗面，稍作休息后，进入第二赛段比赛。拿到路书后一看，我纳闷了，明明是该左转的，怎么会变成右转的呢？这不是上莫干山主景区的道吗？不走筏头难道还有其它的路可去安吉？一路疑问，也只能按路书提示沿着 S304 省道向山上驶去。过了计庙坞后进入了一条山间乡村小道。再过了大造坞后，前方出现了一岔道，路书上只说是直行，看看这条岔道是新建的，我判断应该走这条岔道。正在这时，先前出发的 15 号车调头从山上下来了，估计他们已发现走错道了。于是，我们便一踩油门向岔道驶去。接下来，前方出现了"赤渔"的地名，和路书上提示的相同，这才放下心来。这里已进入安吉境内，而且已是莫干山的西侧山脚下了。我惊讶！这条道是又近又无须翻山越岭，组织者是怎么发现这条捷径的，真是服贴了。在行驶到赤芝时，又拐上了一条岔道，一直开到一个叫钦家上的村口停车场。停车，将小车连同路边的亭子一起摄入手机，并在此休息 2 分钟再调头返回赤芝。后来听说这里暗藏着裁判，看你有没有停满 2 分钟，否则也要扣分。在赤芝右转后一路无提示，还看到有的比赛车在返回赤芝，估计是忘了拐入岔道和拍照了。至 S11 省道，要求右转百米后在一保健品厂门口调头，此处正在修路，道路一半封闭，由于道窄车多，好不容易才完成调头，不知此处有没有暗藏裁判。

进入安吉城区后，一路上尽是红灯，原先控制好的时间又耽搁了，计时的终点也不知藏在那里。就这样，比规定时间晚了一分钟到达住宿的饭店。最终获得了第 8 名，还算行。第一次参加这样的活动，感觉还是蛮新鲜有趣的。

2015 年 1 月

皖赣浙三省交界地自驾游记

现在的旅游已进入散客与自驾时代，今年“十一”黄金周，我们也去凑了一次热闹，自驾游皖赣浙三省交界处的几个景区。节前，我对自驾路线做了安排，游安徽黄山屯溪老街、江西婺源古村落、浙江江山廿八都、仙霞岭等地，并在网上预定了酒店。也想去实地体验一下黄金周的“高速公路是停车场、旅游景区看人头”的滋味，心里也是有所准备的。

避开了10月1日、2日的出游高峰日，我们便于3日上午8时半出发。上了G60沪昆高速后，考虑到石湖荡段在施工，枫泾道口可能会拥堵，便绕道走G1501绕城高速后转S36亭枫高速，再转入G60高速。虽多走了几公里，但一路上没什么车，显得有些冷清。转入G60后，车才多了起来，但车速还可开到100码。一个半小时开了120公里便到了长安服务区，稍作休息后，在10时又上路了。

进入杭州绕城北段后，车辆明显多了起来。过了南庄兜后就感到拥挤了，半个小时才开了七八公里，可能前方是西溪湿地的下匝口，车辆比较多。慢慢地“爬行”终于走上了杭徽高速，一下子畅快了。进入临安山区后景色也很美，群山连绵起伏，郁郁葱葱，高速公路在群山中穿行，钻隧道、跨天桥，一会爬山、一会下坡，很是爽快。这段路约110公里，开了2小时，下午1时到了临安服务区，便在此用午餐。可能是杭州绕城北段没有服务区，杭徽高速浙江段中设施比较完善的临安服务区，显得特别热闹，人多车多。临安旅游部门还在此设有各景区优惠门票销售点，为游客提供方便。

下午1时40分，继续上路，过浙皖交界处的昱岭关时，能看到右侧地面公路上的昱岭关雄姿，这也是古代杭徽古道上的重要关卡，两省交界处的山更高更密。进入安徽境后，隧道也多了，不一会就有一个，有的地段是一个接着一个。想想也难为了筑路工人，要战胜多少艰难险阻才能硬生生地从崇山峻岭中辟出一条高速公路来。

下午3时，走了160公里后到了黄山屯溪，里程表显示全程390公里，开了4个半小时，算是比较顺利的。友人在手机上玩导航，他说：导航显示，我全程没有超速，表扬！

屯溪老街和青瓷色服饰

屯溪老街这是我第三次来了。第一次是1988年上黄山时来过，留下的是对徽派建筑的深刻印象，那时的店铺还是上排门板的；第二次是1996年路过此地，感觉到的是商业繁荣，古玩字画、砖石木雕的店铺很多。这一次算是特地来重游。

老街吸引我的是那粉墙黛瓦的民居、飞檐翘角的马头墙、布满石雕砖雕和木雕的徽派建筑和那体现当地特色的店铺，如徽墨宣纸、歙砚徽笔、砖石木雕、菌菇山货、古玩摆件、土特产品和那徽菜小吃。特别是那名声在外的茶叶店，专卖黄山云雾和茅尖、太平猴魁、休宁松萝茶和祁门红茶。那个写《牡丹亭》的汤显祖有诗云："一生痴绝处，无梦到徽州"。徽州文化博大精深，当今中国成立地方文化学会的只有3处，其研究对象分别是：敦煌学、藏学和徽州学。在徽州，可看到原汁原味的徽州历史。在大江南北，到处可见到徽派建筑文化。

屯溪老街的店铺门面都蛮大的，并且都有纵深感，每家店铺的招牌都是名家题字，显得很有历史厚重感，店铺内的布置都很大气，不像有的老街店铺窄小、店堂拥挤、店面不整。我们在晚饭时间到了老街，那照壁、广场、牌坊，似乎都是后来建的，游人还是熙熙攘攘，街上好不热闹。没有电喇叭的吆喝声，只有不散的人群，我们也买了些土特产，感觉很好。

在老街中段的十字路口，我们进了一家名为"徽之忆"的食府用餐。首先让我眼前一亮的是接待我们、帮我们点菜的服务员的服饰打扮，青瓷色的对襟紧身上衣，下配飘逸垂地的白色罗裙，脚配黑色布鞋，加上修饰过的时尚睫毛和发式，衣袂袅袅，步履轻盈，好一幅明清时期江南女子的形象，仿佛自己进入了电影场景内，真是太美了。这比我先前所见的茶楼、餐馆服务员的蓝印花布要好看多了。小姑娘熟练而老道地帮我们点好了菜，然后要我们上楼在指定的位子上坐下。楼上是个大堂，放了五六十张小八仙桌，一面还有个小舞台，在表演着当地的戏剧唱段，人们边吃边听，有的人则不停地拍照留影。菜的味道已无回味，但青瓷服饰却印象特深，现在想想当时真应该拍张照片。

婺源“一卡通”和古村落

第二天上午8时半，我们便离开屯溪去江西婺源。从屯溪到婺源有黄婺高速公路，路程不过百公里。婺源在历史上原属徽州，基本上还保持着徽派文化特色。

上午10时从江湾匝口下了高速后，拐上了一条通往晓起的公路，不一会儿便到了晓起。在旅游服务中心，我们购了两张“婺源一卡通”，210元一张，扫了二维码后，立减30元，为180元，五天内有效，可游14个景区。其中有1个5A、8个4A景区，真是太实惠了。如果门票单买，大部分景区门票价都在60元左右，玩3个景区就要180元。另外，一卡通在进入景区时需进行指纹识别，这样也防止了转借别人使用。当然，这类历史遗存下来的古村落，该不该收取门票？那是另外一个话题，毕竟现在的旅游还是处在“门票经济”时代，或许若干年后会取消门票。

晓起，属江湾镇，是婺源文化生态旅游的一颗璀璨明珠。据晓川《汪氏宗谱》载，唐乾符年间（847—879年）歙县篁墩汪万武逃乱至此时，天刚破晓，只见青山环绕，绿水潺潺，地沃草肥，花香四野，便搭草棚、起炊烟，而将此取名“晓起”，也称晓川。后有洪姓在小溪上游一公里处建村，也称晓起，故晓起又有上、下晓起之分。

进入古村时，先是跨过一条名叫“养生河”的溪流。我们漫步在老屋小巷中，磨得光亮的青石板小路告诉我们它历史的久远。沿巷两边的房屋开了些店铺，卖的是山货菌菇、木雕家具、茶叶糕饼什么的。我们也饶有兴趣地买了些。在村子的西北角，看到了一口古井，从说明牌上的“双井印月”介绍来看，有些年代了，而且晚上更好看。古村游人并不多，显得安静。

晓起村被誉为“生态家园”可谓贴切，村庄被群山环抱，村北有大片的香樟树，而且许多都是古树，其中香樟王有1 500年的树龄，还有许多稀罕的红豆杉。当地人用红豆杉木做筷子，用香樟木做箱子、家具出售，也算是“就地取材”。站在北山坡上看晓起，真是“古树高低屋，斜阳远近山。林梢烟似带，村外水如环。”好一幅美丽幽静的画卷。

出了晓起，我们沿着上山的公路去江岭。车沿着盘山公路不断地向上，过了一个不知名的古村落，便到了一道山梁上。在检票口，一位游人满脸迷茫地问工作人员“这里是看什么的？”我情不自禁地笑着抢着回答：“看山、看梯田、看村庄”。的确，十月份到江岭来不是时候，四月份看油菜花才是最美的。站在山梁上往下看，漫山的梯田是一片的油菜花海，绵延起伏且与村落人家相映相融。而现在这个季节却没有，只有那田间的稻草人和田埂上稻草所扎的“迎亲队伍”还在不分昼夜地欢迎来自四方的游客。

午餐后，我们来到了江湾。此时的江湾人太多了，交警让我们将车停在很远的马路边，然后走进去，足足有一公里之多。进入景区后，先参观了气势恢宏的萧江宗祠，看后才知先是萧姓后改江姓，名人辈出。看到主街上都是些新建的牌坊街区，顿时便失去了游玩的兴致，便早早出了景区。在汽车接驳站，等了好长时间才来了一辆中巴车，大家蜂拥而上，显得混乱。看来，作为5A景区，接待设施和能力尚欠不足。

我们沿着黄婺公路向婺源县城方向驶去，先后游玩了汪口、李坑。江湾到汪口只有7公里。汪口是沿着长河而建的一个千年古商埠，街长有千米之多。过去，婺源陆路不通车，一切货物要用船往返运送。汪口是婺源东北乡，乃至徽州歙、休等地有名的大型货物集散地。汪口官路正街的店铺建得颇有地方特色，一般为前店面、中起居、后伙房、楼仓库的布局形式。走在这条古街上，还能感受到明清时期的风貌，我也一一参观了俞氏宗祠、船帮会馆和村公所，还有那平渡堰。

汪口到李坑仅8公里，离婺源县城也只有12公里。

李坑是一个典型的“小桥、流水、人家”的古村落，去时已是下午3时，游客还是那么多。

李坑建村已有近千年的历史，自古文风鼎盛，人才辈出，自宋至清，仕官富贾达百人；村里的文人留下传世著作达29部。村落群山环抱，山清水秀，风光旖旎。一条小溪从村中流出，在村口河道中，一字排开的停着小游船。沿着小溪向村里走去，村内的明清建筑、民居宅院沿溪或依山傍水而建，粉墙黛瓦、参差错落；村内街巷溪水贯通、九曲十弯；青石板道纵横交错，用石、木为材料的溪桥很实用，直接搁在溪上，连接着两岸。没有桥拱，也没有护栏，远远望去像是一排排临时性的跳板，一个个平铺着。有的溪桥对面就是一户人家，一个店铺，真是"出门即上桥"。沿溪的店铺紧邻着，茶叶、歙砚、樟木箱、茶楼、餐馆、客栈、山货、砖石木雕琳琅满目。

此时，我的眼前出现了一座凉亭，名为"申明亭"，那是村民议事和理诉的公共场所，亭柱上写着一副对联很能说明问题：

亭号申明就此众议公断
台供演戏借它鉴古观今

亭后是几幢高大的徽式客栈饭店，这便是李坑村的中心位置。两条溪水在此汇聚，游船到此也不能上去了。一座名为"通济桥"的古石拱桥还完好地保存着，从"乾隆丙寅年永公支孙重修"的石刻来看，至少也有300年以上了。

顺溪而上，我见溪对面的茶楼有个露天的阳台，于是便穿过木桥，进入茶楼后沿梯而上，站在阳台上，李坑村尽在眼中。我见阳台边上有条土路可通山上的一座建筑，想想可能还可看得更清楚，便登了上去，原来是个商店。

沿着山路下去，见一山泉，大家都在用可乐瓶灌泉水，走近一看，才知是村子尽头的"蕉泉"。那是一个与传说中的有小黑龙故事的地方。转过泉坑，便是南宋武状元李知诚的故居。故居院内有一方石砌水池，水池用石栏围起，绕池的小径以块石铺垫。小径外侧为花坛，扶疏的花木中有棵紫薇树，树龄已有500多年。

李坑的溪水涓涓地流淌着，哺育着溪边的世世代代；李坑的小桥默默地横卧着，诉说着岁月故事；李坑的人家生活着，散发出历史的韵味。

荷包红鲤鱼和彩虹桥

晚上，在婺源县城，我们在一家名为“八大碗”的饭店品尝了现为国家优良淡水鱼种——婺源荷包红鲤鱼。据说在明万历年间，在京城为官的婺源人余懋衡告老还乡时，皇帝为表彰其为官清正，一身廉洁，特意从宫中选出几尾红鲤鱼作为赏赐。从此，御赐的红鲤鱼便流落民间。一条色彩红艳，形似荷包，肉质鲜嫩的红鲤鱼，一会儿被我们吃个精光。

也许是几年前，在浙江泰顺泗溪看到过廊桥，也写过廊桥的缘故，在我的心中也存有廊桥情结。在离开婺源的那天上午，我们还特地驱车 25 公里到县北面的清华镇，去看建于南宋绍兴七年（1137 年）的彩虹桥。据说桥名取自唐诗“两水夹明镜，双桥落彩虹”的诗句。这座长廊式人行桥长 140 米，桥面宽 3.1 米，由四墩五洞、五廊六亭构成。该桥经历了 800 多个春秋的河水冲刷，是徽州最古老、最长的廊桥，被誉为“中国最美的廊桥之一”。

有记载说：建造彩虹桥的是一位济祥和尚和一位叫胡永班的工匠，济祥云游四方化缘三年集得善款，胡永班负责桥的设计。他在桥址选点、桥墩设计、桥面木质结构、亭廊独立结构等方面都有独到之处。用现在的话说，设计者是具备一定的物理基础知识的。步入桥内，可见阁亭上面设一神龛，内置三个牌位，左为僧人济祥，右为胡永班，夏禹是镇水之神，当地人把夏禹神位摆放到中间，应该是考虑到他可以镇住洪水、保护廊桥吧。

在桥下游 30 米的地方，胡永班设计了一道石坝拦水，以抬高水位，缓解洪水的速度。这与建桥选在水面宽阔之处一样，以减少洪水对桥的冲击。石坝上建有“跳岩”，可供人行走。在通常没有洪水泛滥的季节，这里形成一池碧水。在“跳岩”下，由于落差的原因，却是水花飞溅，河水争流，给彩虹桥平添了几分秀美。古人的这种抗洪水的设计，也为今天的游线作了不经意的安排。可先在桥的北侧观看彩虹桥的雄姿，拍照留影。这里山青水秀，也是电影《闪闪的红星》取景地之一。上桥徜徉，两岸风光尽收眼底，或站或坐，或望或行至东岸。再从南侧走“跳岩”，在河的中央近距离观赏整座桥和这一汪碧水，十足的“人在画中游”。美丽的景物总是让人未见时向往，相见时激动，见过后回味无穷。婺源，印证了这一点。

廿八都和仙霞岭

在婺源县城午餐后，我们便上了婺常高速向浙江江山驶去，此时汽车的里程表显示的行驶公里数为600公里。开了没多长时间，进入浙江开化境内的白沙关后，高速公路还在施工，只能改走S317省道。到了华埠镇后转G205国道，在常山上了G60沪昆高速，约行了20公里后转走G3京台高速至江山出口。一路上除了沪昆高速车辆较多外，其它路段还算是比较畅通的，这一天开了200公里。

自驾的第四天，上午9时出发，走G3京台高速40公里后到达廿八都，这里已是浙闽赣三省交界处了。

在浙江境内，山脉和山峰很多，当数浙西南的仙霞岭最高也最大。仙霞关和枫岭关是古代重要的军事要冲和交通枢纽，想当年黄巢义军，刊山开道；开辟了仙霞天险。悠悠千年，雄关依旧在，古道仍弯弯。古道还是海上丝绸之路的陆上通道，是自唐代以来北方通往东南港口的唯一官道。位于两关之间的廿八都古镇自然成了官道上的驿站。明末清初时，郑成功和其父亲曾驻扎在这里。古镇上现存有一些历史遗址和名人古宅、老街区等。

古镇叫廿八都，“都”是沿用了宋元明时代的村镇建制，古镇是沿着一条叫枫溪的河流北岸而建的，长约2公里。我们从东侧的珠坡廊桥进入，参观了农博馆、北堡门，来到了武官衙门，这里展出的是郑成功的家谱和军队驿站的复原情景。后面是观音阁、文昌广场和文昌宫，转到浔里老街后，又逛了秉书洋货店和德春堂药店。我望着这些保存完整的古建筑，问坐在边上的一位老者：“当年日本人打进来过吗？”老者答“没有”。果然，否则不会那么完整。

我们拐进了一条小巷，参观了方言姓氏名人馆。古镇万余人口繁衍着142种姓氏、交流着13种方言，被称为“文化飞地”。我们也参观了戴笠与女特工陈列馆。穿过回音壁和几幢名人旧宅后又来到了老街，最后在关帝庙前戏台停下返回。

廿八都的“八大碗两名点”有些名气，老街上的饭店都打着这个招牌，我们便在一个名叫隆兴斋的饭店二楼的回廊上坐下，选了八大碗中的四碗边吃边观景，仿佛回到了过去。

离开廿八都后，我们沿着205国道驶向保安镇，那里有仙霞古道。历代文人墨客张九龄、白居易、欧阳修、王安石、陆游、杨万里、朱熹、辛弃疾、李渔、林则徐等曾在仙霞古道上留下了三百余首诗篇，被誉为“古诗之路”。而座落在保安镇老街上的戴笠秘宅，可谓是幽深宅院，机关算尽。它的内部设计让人惊叹，门多窗多，明梯、暗梯、明窗、暗窗、明门、暗门，门门相通，室室相连，好似九连环，真是机关重重。

离开保安镇后，一路上有好多乡村旅游点，古居家庭农场、向日葵基地、农业休闲园、丹桂园、紫薇园、中草药基地等，路的一边已停满了私家车，想必都是带着孩子来体验农家生活的。

来到江郎山下，我们选了个角度，将奇特的三片石摄入镜头，以饱眼福，时间不允，并没有去登山。

下午4时，我们离开了江山上G3京台高速往建德而去，此时公里数显示是900公里。G3转G60再转龙丽高速接S33杭新景高速至建德寿昌匝口下，至建德全程160公里，至此已走了1 060公里。晚上，入住在建德，这是我们此次自驾游的一个回程驿站，没有安排游玩。

10月7日，也就是自驾游的第五天，上午10时出发，走杭新景高速转杭州绕城南，再转G60沪昆高速杭金段，在过下沙大桥时略有1公里小堵。我们在下沙服务区用完午餐后继续赶路，于下午3时顺利回到了家，约280公里。五天全程共1 340公里，结束了愉快的自驾五日游。

2015年3月

（原刊于2015年5月号、6月号《松江新城》文化长廊）

江南三石窟的“谜”

大约二三十年前，在江南的浙江宁海、龙游和安徽屯溪先后发现了古代石窟群，分别取名为伍山海滨石窟、龙游石窟和花山谜窟，均作为旅游景区对外开放。我曾去过这三个石窟，被古代工匠精湛的开凿工艺而折服。

伍山石窟位于宁海三门湾畔的五座小山中，故名“伍山”。由 14 个石窟群组成，有 800 多个形态各异的洞窟。龙游石窟位于龙游县一个叫石岩背的小山村，在面积仅 0.38 平方公里的小山上分布了 24 个洞窟。洞窟面积从 1 000 至 3 000 平方米不等，每个洞窟从矩形洞口开始垂直向下延伸，高度约 30 米，呈“倒置漏斗型”，窟内还有几根巨大的“鱼尾形”石柱用于支撑山石的重量。花山谜窟已探明有石窟 36 个，现对外开放的是 2 号和 35 号石窟。

三个石窟除伍山石窟明确为采石，另两个石窟都说是“千年谜窟”，这么大的工程，当地的史料中均无记载。不知凿于何时？究竟是何用途？采石呢？还是军事基地？藏兵？屯粮？屯盐？是帝陵？是巢居？还是藏宝？据说有 20 多种猜想，我倾向的是采石，因三处洞窟内的开凿风格是一致的。三个石窟均有一个共同特点，就是靠水，在古代这便于石料运输。伍山石窟东、南、西三面均靠海，龙游石窟南面临着衢江，而花山谜窟就在新安江边。伍山石窟有古代采石矿业的遗迹，已有 800 年的历史，存有台阶、排水槽、软桥、硬桥、石横梁、凿铮针、裁料和记工文字符号等，清晰地反映了当时开采场景和古老的采石工艺。央视曾播出了浙东沿海石窟探索的节目，也说它是用于采石。

龙游石窟的洞壁、洞顶和石柱上都留下了古人带有装饰意图的凿痕，还有一些佛像，衣袂飘飘，神情安详。它的历史可追溯到公元前212年的秦朝，迄今已有2 200多年。而在花山谜窟35号洞内，还整齐安放着一方开采下来未搬走的石块。至于洞壁为何凿得那么平整整齐？其实也很好理解，一是为了安全，便于行走或搬运石块时不被碰伤。二是为了采石的规整。三是为了场地的美观，犹如今日厂房车间的整洁规范一样。专家根据花山谜窟洞内倒挂的钟乳石长短，推算它已有1 800年的历史，那就是东汉时期。而东汉时，"逐鹿中原"，此地并非郡国之地，也非兵家之争地，没必要在此屯粮、藏兵，国都洛阳远在中原，更不会是帝陵所选。

有人说，既然是采石，干嘛要凿洞取石呢？露天采石不是更方便吗？据说石头被阳光照射或雨淋后石质会变硬，不利于开采，所以古人采用山顶挖洞，垂直向下延伸或斜面延伸的方法，这也便于石料开采。

还有人说，花山谜窟位于北纬29度45分处，靠近北纬30度的神秘线。然而，我发现这三个洞窟虽相距较远，但都在北纬29度之上。伍山约20分，龙游约5分，均靠近北纬30度。而埃及金字塔、狮身人面像、死海、百慕大三角、撒哈拉大沙漠、诺亚方舟等都恰好处在北纬30度这条神秘纬线，我国的钱塘潮、神农架野人、布达拉宫和喜马拉雅山"雪人"，也在这条线上下。在其它地方还未发现类似石窟前，或许可成为一个新的"谜"。

2015年8月

（原刊于2015年9月15日《松江报》副刊）

红河的“千百”名片

选择去红河州，是因为那里有七张靓丽的历史文化名片：“千年哈尼梯田、千年临安古城、千年建水紫陶、百年滇越铁路、百年开埠通商、百年云锡矿业、百年过桥米线”，很有吸引力。有三天时间，我们选了元阳和建水，这两地能体验到三个“千年”和四个“百年”。导游说，去红河的人不多，今年他仅带过 2 个团。司机在休息时与我闲聊，说大老远过来看梯田，犯不着。可回来后，我们却深感不虚此行，“三千四百”值得体验，红河州的旅游今后必将红火。

千年哈尼梯田

暮秋的一天，我们从昆明出发去元阳。先走高速，过石林经弥勒，到了开远后便下了高速，后面的都是山路了。过了个旧后一直是下坡路，从海拔 1 800 米直降到 400 米。此时，便看到了红河（即元江，为红河上游）。沿着红河西行，沿途都是香蕉林。过了元阳新县城后又一直在爬坡，又慢慢爬上了 1 800 米的大山深处。此时天色已暗，四周一片漆黑，道路狭窄，也只能慢行，一路上走了 7 个多小时。据说元阳已在规划选址建机场了，到时可就省时多了。晚上 8 时，才到了我们此行的终点——元阳县胜村，为了是明天能看到日出时的梯田。导游说，你们是幸运的，今天天气好，明天能看到日出。

安置好行李，走出酒店，便是胜村的主街。胜村其实是个镇，镇不大，建在山上，它离观日出的多依树景区仅 7 公里。我们在一家小饭店用晚饭，有哈尼族的土烧酒、烤杂鱼、土鸡、红米饭等。我们住的酒店叫“云梯”，房间里挂的照片是梯田，桌上放着的两本文学刊物名叫《梯田》。顷刻，都沉浸在梯田里了。

第二天晨6时半，天还没亮，我们便上车去了多依树景区。太阳露脸后，日光穿过云雾照射在梯田上，田里的稻子已收割，田被灌上水浸泡滋润着。带着弧线的水田似明镜、似花窗格子，由亮变红、变蓝、变银色……光影变幻，粼粼闪闪在这 6 000 多亩梯田上，这也许是大山深处对阳光的最早“回应”。

上午10时，我们来到坝达景区。站在观景台上眺望，14 000 亩的梯田层层叠叠尽收眼底，似巨型台阶，似通天云梯，说有 3 700 级，与云雾缠绕，真是气势磅礴，让人惊叹不已。阳光在云层的遮挡下不时地变化，梯田一会儿呈白、一会儿呈蓝，如诗如画，犹如醉美仙境。此时我才明白，为何杨丽萍的大型农耕稻作表演《元阳梯田》要以青山云雾为背景、梯田为舞台、上千山民和上百水牛为演员，这就是完美的天人合一啊！

摄梯田，以前似乎是风光摄影家的专爱。如今，也得到了普通游客的青睐，只不过大多是用手机在拍，边拍边发出阵阵惊喜的尖叫。

看着梯田的光影效果和壮观气势，我眼前出现了那云梯穿越时光的情景。1 300 多年前，六千多哈尼祖先，被恶劣的气候、瘟疫和生存条件所迫，离开了青藏高原，开始了漫长而艰辛的大型迁徙。为了找到一块适宜生存的乐土，一步步走到西南哀牢山，终于将根扎在这里。为了生存，他们利用山体开筑出层层梯田。一锄又一锄、一垄又一垄、一代又一代，代代相传，才堆砌起如此壮观恢宏的气势。原先的游牧民族竟蜕变成了农耕稻作的高手。

望着梯田，我感觉到的是山有多高，水就有多高，水是梯田的命根。我曾下到梯田边，观望那淙淙山泉在哈尼人古老的分水法摆布下，分别流向周边的梯田，这一垄灌满水后再逐级往下一垄灌。那梯田产的红米可都是山泉滋润出来的啊，还有那和稻子一起长大的鲜美嫩肉的稻田鱼，体现了种稻的原生态。

这就是荣获世界文化景观遗产的红河哈尼梯田核心区的美。

千年临安古城

离开元阳后，我们来到了建水县城。

临安古城，明清时期为临安府治所在地，现位于建水县城南部。古城建于唐元和年间(806—820 年)，南诏国在此筑“惠历”城，至今已有 1 200 多年的建城史。今日从西门揖爽楼向北还保存着一段城墙，其它仅剩下东门朝阳楼了。朝阳楼比北京天安门早建 28 年，历经风雨 600 多年仍雄镇滇南，是建水的标志性建筑。

我们参观了位于古城西北，始建于元至元年间(1285 年)的文庙。它占地达 114 亩，据说是全国最大的地方性文庙。还参观了学政考棚，这里曾是明清科举制度时期临安、元江、普洱、开化(今文山)四府生员举行院试的场所。明清时期，云南全省开科取士，一榜之中，临安的生员考中者占半数之多，因而有“临半榜”的美称。位于翰林街上的朱家花园，有“滇南大观园”的美称。其主体建筑呈“纵四横三”布置，为当地“三间六耳三间厅附后山耳，一大天井附四小天井”式传统民居并列联排又变通组合而成的巨型建筑群体，已有百年历史。

傍晚，我们在香满楼品尝了当地的特色菜，如烧豆腐、烤鱼、汽锅鸡、草芽和过桥米线等。

餐后，我们沿着铺着石板条的御林老街边逛边看，沿街有好多家紫陶店。走进一家紫陶店，店主热情地招呼我们坐下。边泡着普洱茶边向我们介绍起建水紫陶的情况。从而得知它有千年历史，是我国的四大名陶之一。陶泥取于境内五彩山，含铁量高，使成器硬度高，强度大，表面富有金属质感，叩击有金属之声。它的独特魅力是“阴刻阳填”、“残碑断贴”、“无釉磨光”的制作工艺，是中国传统艺术的一朵奇葩。

夜晚，我在古城下散步，在不远的距离中走过了两家书店和孔子文化广场，不由地感叹，这里的文化气息特浓。不仅有历史文化遗存孔庙、文昌宫、学政考棚等，书院遗址也不少，如崇正书院、焕文书院、崇文书院等。现代的传承也做得很有特色，建孔子文化广场，每年 9 月 28 日举办“中国红河 · 建水孔子文化节”，场面很大。这里的书店也多，仅古城一带就有 5

家，这在其它城市是少见的。

以前只知道云南有“十八怪”，这次到建水来才知建水也有“十八怪”，蛮有意思：东门比天安门早盖；半亩方塘也叫海；人人都把孔子拜；寨中有城城中有寨；百间房子一家在；豆腐用玉米数着卖；朱家井水漫井外；新房没有旧房帅；土锅通洞炖鸡卖；蜘蛛蚊子知好歹；榕树柏树谈恋爱；柱子出头不会坏；宴席长长摆通街；民歌小调下酒菜；草芽当作象牙卖；燕子窝窝皇帝爱；三步走过五条街；说话比唱歌逗人爱。从中可见，建水的文化、民俗、建筑等地方特色很明显。整座城历史文化厚重，不愧为享有“滇南邹鲁，文献名邦”之美誉。

翌日，我们还参观了双龙桥和团山民居。前者被誉为中国桥梁史上的珍品，后者则是世界纪念性建筑遗产。去双龙桥时，车要穿越已有百年历史的个碧石铁路，正好碰上一列火车经过，总共才 6 节车厢，其轨道宽度比称为“米轨”的滇越铁路还要窄，仅 0.6 米，故称为“寸轨”。它也属滇越铁路的一部分。还在运行的是建水城至团山村，仅 10 公里，主要用于旅游，可惜我们没时间去乘坐了。

近日获悉，建水县被入选第二届中国最具价值文化（遗产）旅游目的地 50 强名单，由衷地为建水高兴。

2016 年 1 月

（原刊于 2016 年 12 月《松江新城》文化长廊）

敬亭山，诗中情

今年清明刚过，宣城敬亭山举办“三月三”民俗文化旅游月活动。“三月三，登敬亭山”是宣城人的传统习俗。

敬亭山名气大，大的不是山有多高大、多奇异、多峻险、多秀逸，而是名人写敬亭山的诗特多。自唐代以来，先后有300多位文人雅士追寻南齐谢朓、唐代诗仙李白的足迹，纷至沓来。韩愈、白居易、杜牧、欧阳修、文天祥、汤显祖……个个在这挥毫泼墨、吟诗作赋、寄情山景、抒发胸怀，留下了数以千计的动人诗句，敬亭山故被称为吟无虚日、名齐五岳的“江南诗山”。

那天，我们早早地来到敬亭山前，从东大门上山，远望上山之路，已是人头攒动。游览了广教寺双塔后，来到了山麓下，前面是敬亭广场，开幕式就在此进行。

只见会场上“《春到敬亭诗意浓》群众诗词吟诵会”的标题格外醒目，来自宣城各县区市的文化、教育、旅游部门为我们献上了一台充满激情的吟诵会。诗有古代的，如《诗经》、李白《将进酒》等，但大多数都是新创作的。这与“诗山”是相吻合的，怀古诵今、传承文化、彰显特色、文旅相得，不失为一次得体的策划。

会后，我们沿着山道拾级而上，在皓月亭、古昭亭前留影。“亭”多，也是敬亭山的特色，遗存的亭就有20多座。还有的就是那漫坡的茶树，这里盛产一种名为“敬亭绿雪”的绿茶。我想，赏杜鹃、吟名诗、亭中憩、品香茗，都是山中“自产”的，这倒是很好的搭配。

山道上“诗”很多，有的刻在石崖上，有的竖碑在道旁。我寻思，诗的背后都有着一段段故事和一片片友情。

我在玉真公主雕像前仰望，在皇姑泉边凝视。作为唐玄宗的妹妹，她可称得上是位“女中豪杰”。她在皇兄前推荐了李白，让李白当上了翰林学士。然而狂放不羁、又好喝酒的李白终究不是个当官的料，一年多后便被“赐金放还”，四处漂泊，最后还是回到了皖南。然而玉真公主得悉此事后，进宫与皇兄大闹一番，脾气倔犟的她竟自去名号、弃财富、离京城，远赴安徽来到敬亭山修道。我想，李白的“相看两不厌”中似乎还有份“情”在其中，“相思不可见，叹息损朱颜”是否为终生遗憾？

我们在“太白独坐楼”处小憩，这里是当年李白独坐吟诗的地方。在此向南回望，宣城城中的谢朓楼，已被一幢幢拔地而起的大楼所遮挡，看不见了。南齐谢朓任宣城太守时亲理民政，事必公平，与民同乐，勤政廉洁，深受百姓爱戴。后人才会建楼立碑，寄托怀念。李白晚年落泊皖南，宣城没有忘记他，同样为他建楼竖像。尽显一个“情”字。

谢朓尤爱敬亭山，赞其曰：“兹山亘百里，合沓与云齐”。他开创了敬亭山有诗的历史，正如刘禹锡所感叹：“宣城谢守一首诗，遂使声名齐五岳”。李白敬仰谢朓“不染人世污浊”、“不苟庸俗”的人格，他在宣城寻遍谢朓遗迹，多次登谢朓楼，与两百年前的谢朓进行心灵对话，“蓬莱文章建安骨，中间小谢又清发”，留下与谢朓有关的诗 50 多篇，“相看两不厌，只有敬亭山”更为后人所赞叹不已。

山脚下的那一处，是宣酒博物馆，也得知“老春”就是宣酒的前身。不由得想起当年李白在纪叟老汉那里喝“老春”的情景。“纪叟黄泉里，还应酿老春。夜台无晓日，沽酒与何人”，晚年的李白深深怀念着这位生活在最底层的酿酒老汉，这是文人的良知，是友情的追思。

敬亭山——诗多，情深。

2016 年 5 月

（原刊于 2016 年 11 月 22 日《松江报》文艺副刊）

古堰画乡雨中行

古堰画乡位于丽水市莲都区碧湖镇和大港头镇，在丽水城西南 23 公里瓯江的上中游分段处，也是龙泉溪和松阴溪的交汇点。

那天，我们从丽水城出发，天已开始下起了小雨，我们开玩笑地说，雨中游古堰画乡，就要这种味道。到了碧湖镇堰头村景区，雨势仍不减，我们便添衣、换鞋、打伞，有点手忙脚乱。进入景区后，一座文昌阁先入眼帘，观之，无不敬佩乡人耕读、重教、尊贤的美德。紧靠文昌阁的是两条呈“十”字形的小河道的交汇处。东西向的河上有一石桥，河的两边是硕大茂盛的古樟树群。我们站在桥上拍摄风景，谁都没注意这河这桥有什么异样。讲解员小刘将我们招呼过去，让我们仔细观察这桥这河。河水水位很高，快涨到桥洞顶了，这没什么特别呀。小刘看我们一头雾水，便叫我们看交叉河的水位。我们这时才发现，东西向河道水位高，南北向河道的水位低，皆纳闷。小刘于是告诉我们，这是石函。两条河水是立体交叉，各不相干，这就是“水上立交桥”。东西向的是分水渠道，南北向的是冲刷泥沙的排泻道。噢，原来还有此玄机。

然后我们沿着河道边的古道向村西走去，沿途有古村落的社公庙、贞节牌坊、通济山庄、叶氏宗祠、古樟树群等。在古道尽头就是古代著名的水利工程枢纽——通济堰。

通济堰边有一座廊屋，是观堰的绝佳处。廊屋边竖着两尊石雕像，分别是詹司马和南司马，他们在南朝萧梁天监四年(505 年)，负责修建通济堰，后人在此为他俩竖像纪念。整个水利工程由拦水大坝、通济堰、石函渠道、叶穴、概闸、湖塘等组成。首创拱坝形式和石函，前者为世界最早，后者为国内最早。

通济堰引水干渠自堰坝北端通济闸起，经堰头、保定等村，环绕整个碧湖平原，最后过白桥后再注入大溪，全长23公里，渠道呈竹枝状，有支、毛渠道321条，分为48派，支渠上建有水闸72座，积储余水，可灌溉农田3万亩，至今仍在发挥作用。据记载，南宋开禧元年（1205年）时，将通济堰原木筱构筑改为结石结构。现存拱形石坝长275米，宽25米，高2.5米，很为壮观。

这天我们刚进入廊屋，雨下得更大了。只见眼前的松阴溪水面开阔，水漫过石堰而下，水流湍急。我们在雨中沿着溪水向东边码头走去，在观景台附近有范成大的石雕像，南宋时是他在处州主持修通济堰的。介绍说，原先筑堰时是将石块装入木箱沉入水中，但木箱易腐烂，石块就会松动。南宋时郡人参政何澹将其改为用铁水灌入石坝缝隙中，使大坝牢不可摧。这一技术后被卫泾编录书中，卫泾是松江的第一位状元，官至参知政事，他与朱熹、范成大均为好友。看到在通济堰的历史记载中有我们松江先人参与，我们很是骄傲。

我们在大雨的陪伴下坐上游船，出松阴溪后向着龙泉溪对岸的大港头镇泛行。雨中的山水景色有着朦胧之美，有几只捕鱼的小船静静地泊在水中，不见渔翁和鱼鹰，大概是雨天的原因吧。

上岸后来到大港头镇临水而建的江滨古街。古街原为宋元明清时期的水陆码头、商贸繁华之地，随着陆路交通的发展，这里便萧条了。古街不长，仅五百多米。两边都是两层的砖木结构的老式店铺，现大多改为画室画廊。这里没有吆喝声，显得安静，店堂门开着，四壁都是画，任你欣赏参观。门口写有店主“有事请打电话”的留言和手机号。也有一些民宿夹在街中，店名也蛮有趣的，什么“只有一间”、“开花等茶泡”等，只是大门紧闭或无人接待，门口挂了块牌：仅限预定。古街口有座“双荫亭”，看来有些年份了，它和亭边的古樟树一起对亭中小憩的人们叙述着往日的故事。

这里，因其景色优美，故而吸引了无数画家、摄影家来此写生创作。当地政府遂将其定位为“浪漫画乡”，而今已形成写生、创作和行画基地和休闲度假之地。

2016年6月

（原刊于2016年8月25日《松江报》文艺副刊）

丽水的水

到丽水，能真正体会到什么是“九山半水半分田”。

丽水，多好听的地名，仅从字面上看是“美丽的水”，但“丽”字读阳平，并非是去声，也就不能这样理解了，但定与“水”有缘。丽水早在唐代就置县，但我不知其名的出处。丽水，别称为莲城。在丽水城向四周望，“环莲皆山也”。丽水地区有着数不清的山，其中海拔千米以上的高山就有几百座。我想，为何山多的丽水不叫“丽山”而要取仅占半成的水以“丽水”为地名呢？去了丽水的缙云仙都和好溪、莲都区的通济堰和龙泉溪、松阳象溪村和松阴溪、景宁和小溪后，我才悟出，丽水“产”水，产出了浙江第二大水系——八百里瓯江的发源地和上、中游段。

占九成面积的山里淌出了半成水，虽细如丝，不起眼，但分量重，犹如人体中的血管。大山里流出了涓涓细流汇成了小溪，树状型的小溪又慢慢流成了瓯江。

在丽水，有五条溪水组成了瓯江的干流和主要支流。干流发源于丽水市庆元、龙泉两县(市)交界的百山祖锅帽尖。溪水一路向北形成了龙泉溪，它流经龙泉市和云和县后，与发源于遂昌南尖岩，流经遂昌城和松阳城的松阴溪在莲都区大港头交汇，后称为大溪，也为瓯江的中游段，并继续向北奔流。在四都与发源于武义牛头山的宣平溪交汇，在丽水城南与发源于磐安县南部大盘山西南，流经壶镇、缙云一路向西南奔流的好溪交汇，向南并折向东而去。瓯江在青田县湖边与发源于庆元县百山祖东麓的小溪，在流经景宁、青田后在此交汇后，并一路向东流经温州，最后注入东海，全程 384 公里。流域面积达 18 100 平方公里，流域内居住人口

480万。

溪水产自大山深处，滋润着大地万物，哺育了人类。人们依山筑屋、傍水而居，沿着溪河，有了村落集镇，有了商品流动，有了文明教化，有了人才辈出，也有了山水美景。

在丽水，一溪连多城，一城多故事。一溪有多景，一景一世界，似乎都因水而生。瓯江干流龙泉溪上有瓯江源、天根与地窟、龙泉湖、龙泉大峡谷、七星潭、龙泉瀑、云和湖、开心岛、聚仙岛、七星岛、客家风情村、石浦古民居群、夏洞天飞瀑、小顺兵工厂纪念地、南明山、岩碧头、石门洞、陈诚旧居和青田白岸滩林等景区点；支流松阴溪上有遂昌汤显祖纪念馆、神龙飞瀑、情人湖、万寿山、松阳百仞云蜂、斜塔夕照、塔溪绿涨、双童积雪、竹源飞瀑和莲都古堰画乡等景区点；宣平溪上有小黄山景区、台山和东西岩等；好溪上有缙云仙都芙蓉峡、朱潭山、鼎湖峰、倪翁洞和小赤壁等；小溪上有庆云百瀑沟、景宁大均畲乡之窗、炉西坑风景河段、青田千峡湖等景区点。沿着这五条溪有景区点不下50处。

青山、奇石、村落、古城因水而美，这水，就是丽水的水。

2016年6月

（原刊于2016年9月14日《松江报》文艺副刊）

淮安的地理新景

到淮安,周恩来故居是一定要去的,之外还有吴承恩故居、关天培寺、镇淮楼、漕运博物馆、淮安府衙等。除此,我还去了位于淮安城北与城南的两处地理新景。过后跟朋友说,淮安的地理新景,值得去看看。

淮安城区有四条水道穿越过境,水道均出自城西南的二河与京杭大运河。自西南向东北走向的叫盐河,为城区最北端的河;然后是一条同样走向的古淮河,它的下游是废弃的古黄河;城中心的为里运河,走向东北后折向南再汇入大运河;城南的一条便是京杭大运河。

在城北,淮海北路的中段,古淮河在此流过,东侧有一座跨越古淮河的钢架桥为人行步桥,因桥体为红色,故称红桥。红桥的中央是一个球形体,球体的北侧呈蓝色,南侧呈红色,远远望去感觉较奇异。我们步入球形体中,只见桥面当中有一突起的圆形面,面上是一幅中国地图。面的北侧地板是蓝色的,为渐变冷色调;面的南侧地板是红色的,为渐变暖色调。这里就是中国南北地理分界线标志。游人从球体中穿过,可感受一脚在北方(蓝色)一脚在南方(红色),跨越南北气候带的心情。秦岭淮河一线是我国南北地理分界的标志线,在淮安就可来个"一步跨越"的地理体验。淮安也成了一座南北气候、文化、生活习俗等方面相互交融的城市,也给旅游者增加了体验的乐趣。以前曾到过徐州,总感到这座城市北方味浓,原来它已处在南北地理标志线以北了。

在周恩来故居向南 4 公里处的城南,也是京杭大运河与淮河入海水道、苏北灌溉总渠"交会"之处。我想,陆地上的立交枢纽见得多了,而"水上立交桥"却鲜见,我曾见过我国最早建于宋代的丽水通济堰的分水石函，虽规模小但作用巨大。这次亲眼目睹的淮安水利枢纽工程为亚洲最大。此处虽还不对外开放，但站在淮安水利枢纽工程管理处外的河堤上看也可将美景收入眼帘的。

南北向的京杭大运河与里运河在此合并，河面开阔，足有百米宽，南来北往的船队浩荡，往来如梭。到了枢纽处需经过 80 米宽的航漕，过了航漕是个水上“十字路口”，向南延伸的是京杭大运河，东西向的是苏北灌溉总渠。航漕下有 15 个地涵洞，自西向东沟通了淮河入海水道，是淮河、洪泽湖的泄洪通道，它的水位明显低于京杭大运河，与大运河互不相干，各走各的。桥头堡建筑钢索缆桥，犹如彩练当空，将现代工程与淮安古运河文化融为一体。景观雄伟大气，很有震撼力。

望此景，不由会想到当年，淮河遇洪堤塌，洪水泛滥成灾，经常祸及两岸百姓和农田，为了生计，百姓逃难无数。新中国成立后，毛主席就作出了“一定要把淮河治理好”的指示，为民除水患。几十年来投入巨资，科学规划、疏浚导水、筑堤建闸。更震撼的就是这“水上立交桥”，水位的抬高，保证了“南水北调”和京杭大运河的畅通。淮河在此成为两条平行线，一条用于灌溉，一条泄洪排涝，由西向东延伸几百公里，直至入东海。真是旧貌变新颜。

彼此心中感叹：架立交南水北调功在当代，治淮河灌泄分离利在千秋。或许几年后，当我们能乘坐在直升机上俯瞰，那一定是心激动、景更美。

2016 年 7 月

（原刊于 2016 年 8 月 9 日《松江报》文艺副刊）

凝固的烟云——盂城驿

说起高邮，都会提到高邮双黄蛋。听高邮人说高邮，就不仅是双黄蛋了。他们会自豪地说起公元前223年，秦皇嬴政在此“筑高台，置邮亭”，于是就有了“高邮”这名字，而且是全国2 700多个县市中唯一以“邮”字命名的；说起高邮湖在清代时“黄河夺淮”，水位抬高，将此处的12个美丽小湖合并成了大湖，现为江苏第三大淡水湖，因水位高于东侧的京杭大运河而称“悬湖”；也会说起京杭大运河与建于唐代的镇国寺；还有文游台；更会介绍起建于明洪武八年(1375年)，至今在国内规模最大、保存最完整的“国保级”古代水马驿站——盂城驿。

盂城是高邮的别称，出自北宋高邮词人秦观的诗句“吾乡如覆盂”，说得是高邮的地势中间高而突出，四周低洼，像一只倒扣的水盂，于是就有了盂城和盂城驿。因我曾集邮，30年前自编过一部“中国邮政发展史话”的专题邮集，故对邮亭驿站也感兴趣，也知道“盂城驿”曾上过纪念邮票。在盛夏之季，我自驾去了高邮。

我从馆驿巷东书有“盂城驿”的石牌坊进入，看到的是“驿印流年”的景观。只见路边花草丛中并排竖着十多块石碑，每块碑上均刻着一印章。移步可见“高邮亭”、“迎华驿”、“高邮驿”、“秦邮驿”、“秦淮驿”、“盂城驿”、“秦邮公馆”等驿印封泥，代表了不同时期的驿站名称。上一驿站的官方邮件到达本驿站，就要检验，加盖驿印封泥，这是权力和凭证的象征。这些带有“驿”字的印章，仿佛在向人们叙述着已封存了百多年的驿站故事。

我站在盂城驿大门前，望着鼓楼上下“古驿重光”、“秦亭明驿”和驿门上的“古盂城驿”匾额，古朴厚重之感让我肃然起敬。古代的驿站具有传邮、接待、漕运和押解犯人的功能，相当于今天的邮局、政府招待所、航运所和看守所。盂城驿占地16 000平方米，现存有牌楼、照壁、正厅、后厅、驿卒舍、库房、厨房、廊房、马房、马神庙、驿丞宅和鼓楼等古建筑约3 000平方米。仅秦邮公馆就有60多张床位，可见在当时规模还是蛮大的。

进入驿站后，我徜徉在皇华堂、驻节堂和礼宾轩内，仿佛穿越到600年前。看到驿站的官员在拜见过往使节，安排食宿。唐代宰相李吉甫和名人范仲淹、王安石、岳飞、韩世忠、文天祥来了，还有马可·波罗、萨都剌、蒲松龄等人也住下了。看到驿吏们在忙于对公文的送达签字画押，在统计马船表或填写派单表。古时的邮传速度也是非常快的，最快的每昼夜可达600—800里，可与现代的汽车相媲美。“八百里飞书，六百里捷报”并非是小说戏剧里的夸张。墙上贴的“驿站时限里程表”，标出“全程一千八百五十里，三百里限，六日二时到达。……六百里限，三日一时到达”。这样精确的时间规定，似乎让现在的快递也自叹不如。如超时不达，这可要受到《邮驿律》的处罚。

我跨入了设在驿站内的《中国古代邮驿史展览馆》，展览中：从狼烟到烽火，从鸿雁到黄耳，从驰道到邮驿，从官文到家信……已封存了我多年的记忆被顷刻唤醒。在那动荡的年代，邮驿起了“烽火连三月，家书抵万金”的作用，联系着千家万户啊。

我在“秦始皇时代主要交通线”图示前顿足，心中一阵惊喜！以前仅知道松江在秦时相传有驰道，应是八条驰道中的滨海道吧，但不知此道是何走向？此时见图示才知，秦时的滨海道也叫“辽西会稽道”，又称“并海道”，“并海”有“傍”在海边的意思。它是由北向南的，从辽西到胶东、琅邪至东海的叫滨海道，东海到高邮并向南至今扬州、苏州、嘉兴、杭州、宁波的驰道叫“邗沟道”，基本上是沿运河线走的。邗沟是古运河淮扬段的旧名，也许是滨海道下段的另一种称呼吧。这倒是个意外收获，也印证了旅游就是边游边学。

登上鼓楼眺望，西侧的京杭大运河就在眼前，在雨后的烟雾中镇国寺塔也隐约可见。在古代，京杭大运河就是南北交通的大动脉，而驿站还承担了漕运的任务。处于淮扬段中的高邮因河兴市，因驿旺市。可以说，没有大运河也就没有盂城驿。

回首俯视，这驿站的房屋层层叠叠笼罩在烟雾之中，它承载着历史的印记。百多年前，随着铁路公路的修筑，电话电报的兴起，清政府也开办了大清邮政，这驿站也就完成了它漫漫两千多年来的历史使命。虽已是过往烟云，但它是凝固的。

2016 年 8 月 10 日

（原刊于 2016 年 10 月《松江新城》文化长廊）

仙　潭

冬日里的午后，新市古镇，有些闲散和清静。

我漫步在西河口水街的石板路上，寻觅着古镇遗风。沿河而居的人家，随意地坐在“美人靠”上，聚在一起闲聊，悠闲自得，连狗狗也懒散地晒着太阳，趴着睡大觉，全然不顾过往的行人。有的住户看到了旅游带来的商机，便破墙开店。更多的是在自家门口、沿河的廊棚下放一张小方桌和三四把小竹椅，招呼着过路的游客歇歇脚，坐一会，泡壶茶。我坐了下来，边品茗边看着风景，河对岸有人在摄影，那风景里也便有了我。

沿街的好多家小商铺里在售刚出笼的茶糕，这是当地的特色，据说已有四百年历史了。这茶糕形如我们松江的叶榭软糕，但它是糯米做的，有甜有咸。甜的是豆沙馅，咸的是猪肉馅，还夹和着冬笋和韭芽，吃起来味道很鲜美，我也馋馋地买了两盒。

西河口水街有千米长，沿河还保存着一大片清末民初的老房子，有古朴厚重的石库墙门，精美的砖雕民居，骑楼飞梁翘角，石驳堤岸河埠，尽显水乡古镇风韵。

河的南端是三条河的会合之处，河面顿时开阔了许多，这里称之为南潭。潭的四周还存有宋明清时期的石桥，潭北的望仙桥，潭西有建于明前的会仙桥，潭南有宋代的石拱桥，名为驾仙桥，还有潭东的大观桥和吟仙亭，叙说的是“八仙”的传说。在此眺望，望仙楼、缸甏湾、财源茶楼、陆仙楼，粉墙黛瓦和一汪绿水尽收眼帘。新市古镇沿水设街，跨水架桥，因水成市，这南潭应是古镇遗存下来的精华之处，游客也多了些。真是一河一天地，一潭一世界。

绕到河东岸，走过直街，我进了河边一家名为“仙潭吟”的图片馆，馆主是一位姓徐名传忠的老先生，我被一幅《新市(古仙潭)历代古迹图》所吸引，这是老先生和他的前辈们多年的心血苦苦寻觅绘制而成的。从中得知，新市原称仙潭，成市于西晋时期，迄今已有1 700多年的历史。古仙潭面积不足2平方公里，却是一个集寺庙文化和桥梁文化于一体的浙北重镇。在徐老的地图中，重现了仙潭古镇历代文物古迹的所在位置有415处，真是令人咋舌。七十二寺庙、七十二孔桥、三十六弄里、三潭九井十八块、仙潭十景二十胜……他将建筑名称、所在位置、建造年代、现是毁是存，都一一标注。地图还展现了古镇纵横交错的河湖港汊和古京杭运河，还配上花草树林，俨然是一幅美丽的古仙潭水乡风韵胜迹图。望着此图，我只有惊讶和敬佩。

我在图中细细查看，我是从觉海寺、迎圣桥到寺前弄、刘王庙，从进士坊、第一井到太平桥、太平楼，沿西河口经广富桥到南潭，竟还不到古仙潭的十分之一，仅为“冰山一角”。虽然地图纸大且厚，不宜折叠，我却如获至宝地买了一张，也成了我所收藏的千余张各地旅游地图中纸张最大的一幅。

千年的历史变迁，沧海桑田，留给我们的文化遗产已不多了。新市古镇曾有的辉煌，现已风光不再。遗存的毕竟是凤毛麟角。是碎片，是记忆。正如徐老所言:“抢救和复原新市古迹图是我的历史责任，宣传和传承给子孙后代是我最终的夙愿。”好在当今的人们，懂得了对自然遗产和文化遗产的保护和挖掘，也希望多一些像徐老先生这样的有志者。

在回来的路上，我想，如果松江也有一幅古华亭历代古迹图，让它成为大家了解松江历史、热爱松江比较直观、速成的“教科书”，多好。

2017年1月19日

(原刊于2017年3月1日《松江报》文艺副刊)

丰子恺故居与石门湾

看丰子恺的漫画，特点很明显，毛笔单线、勾勒简洁、色彩明快、雍容恬静，选题取自生活，画风画面独特。在众多的漫画作品中一眼就能看出这是先生的作品。当今除了他的漫画专集外，在网络微信的一些文章中有人也喜欢用他的漫画作配图，而在他的家乡桐乡一带的一些旅游景区或公共休闲之地，也能经常看到他的漫画。

丰子恺先生的漫画富有乡土风情，寥寥数笔，便勾画出儿时的童真、亲情的至爱、风俗的淳朴、农村的艰辛和对穷人的同情。我至今还清晰地记得 40 多年前第一次看到他的“阿宝两只脚，凳子四只脚”和“取苹果”的漫画，充满天真和爱心、智慧和童趣，生活气息浓厚，读来轻松幽默。

几次去桐乡或乌镇，都没机会去丰子恺先生位于石门镇的故居看看，实为憾事。这次去德清新市古镇，在返回途中绕道终于去了石门镇。

丰子恺先生的故居位于石门镇的一条叫下西弄的小巷里，进门后的草坪中有先生的雕像，西侧是故居缘缘堂，南面是漫画纪念馆。缘缘堂是先生生活和漫画、文学创作的地方，曾毁于日寇的轰炸，至今仍保留着烧成焦炭的大门可作证。纪念馆里展示着先生的生平和他的部分作品，也有他为一些名作家的著作设计的封面，还有他的散文和译作。

丰子恺先生是我国现代漫画的创始者，也是一位散文家、美术家、音乐家和翻译家。他的一生，正如俞平伯先生所言：“一片片的落英，都含蓄着人间的情味”。那天离馆前，我看见出口处摆放着十多本先生的漫画集和书籍，这是很好的纪念品，我还特地请工作人员在书的扉页盖上“缘缘堂”的印章。

走出小巷向右拐的不远处，便是京杭运河。开凿于秦始皇时期的京杭运河，在出了嘉兴后似一条斜线伸向西南方向的，但到了石门镇后却不知为何来了个120度的大转弯，向正南崇福镇方向而去。可能是利用自然河道吧。也就是这么个转弯，石门也叫石门湾，这湾给石门这片天地划出了一道美丽的弧线，为运河添了曲线的美，故被称为“运河浙江第一弯”。丰子恺先生曾感叹道：“走了五省，经过大小百数十个码头，才知道我的故乡石门湾，真是一个好地方。”石门是江南水乡、蚕丝之乡，这富庶的土地孕育了先生这种浓浓的乡情，才有了他笔下的一个个鲜活生动的艺术形象。

我在京杭运河边看到一根水泥浇注的菱形桩，上写“中国大运河遗产区界桩”。靠河边还有一块醒目的石碑，上写“古吴越疆界”。石碑附近的房屋墙上有一块“磊石弄”的弄名牌，它的原名叫“垒石弄”。早在2 500年前的春秋时期，这里是吴国和越国的分界线，弄北为吴，弄南为越。当时，越国曾在此垒石为门以防吴，吴亦结寨于此以拒越。《大清一统志》称：“尝叠石为门，为吴越二国之限，或谓之石夷门。”石门这地名也由此而来。后来，吴越两国以此为界，各建民居，遂形成了这条小弄。今日的垒石弄已拆得没了踪影，只有这块石碑在告诉我们它的过去。

岁月沧海，吴越界已融为一体，垒石弄已不复存在，但京杭运河和石门湾还在，仍在发挥它的航运优势。丰子恺先生虽已西去40多年了，但他的艺术思想和作品却永远地留给了我们。

2017年1月19日

（原刊于2017年1月26日《松江报》文艺副刊）

茅山小镇

初次听到"东方盐湖城"这名字，挺纳闷的。怎么江南又冒出一个山地滑雪场？多年前，美国在盐湖城举办"冬奥会"，让我们记住了"盐湖城"。常州金坛的"盐湖城"冠以"东方"似乎是区别美国那个"西方"的。这是当今国内旅游业用得比较多的类比法吧。诸如将江南水乡比作"东方威尼斯"、三亚亚龙湾比作"东方夏威夷"什么的。但我总觉得还是少用为好，毕竟是不一样的。人家的是第一，你就只能永远是第二或第三，成不了独特的或唯一的。

前些日子，我去"东方盐湖城"开会，才知茅山的主峰在金坛境内，而"东方盐湖城"就在茅山南麓。总占地 27.8 平方公里，已对外开放的是个占地一千多亩的"道天下"景区，是以中国道教文化小镇为立意的山地休闲度假之地，与美国的盐湖城毫不相干。因此地在魏晋时期曾建有盐矿，矿废后成了一片湖区，湖边有村落，故取名为"盐湖城"。会议期间，我就住在"道天下"景区内的客栈，抽空去逛了一圈。

这景区源自茅山是道家名山，也是景区的文化定位所致，"道家文化，休闲养生"。景区中有"一观八院"，还有四个街坊。然而用"道天下"为名似乎又太大了，这样，四大道教名山和句容境内的道家圣地又算什么？景区还有一个名字叫"茅山小镇"，我倒觉得还是这名字朴实无华，直截了当。建设美丽小镇是当今发展休闲度假的重要抓手之一，也符合人们的需求。

这个总投资十多亿建起来的小镇，确实很美。晚餐后我从景区的南侧开始闲逛，景区似乎以南侧的那个不叫"盐湖"而名曰"白云湖"的为原点，向西南、西北扩展。湖呈月牙形，湖南岸建有据说是魏晋风骨的廊桥和名为“震雷场”的祭祀广场。隔湖北望，砖木结构的传统房屋错落有致，在一串串红灯笼的映照下，尽显水乡风韵。南岸山坡上有一条“茅山风情”的石块路，将南边和西边好几家客栈和饭庄串联了起来。祥云客栈、春竹小院、知青之家、居山玄道、茅山鸟巢、茅盐公栈等，其中还夹杂着百业神谷与神殿、喜泉阁、烙仙楼、知道坊、纸花阵馆等参观点和特色商铺，组成了道风南街。湖的西北边有客栈和商铺，还有白云书院、三真祠和中国道文化博物院。走出商业街，眼前便是一片石板平整的广场。在广场紧贴湖边的是下沉式的八卦图平台，广场北是一条称之白云天阶的小道直通白云观。穿过广场便是道风北街。这里有美食街、客栈、饭店和剧院等。剧院正在演出一场名为《嘻哈道》的节目。

给我的感觉，小镇是将一个传统村落进行改造而成的，是“小镇＋景区”，很适合休闲度假。沿湖往北走便进入了景区的外圈，除了道文化温泉酒店外，还有好几个道文化景观场所。乾天穹、坤地谷、坎水法、白云观、巽风湾和离火殿等。或许，这些名字会把你搞得稀里糊涂。是呀，道教文化说起来是国粹，但了解的人确实不多。我想，闲暇之日，体验一下独特的道家文化，不失为有特色的文化休闲之旅。

2017 年 1 月 5 日

运河、古镇、石拱桥

那天，我站在嘉兴王江泾镇京杭运河上的长虹桥向北眺望，宽阔的运河由北向南逶迤而来，像一条白练镶嵌在江南大地。2 000 多年了，它还是那么的宽阔和流畅。全程 1 700 多公里的航道，南来北往的船只和货物无法计算。它是世界运河之最，是我国古代经济的大动脉，今日仍在发挥着作用，并成为世界非物质文化遗产。

我曾在微山湖边看着船队航行在古运河上，也曾漫步在台儿庄的古运河边。还曾去淮安欣赏过京杭运河与苏北灌溉总渠的"水上立交桥"，也在高邮盂城驿边凝视着运河中的镇国寺塔。我还住在扬州运河边的酒店俯视着运河，也曾在扬州城东坐在游船中欣赏古运河两岸的美景。然而，我走的较多的还是江南的运河城市和古镇，特别是杭嘉湖段，因它离我的住地仅百公里上下。

我自己也挺纳闷，怎么会对京杭运河如此钟情，会有如此情结？

江南的京杭运河在苏州平望分成了两条线，东线向东南流去，西线向西南淌去。就像兄弟俩长大了，需外出去闯荡谋生而各奔东西。运河东线途经王江泾古镇、嘉兴古城区，然后向西南流去，经石门古镇、崇福古镇再流入余杭的塘栖古镇。运河西线途经嘉兴桐乡的乌镇、湖州南浔的练市古镇、德清的新市古镇，至塘栖与东线再次合并。这运河又像久未碰面的兄弟，拥抱在一起诉说着离别后的思念，并携手向南"走"入杭州城。

这两段运河的长都在百公里上下，沿河哺育着 7 座千年古镇和 2 个千年古街区，它们犹如一颗颗璀璨的明珠散落在杭嘉湖运河边，吸引着不少游人。我因喜欢，便将这些运河古镇走了个遍，有的古镇还去了多次。

运河是杭嘉湖平原的母亲河，河水滋润并流进了这些生活着的千年古镇和街区，让古镇尽显“小桥、流水、人家”的江南水乡风韵。古镇故事多，东线上王江泾的抗倭大捷和桥庙文化、嘉兴古城的商贸繁荣和月河历史文化街区、石门古镇的“运河第一弯”和古吴越疆界及丰子恺故居、崇福镇的沧桑变迁和蓝印花布及皮草市场。西线上乌镇春日里的民俗盛事——香市和茅盾故居、练市的蚕丝和湖羊、新市的古仙潭遗迹和茶糕、塘栖的沿河廊棚和白枇杷、拱宸桥边的历史文化商贸街区，都各有特色。充满着历史的记忆和传承、文化的厚重和名人辈出、昔日的繁华和富庶、乡土气息的浓厚和人的勤劳淳朴，还有儿时的童趣和回味。

时代的变迁与发展，水运已风光不再。“逢山开路，见河架桥”，横跨运河的现代公路与铁路桥在不断增多，而运河上保存下来的古石拱桥已寥寥无几。原先嘉兴地区在运河上有古桥 23 座，随着运河的拓宽、改道和船只的撞击损毁，现仅剩下 2 座了。据我所知，整个杭嘉湖地区也只有 4 座了，显得尤为珍贵，它宛如跨虹彩练，为古时的运河束腰装扮。

王江泾古镇是运河东线进入浙江嘉兴的第一站，现存有建于明万历年间的三孔大型石拱桥，名长虹桥，桥长 72.8 米，拱高为 10.7 米，是浙北平原在软基上修建的最大石拱桥之一，被誉为“运河浙北第一桥”。遥遥相望，犹如长虹卧波。那天，我望着一艘百吨货船驶至桥前便放慢了速度，小心翼翼地穿过桥洞，仿佛怕惊动了它。

崇福古镇的司马高桥建于明洪武年间，为单孔石拱桥。桥长 29.4 米，拱高 5 米。望着此桥，给人以高大威武之感。那天，我见桥四周的民居门窗都已封闭，看来这里是要进行改建了，有可能是建一个旅游区。

塘栖古镇的广济桥，建于明弘治年间，桥长 83 米，拱高 13.8 米，俗称长桥。是京杭运河上唯一的一座七孔大型石拱桥。桥的拱形孔中间大、两边逐步缩小，造型秀丽，是我国古代桥梁中曲线美的典范。它与司马高桥一样，在运河改道后才得以保存下来。

在京杭运河终点处的杭州拱宸桥，建于明崇祯四年(1631 年)，为三孔大型石拱桥。桥长 98 米，拱高 16 米，该桥大气并显其结构美，被誉为“江南运河第一桥”。在众多平行的公路桥群中，其因别具一格而独领风骚。

亲近这运河古镇和运河上的石拱桥，心里会产生由衷地满足和敬佩之情。我想，这情结就是来自京杭运河的魅力和伟大。

2017 年 2 月

（原刊于 2017 年 7 月号《松江新城》文化长廊）

六瞻徐霞客故里

徐霞客故里位于江阴市南郊一个以前叫马镇的地方，因名人徐霞客之故，现三镇合并后改名为徐霞客镇。

镇南南旸岐村村东便是徐霞客故里。故里是由故居、晴山堂和徐霞客移葬墓、仰圣园和博览园组成。

故居是个江南常见的七架梁、三开三进的老院子，仅有的遗存物就是二进间后庭院里徐霞客手植的已有400多年的罗汉松。屋内陈列的是徐霞客的旅游线路图和他的生平事迹。故居南有迁建的晴山堂，里面存有元明时期90位名人撰写的反映徐霞客及先祖业绩的诗文、墓志铭计95篇76块石刻。堂后院为徐霞客移葬墓。也许是江阴人的自豪和重视，为了弘扬徐霞客精神，也许为了方便游人瞻仰，十多年前在晴山堂与故居之间建了这个仰圣园，将故里连为一体。仰圣园为典型的江南园林，里面有徐霞客游记碑廊，由132位全国各地的书法家撰写的132条目和135块碑刻，形成了气势恢弘的200米长碑廊。可以说，碑廊石刻是晴山堂石刻的延续，如果说晴山堂是徐霞客家族之事，那么碑廊则是举全社会之力。因为徐霞客是中国的，也是世界的。故居东侧有一个新建的、规模更大的徐霞客旅游博览园，内有徐霞客旅游博物馆、徐霞客碑刻文化园、旅游文化交流中心等，并将南侧阳岐湖边、枕塘河上，徐霞客每次出游的码头和经过的胜水桥也圈了进去。

此刻，我站在徐霞客故里前的广场上，望着眼前这熟悉的院屋及景观，感慨不已！

这是我在这八年中第六次来到这里。为何如此频繁地来此瞻仰徐霞客？缘由徐霞客是旅游人的鼻祖，游历祖国 30 多年并留下 60 万字的巨著《徐霞客游记》，影响甚大，他的科学探索、艰苦奋斗精神，作为旅游人理当敬仰和传承。另一原委是徐霞客与我松江佘山有缘，这也许是我的兴趣使然。

八年前，我自驾去泰州，途经江阴璜塘，便下了高速去了徐霞客故里。这第一次虽是走马观花，但也颇有收获。知道了徐霞客唯一的传世画像是华亭人董其昌所画，后由清咸丰年间吴俊临摹董其昌原作而存世。也知道了“霞客”的别号是华亭人陈继儒所起。我也颇有兴致地购了几册徐霞客研究文集和一套广陵书社出版的《徐霞客游记》。最大的收获是，发现“徐霞客三次到佘山拜见陈继儒”的说法，与事实有出入，应该有五次。除了他在《游记》中提到的三次外，之前还有两次。分别是天启四年和五年(1624 和 1625 年)，徐霞客先请陈继儒为他母亲写寿文，后又请他为父母亲写合传文。于是，我写了《徐霞客与陈继儒的忘年之交及传文书信浅评》一文。

七年前，我第二次来到徐霞客故里。在晴山堂石刻中发现了多位古华亭人士的墨迹，他们与徐霞客及他的世祖都有来往。第二次我如获至宝地购了《晴山堂法帖》。回来后，写了《明江阴晴山堂石刻与华亭八名士墨迹》一文。这两篇文章后均被收入方志出版社的《松江轶事》中，并转载于无锡市徐霞客研究会主办的《徐霞客与当代旅游》试刊号。

六年前，我作为特邀嘉宾参加了江阴徐霞客研究会举办的“徐学”研讨会，第三次来到徐霞客故里，参观了徐霞客旅游博览园。回来后，便萌生了设计一条“沿着徐霞客上海古水道”骑游的想法，并进行了实地勘查。那一年，国家正式确立了中国旅游日为“5.19”，起缘于《徐霞客游记》的开篇之日。我们以百车骑游的方式，沿着徐霞客上海古水道骑游，作为记念。这项活动和所写的《“重走”霞客上海古水道》一文在五年前上海有多家媒体进行过报道和刊登。

四年前，当时全国有 27 个城市均在联合申报“徐霞客游线标志地”，为“申遗”作准备。我觉得松江也应代表上海申报，毕竟松江佘山是徐霞客最后一次历时四年的西南万里行的起点。“至是为西行之始也。”于是，便积极投入到筹备之中。

近三年中，不管是自驾去淮安还是扬州，我总要留出些时间，路过江阴时去徐霞客故里瞻仰。这里也成了我与古人心灵对话的驿站，成了“读万卷书，行万里路”的“加油站”，似乎每次去都有新的收获。

这八年来，在冥冥之中我似乎穿越了近400年的时空，怀揣着眉公先生、思白先生和子野先生的“嘱托”，去“回访看望”霞客先生。

在第七个“5.19”到来之时，我受邀来江阴参加徐霞客诞辰430周年纪念大会，第六次来到徐霞客故里。看着纪念大会上播放的《徐霞客》纪录片片断集锦和意大利文版的《徐霞客游记》的首发式，想着前一天晚观看的大型锡剧《徐霞客》首演和多项纪念活动，我耳边顿时响起了毛泽东主席在1959年中共八届七中全会上说的那句话：“我很想学徐霞客”，心灵又一次得到洗涤。

2017年5月24日

（原刊于2017年6月8日《松江报》文艺副刊）

端午曹娥庙行记

端午节，我去了浙江上虞曹娥江畔的曹娥庙。

曹娥江是绍兴地区的一条南北流向的大江，发源于浙中山城磐安，它的上游流经新昌、嵊州，后流入上虞区并经柯桥区三江口注入杭州湾，全长 193 公里。中游上虞段原称上虞江、舜江，后因东汉少女曹娥入江救父而改名为曹娥江。

我沿着西岸江堤小路驱车向南，左侧的江面足有百米宽，水面平静如镜。望着这江水我很难想象，当年的江水竟会如此汹猛，曹娥的父亲曹盱在汉安二年（143 年）五月初五那天，祭祀伍子胥，站立船头逆涛而上，竟会被波涛汹涌的江水颠入江中溺水身亡。也许，是江水自感有愧而有所收敛，今日才如此悄无声息。也许是今人治理江水有功，在上下游建了水坝电站或水闸，才改变了恶水泛滥。

车行至一小型停车场，才看到右侧路边竖立的“全国重点文物保护单位曹娥庙”石碑和位于江堤下的曹娥庙。走下江堤，进入庙前广场，山门正对东面的御碑亭和罩墙，山门两侧有石牌坊和小山门，我已感觉到这庙的规模不小，故被称为“江南第一庙”。

曹娥庙初建于东汉元嘉元年（151 年），迄今已有 1 800 多年的历史。庙址原在江东，北宋元祐年间西迁现址。庙坐西朝东，背依凤凰山，面向曹娥江。历代几经扩建和修葺，才形成今日占地 6 000 平方米，建筑面积 3 840 平方米的规模。一个小民女，因行孝献身，引得众乡亲的爱戴和历朝历代的褒奖修庙，这不就是中华民族孝德的传承和发扬吗？

进入庙门，只见屏风后香火袅绕，人头攒动。我绕过戏台，边走边看着两边墙上的44幅孝迹图壁画，诉说的是孝女曹娥悲壮感人的故事：父亲不幸溺水，年方14岁的曹娥沿江哭喊了17昼夜，冥冥之中她似乎看到江中有一团黑影，以为父亲还在与江水博击，便纵身跳入江中救父。五天后，曹娥背负父亲尸体浮出水面，悲壮之景让人唏嘘不已。此刻，我耳边听到信众的念经声似乎成了曹娥的哭喊声，声声不断。

进入正殿，只见暖阁中孝女曹娥凤冠霞帔端坐其中，神采奕奕。殿内上方有“真是女子”、“人伦之光”、“孝感动天”等匾额。在十多对历代名家所题的楹联中，我还看到了明华亭人董其昌题写的“渺渺予怀尝思所求乎子何事，洋洋如在试问无忝尔生几人”的楹联，颇感欣慰。转入后殿，有曹府君祠，是供奉孝女曹娥父母雕像的地方。

在中轴线的两侧，还有北、南两条轴线。北轴线依次有石牌坊、饮酒亭、碑廊、双桧亭和曹娥墓。曹娥碑初立于汉元嘉元年，由邯郸淳书写，此碑早年散失。碑廊中现存的曹娥碑由王安石女婿蔡卞重书，笔法灵动，神采飞扬，已历千年，弥足珍贵。南轴线上依次有小山门、戏台、土谷祠、沈公祠、戏台、东岳殿和阎王殿。东岳殿两侧各安放着有十二个面的长型条屏，朱红黄亮，图文并茂，画有男、女各二十四孝图，是中华传统孝道的范例。

整座庙宇显得建筑结构紧凑，错落有致。文化积淀厚重，艺术品位儒雅，在纪念性的庙宇中是不多见的。

翌日入夜，我在杭州钱塘江边的宾馆高层向外眺望，钱江两岸已是灯火阑珊，钱江水也似乎入眠。我还在想着端午的事。其实端午不仅仅是吃粽子、赛龙舟那样简单，它还具有避邪驱毒、纪念先人和弘扬孝道的作用。端午节不能不提到屈原、伍子胥和曹娥这三个人。屈原是一位爱国先烈，发“举世皆浊而我独清，众人皆醉而我独醒”之慨，他于端午节那天抱石投汨罗江，是尽忠报国却被人诬陷而英勇赴死的。他已成为中华民族的一种精神，一种象征。伍子胥因父亲被楚王抓捕，楚王诈召他兄弟二人要除根，他哥伍尚“愚孝”，明知去了即死，还是“随父而去”。而伍子胥是“智慧的孝”，三年后，伍子胥掘楚王墓鞭尸三百，报了杀父兄之仇。后来，伍子胥是在吴王夫差的逼迫下，于端午节那天蒙冤刎颈而死，尸体被抛入钱塘江。而曹娥入江救父，正是孝道的具体表现。

爱国、孝行，不就是今日社会主义核心价值观的一部分吗？

2017 年 5 月 31 日

（原刊于 2017 年 6 月 27 日《松江报》文艺副刊）

第　二　辑

山骨水肤

松江二十四景

松江在上海地区是一个历史悠久、文化底蕴厚重的地方。五千年的马家浜文化、四千年的崧泽文化、三千年的良渚文化遗址均有发现。历史遗存较多、文化名人辈出。“唐宋元明清,从古看到今”,这给松江发展文化旅游奠定了基础。

1998 年和 2007 年,松江在举办第二届和第五届上海之根文化旅游节期间,分别评出了“松江十二景”和“松江新十二景”,合成“松江二十四景”,简介如下:

松 江 十 二 景

方塔风铃

上海方塔园,位于松江中山东路 235 号。建于 1978 年,1982 年对外开放。占地 11.5 万平方米。该园原址为唐宋时期古华亭的闹市中心,是一座以历史文物建筑为主体的园林。

园内有国家级、市级、区级文物 6 处。其中,兴圣教寺塔建于北宋熙宁年间(1068—1094 年)迄今已 900 多年。因袭唐代风格,呈四方形,俗称“方塔”。塔高 42.65 米,共 9 层。该塔因外形秀美、结构独特、历史悠久而享有盛名。塔檐四角系有“警鸟”铜铃,风吹铃响,悦耳动听。清代诗人黄霆诗曰:“近海浮图三十六,怎如方塔最玲珑”。1996 年被列为全国重点文物保护单位。

园内还有宋代望仙桥,明代砖雕照壁、兰瑞堂,清代天妃宫、陈公祠,石马群、如来幢等文物古迹。何陋轩、其昌廊、读锦鳞、铁笛舫、五老峰、美女峰、堑道、日月湖、亲水坪、赏竹亭等景点。

2007 年 11 月，被评为国家 4A 级景区。

醉白清荷

上海醉白池，位于松江人民南路 64 号，是上海地区五大古典园林之一。占地 76 亩。园林源于宋代进士朱之纯的私家宅院，名“谷阳园”。为明代大书画家董其昌觞咏处，也是名人学士常游之地。清顺治年间，工部主事顾大申重加修建，因崇拜白居易，仿宋韩琦做法，将其更名为“醉白池”，迄今已有 350 多年历史。

该园以一弘清池为中心，池中有荷，夏秋之际，“醉白池水清且连，池中荷叶何田田；风吹花香扑人鼻，清气勃勃生筵前。”可谓“荷不醉人人自醉”。池周古树参天，亭榭探水，楼阁照影，蔚为胜境。至今仍保留着堂、轩、亭、舫、榭等明清江南园林风貌。以水石精舍，古木名花之胜而驰名江南。有池上草堂、四面厅、卧树轩、半山半水半书窗、莲叶东南、花露涵香、疑舫、乐天轩、牡丹台等 10 景，还有五色泉、雕花楼、宝成楼、船屋、雪海堂等景点。另有邦彦刻像、“十鹿九回头”石刻、元赵孟頫《赤壁赋》石刻、“关羽画竹图”、“魁星图”等艺术刻石。

现为国家 3A 级景区。

唐幢流云

松江唐陀罗尼经幢，位于松江中山小学校园内。建于唐大中十三年(859 年)，是现存上海最古老的地面建筑。共 21 级，高 9.3 米，八棱八面，故又称为八棱碑，俗称“唐经幢”，别称“石塔”。

经幢为青石雕成，上刻《佛顶尊胜陀罗尼经》全文，系松江笃信佛教者为超度亲友之灵而建。经幢造型优美，雄伟秀丽，以海水波纹为底下，蛟龙山岩为人间，卷云台座以上为法界天堂。各层雕刻图案洗练圆熟、细腻生动。据考，经幢所处位置原系唐代华亭县 72 桥街连街、铺连铺的繁华景市中心，也是水陆交通的中心地带。透过历史的“流云”，可领略唐天宝前后在经幢脚下先民们的生活和繁荣景象。

1988 年，被列为全国重点文物保护单位。

邦克落照

松江清真寺，位于松江华亭老街东入口南侧，是上海地区最早的伊斯兰教寺院。始建于元至正年间(1341—1368年)迄今已有600多年。明清时期，曾7次整修和扩建，至今仍保持元、明时期的风格，主体建筑有大殿、窑殿、穿廊，另有南、北讲堂，邦克门等。其中窑殿和邦克门两处最具该寺建筑特色，寺内保存着历代碑刻四块，寺中楼殿傲岸，松柏苍苍，湖石曲径，古井幽篁，既显寺院之圣，又展园林之秀。斜阳映照的邦克楼，仿佛是送走了过往历史的一抹夕阳，迎来的将是新一天的万道霞光。

1985年大修后，被列为上海市重点文物保护单位。

西林梵音

西林禅寺，又名崇恩寺。位于松江华亭老街西端北侧，建于南宋咸淳年间(1265—1274年)。明洪武二十年(1387年)重建。明正统皇敕封时赐名“大明西林禅寺”。大殿后门，有一塔，名圆应宝塔，俗称“西林塔”。塔身七层八面，砖木结构，塔壁夹墙中砌有砖梯可登。塔高46.5米，迄今仍为上海地区最高的一座古塔。有关碑记称“塔势峥嵘庄严，三昊诸塔无出其右者。”1993年11月维修时，在塔刹和地宫内均发现许多文物，0.65立方米空间的地宫里俨然一座地下小佛殿。塔与寺迄今已有700多年历史。

西林禅寺的梵呗经声，是该寺的一大特色。梵呗是与经文的声韵和法器三位一体的唱诵艺术，经声优雅，堂声回响，同声共鸣。“此曲只应天上有”，西林名刹因梵呗经声而缭绕峰泖大地。

1982年，被列为上海市文物保护单位。

鲈乡遗韵

松江四鳃鲈鱼，相传原生长在松江秀野桥至大仓桥市河及沈泾塘中。早在两千多年前，松江四鳃鲈已闻名于天下。三国曹操、西晋葛洪、唐代杜宝、宋代苏东坡、清乾隆帝等都对四鳃鲈鱼有过赞誉之词。自古以来多少骚人墨客为美丽的鲈乡和美味的鲈鱼所倾倒。

20世纪70年代，市面上已很少再现四鳃鲈鱼了。今天，四鳃鲈鱼已经人工培育繁殖成功并季节性上市，鲈鱼的“真风味”吸引了成千上万的海内外宾朋。

其实，人们对“四鳃鲈鱼”的思念早已超越了美食的意义，演绎为游子的思乡之情。登临仓桥看鲈乡，眺望着粉墙黛瓦、鳞次栉比的沿河古民居，一幅“小桥流水人家”的美景；依傍秀野观遗韵，桥下是脉脉清流，流出了多少鲈乡美丽的传说……

跨塘乘月

松江跨塘桥，因桥横跨古浦塘而得名。位于松江中山西路底。初建于宋代，名安新桥。明成化年间(1465—1487 年)重新修建，改木桥为石桥。桥系青石与花岗石构筑，3 孔，桥高 8 米，长 30 余米。桥之东边石栏外，有清同治年间所刻“云间第一桥”字样。桥之柱上镌有“南无阿弥陀佛”之句，拟祝船夫经桥洞时平安顺利。宋陆蒙《跨塘桥》诗云：“路接张泾近，塘连谷水长。一声清鹤唳，片月在沧浪。”

月夜的跨塘，确是松江古城踏月夜游引以为荣的胜景。河水平静时，月亮就像沉在河底的玉盘；河水波动时，月亮又像跳跃着的银盆，闪烁出粼粼银光。流水载月疾行，船橹划碎水月，给素洁的水面平添了许多寻味的诗境。

颐园听雨

颐园，又名高家花园。位于松江秀南街，今上海第四福利院内。颐园最早建于明代万历年间(1573—1619 年)，占地仅有 1 332 平方米，享有“上海十大名园之一”的美誉。

颐园，咫尺之地，凿池叠山，筑楼建舫，小桥流水，廊榭环之，其匠心独运。全园以水、石为中心，芭蕉和各种乔木、灌木围绕一池，池中有桥，临波三曲，凭栏观鱼，其乐融融，有道是“天籁之妙，莫过于听雨。”雨天，清池临窗，手捧香茗，聚三五知己，更得听雨之趣。园中砖雕、瓦当、梁檐极为精细，戏楼、看楼、石室等别有洞天。明式戏楼尤称江南无双，松江之宝。

颐园因小见大，是江南最为典型的明式宅园，系上海市文物保护单位。

斜塔初雪

天马山，古称干山，传春秋吴国干将铸剑于此而得名。天马山山势陡峭，山体脊线呈东西走向，山形如一匹展翅欲飞的天马，故称天马山。旧时为佛教胜地，山上多梵宫寺院，有上峰寺、中峰寺、半珠庵、朝真道院等，故又称“烧香山”。

天马山位于松江区西北，为九峰十二山中最高和最大的一座山，海拔99.8米，山林面积95.53公顷。立于山顶，右览三泖湖光，南瞻古城松江，东眺九峰秀色，极尽九峰三泖之胜。山上原有二陆草堂、双石鱼、双松台、一柱石、濯月泉、八仙坡、三高士墓等十景，现大部分已无存。

半山腰有建于南宋时期的护珠塔，塔身向东南倾斜6°51′52″，并与顶部中心偏离2.27米而成独特奇观。俗称“斜塔”。日出时的天马佛光，夜幕下的天马送月，大雾下的天马塔朝……最让人啧啧称羡的是天马山的雪霁美景，银装素裹，近看似玉树银花，远眺整座山则玲珑剔透。

佘山修篁

佘山，位于松江区北部，1993年被国家林业部批准为国家森林公园，2001年被评为国家4A级景区，是游人避暑休闲的旅游胜地。

佘山分东、西两山。东佘山海拔72.4米，占地56.67公顷，西佘山海拔98.8米，占地50公顷。两山均以竹为景，以竹为胜，修篁满山，郁郁葱葱，苍翠欲滴。山间所产竹笋有兰花幽香而著名，清康熙皇帝于五十九年(1720年)亲笔御书“兰笋山”三字。在婆娑的竹影中，秀道者塔、圣母大殿、佘山天文台、地震博物馆、骑龙堰、洗心泉、将军亭、狮子岩、眉公钓鱼矶等景点隐逸其内。山四周，有月湖雕塑公园、佘山艾美酒店、森林宾馆、兰笋山庄、辰山植物园等众多景观和度假酒店偎依其旁，为清幽、舒适的旅游休闲度假胜地。

浦江烟渚

在松江李塔汇与五库交界处，有一条水上三岔口，岔口西边的一条河叫圆池泾，西北的一条河叫斜塘，两河汇合向东流去的一段叫横潦泾，这便是黄浦江的起始段。

这汇流之处，江水烟波浩渺，江中帆舫争流，江边罾起网落，江滩芦苇摇曳，江岸柳绿桃红。

在古代，这里曾是三泖(大泖、长泖和圆泖)之地，与九峰齐名，古人常以三泖九峰借指松江，日月交替，沧海桑田，九峰犹在，三泖却因太湖泄水入海道的变迁和修筑海塘的截流，已封淤成陆，难觅芳踪，斜塘上游的泖河是古代园泖的仅存部分。

相传战国时期楚国春申君黄歇曾率民开挖了一条导太湖水东南入海

的南江，后人为了纪念黄歇，就将南江称为黄浦，又称为春申江、申江、歇浦。据史载，宋元时期，黄浦还不甚宽阔，“阔尽一矢之力”。明代经百多年中 9 次开掘疏浚，黄浦江由原支流河道替代了原吴淞江而成为主流河道，成了上海的“母亲河”，为上海城市的发展提供了极其优越的条件。

华亭鹤影

松江，古称华亭。相传当年吴王为练兵、畋猎的方便，在此建立华亭。三国时，孙权封陆机的祖父陆逊为“华亭侯”。

自古以来，松江因有“九峰三泖”，这里成了候鸟的天堂，数不清的仙鹤，也在这山水之间翔集。早在三国、二晋时代，仙鹤已为人们驯养，其中“华亭鹤”特别受人注目。声声鹤唳，四处回荡，此伏彼起，经久不息，犹如一曲激越的交响。小昆山下，从“二陆”读书台，走出了享有“玉出昆冈”盛誉的陆机、陆云兄弟，《文赋》、《平复帖》流传千年成为中国文学理论和书法史上最为璀璨的一页。而“华亭鹤唳，岂可复闻乎”，则是远离故乡的陆机在罹难时对家乡的深情眷恋，这足以证明华亭鹤对于松江的象征意义。

松江新十二景

海上寻梦

上海影视乐园，位于松江区车墩镇，建于 1992 年，2001 年对外开放，占地 43.33 公顷。由上海电影制片厂投资建造，是一个集影视拍摄、旅游观光、文化传播为一体的影视主题公园。

乐园以 20 世纪 30 年代南京路为主景，配有上海老城厢石库里弄、苏州河驳岸和“四行”仓库、浙江路钢桥和四川路桥。教堂建筑 3 个立面分别展示徐家汇天主教堂、佘山圣母大殿和洋泾浜教堂的 3 种不同建筑风格。欧洲建筑有“马勒公寓”、“德式楼”、“西班牙楼”、“英式楼”和中世纪酒庄。

乐园内有 5 300 多平方米的 6 个组合式摄影棚，规模大，可供多个摄影组同时拍摄。还有近 20 万件的服装道具选萃馆，有 18 万件道具的道具馆，有老爷车馆，上海老街等景点。道路上有老式有轨电车、马车等可供游人乘坐。

乐园是一个追寻老上海之梦的地方。

现为国家3A级景区，全国工业旅游示范点。

月湖沉璧

月湖雕塑公园，位于佘山国家旅游度假区林荫新路1158号。建于2003年，2005年对外开放，由佘之乐有限公司投资建造，是一个集雕塑艺术、山水风光、现代建筑艺术和高档休闲娱乐于一体的艺术园区。

园区占地86.67公顷，其中月湖有30.4公顷。园区以月湖为中心，环湖而建，三面分别被东佘山、凤凰山、薛山所环抱，环湖建有春岸、夏岸、秋岸和冬岸四个区域。园区内陈列着来自世界各地知名雕塑大师倾力创作的24件雕塑作品，在各种植被的衬托下构成绚丽多彩的美丽景观。春岸建有亲水大平台，大草坪、水幕桥、婚纱馆、水晶宫；夏岸有人工沙滩、儿童智能广场，其中有“跳跳云”、大榕树、迷宫、戏水池等，尤得孩子们的喜欢；秋岸有艺术馆、秋月舫等；冬岸有月湖会馆、小书吧、音乐喷泉等。

皓月千里，返照月湖夜景，静影沉璧，令人心旷神怡。

现为国家4A级景区。

云间学林

松江大学园区，位于松江新城西北部，占地约533.33公顷。建于1998年，2001年对外招生。园区内现有上海外国语大学、上海对外经贸大学、上海立信会计学院、东华大学、华东政法大学、上海工程技术大学和上海视觉艺术学院等7所大学，有师生约8万人。

各所大学彼此间用绿化带、河流或马路加以划分。校园绿树成荫，空间宽畅，犹如一座座现代园林。各校建筑风格各异，设计独特新颖，设施齐全，设备现代。在教学区与生活区之间，建有我国高校中最长的学生步行街——2.5公里的“中华学生第一街”。另配有交通枢纽中心、公共体育、休闲设施等。

天马追风

上海天马山赛车场，位于佘山国家旅游度假区西侧，紧贴G1501上海绕城高速天马匝口，建于2002年，2004年对外开放，占地14.73公顷。由民营资本投资建造，是一个辐射华东地区、引领时尚、集汽摩运动、汽车文化为一体的汽车运动休闲中心，是国内四家专业赛道之一，经国际汽车运动联合会(FIA)验收认证的上海地区最早的F3标准赛道。

赛道全长2.063千米,有8个左弯6个右弯。其硬件设施均达到国际安全标准,场内还有千人看台、贵宾包厢、多功能厅、新闻中心、汽车影院等设施,并配有山地越野、卡丁绕桩等游乐设施,曾先后举办过多项国际国内重大赛事。

凤凰戏珠

上海佘山国际高尔夫俱乐部,位于佘山国家旅游度假区的核心区,是上海地区地面起伏度最大的高尔夫球场。

球场最突出的特点是那令人望而生畏的80米地下采石坑,16和17号洞正是围绕和穿越深谷的高难度设计,而这两个洞是上海地区唯一的设计师签名球洞。俱乐部拥有占地146.67公顷、全长6 528.82米,包括一座18洞72标准杆符合国际锦标赛标准的高尔夫球场和高尔夫酒店公寓、具有托斯卡纳风格的高尔夫别墅以及配套的休闲度假设施。

2005年和2007年曾连续三年举办了HSBC高尔夫冠军赛。

英伦印象

泰晤士小镇,位于松江新城西部的华亭湖西岸。建于2002年10月,2006年10月开镇,占地100公顷。由上海松江新城建设发展有限公司总开发。

小镇设计引入英国泰晤士河边小镇风格、住宅特征及文化元素,追求人与自然的最佳和谐。建筑面积35万平方米,建有市政厅、中学、幼儿园、健身中心、宾馆、商业街、影院、超市等社区服务设施,另外还配有一流的会所、艺术中心、教堂、博物馆、水景餐厅、游船码头、婚纱摄影等特色功能性服务设施,小镇周边为新型别墅住宅区。

现代化的垃圾处理手段,分质供水处理手段,使小镇水清、气净;智能化的社区管理网络、国际化的物业管理标准,以及异国情调的建筑风格,体现了松江新城浓郁的现代化、国际性、生态型以及旅游文化气息。

泖田问秋

松江五厍现代农业园,地处黄浦江上游水资源保护区。区域面积1 119公顷,于2001年成立,是上海市市级现代农业园区、国家级农业标准化生产示范基地。

占地200公顷的农业观光休闲园座落于园区内。现有格林葡萄园、番茄农庄、水上人家、荷兰风情园、花卉园区等观光、休闲、教育、体验场所。另有游客集散中心、农业展览馆、宠物训练基地、龟鳖馆等，现有床位800多张，餐桌100多张。目前，园区已形成集休闲度假旅游、生态农业、农业观光、养殖、种植、村落文化、会务培训、疗休养、生态食品、农家餐饮于一体的农业旅游休闲观光区。

现为全国农业旅游示范点。

花桥观鹭

上海青青旅游世界，位于松江花辰公路东端，建于1998年，2001年对外开放，占地213.33公顷。由松江花桥现代农业有限公司投资兴建，是一个集观光旅游、休闲度假、会务住宿、餐饮娱乐于一体的现代都市生态园林。

园内以生态林为主景，碧水萦回、花香馥郁、树影婆娑、鸟语啁啾，吸引了无数的白鹭在此栖息、繁殖、生长，景色壮观。园内遍植280余种、100多万株名贵树种。是“一个可以深呼吸的地方”。园区内建有紫藤长廊、星月湖、桃花园、外婆桥、阳光沙滩、孔雀园、渔乐榭、跑马场等众多景点，同时可提供协力车、老爷车、草地越野车、游船、彩弹射击、修心垂钓、信鸽竞翔、拓展培训、骑术训练、露营烧烤等户外娱乐项目。园区内的上海伟盟生态林酒店，设有146间各类套房、标房及36幢度假小木屋和2栋亲水别墅，并配有会议室、商务中心、中餐厅、宴会厅、多功能活动厅、吧台、KTV、美容美发、棋牌室、桌球室、乒乓室等设施。

三宅缘墨

华亭老街三宅，是坐落在松江华亭老街上（即中山中路）的三处松江历史名人府第。

王冶山宅，位于中山中路492号。始建于明代，曾任清代嘉庆年间湖北宜昌知府的王冶山买进后扩建，有门厅楼堂六进，现存五进四庭心。

袁昶宅，位于中山中路466号。原为清代嘉庆侍郎赵永明宅，传有108间。现占地3 000平方米，七进四庭心。有松江现存最大的砖砌仪门。袁曾任总理各国事务衙门章京、太常寺卿等。

瞿继康宅，位于中山中路458号。清代建筑，占地950平方米。住宅仪门雕刻精致，体现了高度的工艺水平。瞿继康胞弟瞿指凉于1933年创办《耸报》，发行量居松邑地方报之首。

2002年松江有关部门将三宅主体移至一处，修复并形成为松江古文化建筑一景。三宅的历史将告诉后人，这里，曾有过一段浓浓的墨香故事。

四水会波

泗泾，位于松江区东北。元代后期始成集镇，清顺治年间，酿造、米市、木行加工业等十分兴旺，闻名江南。陶宗仪、孙道明、马相伯、史量才等一批历史文化名人，曾在此居住。

泗泾旅游资源丰富，名胜古迹众多。随着旅游业的发展，泗泾古镇的开发保护工作已经全面启动，整体改造初步方案制定完成，正在进行论证、修改和完善。目前已经开放了"安方塔"、"福田净寺"、"史量才故居"、"马相伯故居"等景点。泗泾的传统小吃也是声名远播，最著名的有"广利粽子、阿六汤圆、泗泾羊肉、泗泾小笼"等。

泗泾，因通波泾、外婆泾、洞泾、张泾四水汇集而得名，2005年镇政府在建设"集休闲、购物、健身、娱乐于一体"的滨江大道时，特立巨石篆刻明代大书法家董其昌墨迹"四水会波"以志之。

五茸晓雾

松江中央公园，位于松江区行政中心北侧，2000年12月动工建造，2004年5月对外开放。东西长2 200米，南北宽300米，占地6 600公顷，为上海目前单体面积最大的城市中心公园之一。公园由加拿大、美国等境外设计公园及上海市园林设计院一起分段规划设计。松江方松建设投资有限公司建设。公园以生态、自然为主题，是一个贴近自然、回归自然的生态型开放式公园。

园内树草如茵、碧波荡漾、漫坡起伏，小品雕塑相映成趣。建有亲水台、"鱼刺桥"、小绿岛、大草坪等。东入口处还竖有一原石，上刻"国家生态水利风景区"字样，是市民晨练、小憩的好去处，每当晨雾腾起或晚霞笼罩时，这里的景色更美，令人流连忘返。

园中飞鸥

市民广场，位于松江区行政中心南侧，占地770余公顷。是一座生态与休闲的开放式公共广场。

广场南入口处的巨型雕塑和两边对称的钢制弧形桥，显得大气，充满现代感。花坛错落有致，分布在广场的四周，各种名木花草组合成一处处别致、有趣的植物景观。

广场中心区为一下沉式平台，可举办大型活动。回廊、木桥、小河环广场而建，绿树成荫，环境优美，是市民休闲、健身的理想场所。每当清晨和傍晚，这里人头攒动。健身的、聊天的、小憩的、放飞风筝的、溜旱冰的、票友唱戏的，热闹非凡。

2007 年 10 月

（原刊于 2007 年 10 月 30 日《松江史志资料》第 24 辑。后编入《华亭旧闻》第 79—88 页。方志出版社 2008 年 11 月版。转载于 2016 年 1 月上海书店出版社《松江老地名与地方历史文化》附录部分第 369—377 页）

松江24景见证松江旅游30年

松江是上海旅游资源较为丰富的地区，人文历史景观甚多，俗称“上海之根”。过去松江的九座山上有“十景”、“八景”。明清时期，松江古城里的园林、寺庙、河桥、井市构筑了“唐宋元明清，从古看到今”的景象。但随着历史的变迁，许多地方仅剩下残垣断壁，有的已化为灰烬。

20世纪70年代末，松江还没有旅游业，但已加大了对文物古迹、寺庙和园林的修葺力度，如扩建醉白池公园、重修荡湾村“二夏”墓、佘山天主教堂修复、方塔园建成开放、恢复开放西林禅寺、还有天马护珠塔、清真寺、陈子龙墓、云间第一桥、颐园等的修葺，为以后松江旅游的发展奠定了基础。

1998年，松江评出了“松江十二景”。分别是：方塔风铃（方塔园）、醉白清荷（醉白池公园）、唐幢流云（唐经幢）、跨塘乘月（云间第一桥）、邦克落照（清真寺）、鲈乡遗韵（秀野桥下市河的四鳃鲈鱼）、西林梵音（西林禅寺）、颐园听雨（颐园）、浦江烟渚（黄浦江起始段三角渡）、佘山修篁（佘山兰笋竹林）、斜塔初雪（天马山公园）和华亭鹤影（小昆山）。

这十二景中除“鲈乡遗韵”外，其余十一景均是在1978年后重新修葺的。

“十二景”的评选和取名将松江最有代表性的景观和特征描绘得非常优美，读来朗朗上口，社会反响甚佳，深得市民的认可和喜爱。同时，吸引了众多游人到松江观光游览，“品味”佳景。

转眼又过了8年，松江旅游事业蓬勃发展。这期间，松江新增了20多处旅游景区（点）。2006年，我和我的同事在策划第4届“上海之根”文化旅游节时，突然想到该评“松江新十二景”了。于是，我们汇集了24处新景区(点)，作为候选景区向社会公布。

经市民投票，评选出“松江新十二景”。分别是：海上寻梦(上海影视乐园)、月湖沉璧(月湖雕塑公园)、云间学林(松江大学园区)、英伦印象(泰晤士小镇)、四水会波(泗泾古镇)、凤凰戏珠(佘山高尔夫球场)、花桥观莺(青青旅游世界)、五茸晓雾(中央公园)、三宅缘墨(华亭老街三宅)、天马追风(天马赛车场)、园中飞鸥(市民广场)和泖田问秋(五库农业休闲观光区)。

“松江新十二景”中除“四水会波”和“三宅缘墨”是古建筑修葺外，其余十景均是近十年新建的景区，这为松江旅游的发展添上了浓浓的一笔。

佘山“古十景”已成为历史，“松江十二景”是自然、历史留下的遗产，而“松江新十二景”则是松江近10年来旅游发展的新结果，是松江新的风光。

“松江十二景”和“松江新十二景”组成了松江24景，见证了松江旅游30年来的发展。

2008年10月

(原刊于2008年11月5日《中国旅游报》第3版)

松江顾绣 400 年

2006 年，松江顾绣被成功列入国家非物质文化遗产保护名录，这是松江文化艺术继承创新、持续发展进程中的一件大事。

顾绣因形成于明代松江府上海县顾名世家而得名。顾名世字应夫，号龙泉，嘉靖三十八年进士，官拜尚宝司丞，晚年曾在上海县城西北隅，修筑了一处有名的江南园林，据说在筑园时“穿池得一石，上有赵孟頫篆书‘露香池’三字，因此名露香园”。在这个精致的院落里，顾氏家族以书画诗词交友，结识了许多当时江南有名的达官显贵和文人墨客。顾氏女眷也参与其间，她们用自己擅长的刺绣，临摹并重新诠释宋元名画的意境，与同好共赏。

中国的刺绣作品从唐宋开始分为欣赏绣和实用绣两大类。顾绣属欣赏绣中的闺阁绣，即大家闺秀纯粹为了欣赏而绣制的作品，不以营利为目的。从明代晚期开始到清代中期的作品传世不足 200 件，绝大多数为北京故宫、台北故宫、辽宁省博物馆、上海博物馆所收藏。

顾绣技法在继承宋代技法的基础上，又有创新和提高。其主要特点是：摹绣名画，立意高雅。顾绣作品一般均先临摹宋元名画，再作刺绣，如《宋元名迹册》之一的《洗马图》，被认为具有元代著名画家赵孟頫人马画的风格；《米画山水图》就是根据宋代著名书画家米芾和米友仁父子之画绣制；《花溪鱼隐图》则是摹绣元四家之一王蒙的画作。

亦绣亦绘，画绣结合。为追求绣品的完美，顾绣有时先在底画上施以墨彩，再绣边线表现物体形象；有时则在绣好的作品上加画。所谓“以针代笔，勾划自如，凡笔之不足，则针能独到，以线代墨，点染浑成，凡墨有晕缺，则线能补齐”。这样就能使被表现对象显示出丰富的层次和较强的真实感。

针法变幻，叠出新意。顾绣针法在继承宋代各种绣法的基础上，集针法之大成，并加以巧妙应用。其针法复杂多变，常用的有齐针、辅针、接针、戗针、订金、套针、擞和针、刻鳞针等十余种。可绣出层层相叠的组织结构，十分逼真，具有很强的立体感。

选材独特，师法自然。顾绣所用色线种类之多非以往任何绣品能够比拟。劈丝最细处可达到四十八分之一丝。“其劈丝细过于发，而针如毫，配色则亦有秘传”。

顾绣早期的代表人物有：韩希孟、缪液、顾玉兰等。顾绣依赖了顾名世的曾孙女顾兰玉而得以香火不断。顾兰玉后定居于松江秀野桥西畔，为了生计，她“以针黹营食，设幔广收女徒”、“顾绣针法外传，顾绣之名震溢天下……”在江南民间流传开来。顾玉兰之后，松江民间依然活跃着一些顾绣名家，如嘉庆时的顾横波、赵慧君、曹墨琴、恽水，道光年间松江人丁佩等，光绪三十一年松江建公立初等学校，宣统三年（1909 年）改为“手工传习所”，1914 年左右，更名为“松筠女子职业学校”，设有刺绣科。而 1932 年女校刺绣科的女学生戴明教，则成了半个世纪后明代顾绣在松江的重要传人。20 世纪 70 年代，松江工艺品厂设立了顾绣车间。1977 年至 2006 年，松江创作了 500 多幅顾绣作品，远销 24 个国家和地区，或被选为赠送给外国元首和政府的外交国礼，或在国际文化交流中频频获奖，成为世界各地美术馆、博物馆争相收藏的珍品，顾绣传人谱系已达 20 余人。松江已发展为顾绣新的生产中心和传承地，松江和顾绣迎来了 400 年来新的鼎盛时期。

2008 年 10 月

（原刊于 2008 年 11 月 10 日《中国旅游报》第 6 版）

松江四鳃鲈

松江鲈，沪苏浙一带称四鳃鲈，是一种在海水中繁殖、孵化，在淡水中生长育肥的降海洄游型鱼类，属于凶猛的肉食性鱼类，习惯于夜间活动，以甲壳类、小鱼小虾类等为主要食料。松江鲈肉洁白肥嫩、细刺少、无腥味，富含蛋白质和维生素，还可入药治病，是一种珍贵的滋补品，被誉为"诸鱼之上"、"名鱼之首"。松江鲈盛产于上海市松江区，在上千年的历史中，一直为松江地区传统的珍贵名产，其名称也正式被科学家定为"松江鲈鱼"，用"松江"地名来命名已知动物的，仅此一种鱼类！

自古以来，松江受江湖之惠，饶鲈鱼之产，鲈乡之名在历史上曾闻名遐迩。明代医学家李时珍在《本草纲目》中称："松江鲈鱼，补五脏，益筋骨，益肝肾，治水气，安胎补中，多食宜人。"所以在旧时，曾把松江四鳃鲈与黄河的鲤鱼、松花江的鲑鱼、兴凯湖的鲌鱼共誉为我国的四大名鱼。历代文人墨客、帝王将相对四鳃鲈褒奖备至，使四鳃鲈名扬天下，影响至今。

早在《后汉书》里就有一则关于四鳃鲈的故事，说的是曹操食四鳃鲈铲除左慈的事。更为深远影响的是《晋书·张翰传》里的故事，说张翰在洛阳为官，见秋风萧瑟，想起了故乡泖湖里的雉尾莼和四鳃鲈的美味，就弃官回乡。之后就在历朝历代的诗坛曲苑中用"莼羹鲈脍"、"莼鲈之思"等词以抒思乡之情或隐归之意。于是，四鳃鲈和莼菜一起被诗人词客缀入诗行曲拍，流传千古。如"东去无复忆鲈鱼，南飞觉有安巢鸟"（杜甫）、"得句会应缘竹鹤，思归宁复为莼鲈"（苏轼）、"故乡归去来，岁晚思莼鲈"、"莼菜鲈鱼都弃了，只换得青衫尘土"（陆游）等名句，历来吟咏不衰。

再说隋炀帝游江南时，尝到了四鳃鲈脍，细嚼慢咽之后，品出了奇妙的鲜味，说了一句“东南之佳味也”赞语；乾隆下江南时同样吃罢四鳃鲈，评价为“江南第一名菜”。这些所谓的“金口玉言”，就成了最有轰动效应的“御制”广告词，四鳃鲈也就身价百倍了。

使四鳃鲈名声真正飞入千家万户的，还是《古文观止》中那篇著名散文《后赤壁赋》，对文中“状似松江之鲈”成了流传最广的口碑。就这样，四鳃鲈搧动着鳍尾，悠悠地从古游弋至今，游进了文人的诗文里，游进了美食家的食谱中，游进了百姓家的餐桌上，更游进了世世代代松江人引以为豪的记忆之中。

早些年，在松江秀野桥下市河中还有四鳃鲈，但因水质污染，现已不见四鳃鲈鱼踪迹，好在有关部门已在异处培育繁殖成功，松江的精灵——四鳃鲈，定会有重上餐桌的日子。1998 年，松江在命名“十二景”时，理所当然地将秀野桥下市河一带命名为“鲈乡遗韵”。今日，景慕鲈乡的好景色、鲈鱼的“真风味”还是吸引了成千上万的海内外宾朋来松江“品味”。

2009 年 6 月

（原刊于 2009 年 6 月 23 日《新民晚报》B9 版）。

松江旅游资源名片

位于上海世博园区西南仅30公里的上海市松江区，以具有深厚的历史人文资源和自然山水生态资源而占据着上海旅游资源大区的称号。在604平方公里中，散布着60多处旅游点，其中有20处可算得上全市甚至全国"之最"或"唯一"。

上海佘山国家旅游度假区是上海市唯一的国家旅游度假区，2009年以"佘山拾翠"的命名被评为"沪上新八景"之一。在度假区内有国内目前规模最大、投资最多、科技含量最高的主题乐园——上海欢乐谷。有上海地区陆地海拔最高、唯一的山林——"松郡九峰"，现为4A级旅游景区的佘山国家森林公园。有上海地区唯一的以山水为景的雕塑艺术园——4A级的旅游景区月湖雕塑公园。在西佘山顶上，有被誉为"远东第一大教堂"的圣母大殿，以其独特的建筑风格和高等级享有盛名。山脚下的佘山地震台为我国最早的地震测试台，已有百多年的历史。

在辰山四周，有世界同纬度植物种类最多的植物王国——上海辰山植物园。在凤凰山东侧，建有全国举办世界顶级高尔夫赛事最多(汇丰杯洲际冠军赛2005—2009年)的佘山国际高尔夫球场。在天马山南侧，横山东侧，有目前正在开工建设的天马洲际酒店。该酒店是建在一个深坑内，是一个低于海平面80米，全国海拔最低的豪华型酒店，建成后有19层，其中2层位于水下。在天马山西北角，有华东地区最早的F3标准赛车场——天马车世界。在天马山半山腰耸立的护珠宝光塔，建于宋朝，其倾斜度为世界之最，超过意大利比萨斜塔。在小昆山有我国最早的书法大家陆机、陆云的纪念馆和读书台。陆机的"平复帖"收藏于北京故宫博物院(编号001)。在小昆山西侧的上海西部渔村,是上海地区最大的垂钓场。在佘山周围,还有能反映上海地区四五千年前的文化遗址7处。

在松江城区及周边,有上海"十五"期间"一城九镇"建设中"一城"的标志性成果——松江新城。在新城中,有上海地区最大的大学园区——松江大学城,7所高校,8万多名师生集聚在占地8 000亩园区中。有最具英伦特色的住宅休闲区——泰晤士小镇。新城中,还有能反映上海地区4 000年前良渚文化后期"广富林文化"遗址,2008年,被评为全国考古重要发现之一。

松江古城是上海地区最古老的县城,系上海市级文化古镇。古城中的唐经幢、方塔为全国重点文物保护单位。4A级旅游景区——上海方塔园,是上海地区文物古迹最多的园林。醉白池公园是上海地区五大古典园林之一。清真寺是上海地区现存最早的(元代)清真寺。另外还有被誉为"云间第一楼"的原松江府台衙门的谯楼,还有颐园、云间第一桥……上海的母亲河——黄浦江的起始端在松江境内,被誉为"浦江之首"。

松江还是上海市郊高星级饭店最多的集聚区。

凭着这些"之最"和"唯一",松江正在倾心打造"世博园区"之外的体现世博主题的最佳"实景地"。

2010年2月

(原刊于2010年3月1日《中国旅游报》)

松江的四季节庆

咱们松江区，有着厚重的历史文化底蕴和秀美的自然山水景观，它的旅游节庆活动也是丰富多彩，突现出它的地域性、文化性和独特性。

十多年来，松江在旅游节庆活动上进行了多方的探索，如举办松江："上海之根"文化旅游节、佘山国际沙雕节、佘山兰笋节、月湖狂欢节、方塔妈祖文化旅游节、上海影视乐园影视文化周、佘山元旦登高活动等。至2008年，已形成了全年四季的固定节庆活动。即春季问山、夏季拜水、秋季寻根、冬季祈福。

春季问山—情系佘山。举办佘山兰笋文化节。佘山产笋，有兰花香，300年前，康熙皇帝下江南2次抵松江，品笋后大悦，后御笔赐佘山为"兰笋山"。2010年为康熙题"兰笋山"300周年，松江将举办第九届佘山兰笋文化节，并以"问山"的祭祀仪式开铲动土挖笋、品笋，开展兰笋为题的诗歌朗诵会，兰笋雕刻大赛，兰笋摄影比赛，竹文化书画展，竹制工艺品展销等活动。另外，佘山是上海地区陆地唯一的山林，早在四五千年前，就有先人在此繁衍生息，8处古文化遗址足以证明这里是"上海之根"。情系佘山，传承历史文脉是一个地域文化特色之旅。

夏季拜水—感恩浦江。举办端午龙舟赛。黄浦江是上海的母亲河，相传战国时期的楚国春申君黄歇，曾率吴地众百姓多次疏浚河道，以保太湖水泛滥时能顺利泻入长江和东海，古人将此江称为申江、黄浦、歇浦以纪念春申君，即现在的黄浦江。黄浦江的起始段在松江境内，全长约30公里，上海市民的饮用水取水口，也在此段，为了确保取水口上游的水质，松江在这30公里的江边建起了涵养林，排除了污染源，生态保护被评为全国水利风景先进区，为了感恩浦江，松江每年在黄浦江的支流沈泾塘内举办端午龙舟赛。

秋季寻根—追寻历史。举办“上海之根”文化旅游节。作为上海旅游节的“一区一品”，松江“上海之根”文化旅游节起始于1994年，迄今已举办了7届。从内容上分为休闲文化、生态文化、艺术文化、民俗文化、商业文化、体育文化、农耕文化和时尚文化8大板块，20多项活动。实践了商、旅、文、体、农的资源整合和结合。

冬季祈福—登高迎新。举办元旦佘山登高活动。新年的第一天，登高祈福，展示新的一年有新的气象、好的开端。全市有四五千人通过网上报名，参加这一祈福迎新活动，先跑后登，上山后，边观赏远眺，边签名祈福，挂红丝带。登顶后，人人都可拿到纪念品，登顶卡可享受旅游景区的半价优惠，明信片可留作纪念，还有抽奖活动。

松江的四季节庆，在传承地域文化特色和创新中不断得到发展。

2010年3月

(原刊于2010年4月5日《中国旅游报》)

何陋轩与冯纪忠

上海辰山植物园内迁进了两个全竹结构的亭子。一根根 8 米长、碗口粗的竹竿左斜或右斜地支撑起了一个大屋顶，竹竿的两端均用铁制抱箍围起，用螺栓拧住固定，竹亭有 80 多平方米。它是由德国歌德学院捐赠，德国艺术家马库斯·海因斯多夫设计的，设计风格结合了现代简洁、轻盈、优雅以及未来主义，将中国传统文化与欧洲风格的设计理念相融合。在上海世博会德国馆向公众展出，共有 12 个竹亭，作为"德中同行"友好交流活动内容之一，其中有 2 个赠给了上海辰山植物园。

望着这两座竹亭，我不由得想起坐落在方塔园东南角孤岛上的全竹建筑——"何陋轩"和它的设计者冯纪忠教授，想起了 10 年前和冯老先生几次接触的往事。

冯纪忠教授早年留学奥地利维也纳学习建筑，1947 年回国，被聘为同济大学教授。任同济大学建筑设计院首任院长和建筑系主任 30 多年，设计作品无数。在建筑教学上，他是"建筑空间组合原理"的创始人。他的晚年建筑设计杰作便是"方塔园"。1987 年 6 月，南斯拉夫建筑国际展览介绍世界 50 位代表建筑师作品，方塔园入选。他也是大陆港台获"美国建筑师协会荣誉院士"称号的第一人，并于 1994 年入选美国人物传记学会编《国际名人录》。1998 年，他设计的武汉同济医院、东湖客舍和方塔园入选中国建筑学会评定的建国五十年优秀建筑创作奖，翌年获国际建筑师协会第二十届大会当代中国建筑艺术成就奖，2005 年获第一届中国建筑学会建筑教育特别奖。2007 年 11 月，《冯纪忠和方塔园》展览和冯纪忠学术思想研讨会在深圳先后开幕和举行。

冯老先生设计的方塔园是中国古代诗歌的意境和他的“空间建筑原理”的完美结合，他用“形、情、理、神、意”五个字来解读“方塔园”。而“何陋轩”则是与清天妃宫、明兰瑞堂遥相呼应，具有一定分量的建筑，同样可用这五个字来解读。在当时经济十分困难的情况下，他用在江南很普遍的毛竹为材料，以江南农舍的屋顶为创作依据，小中见大，用“表面的随意性与内在的精确性结合”，表达一种独立意识。他十分欣赏苏东坡“反常合道为趣”，力图以理性精神去追求“气韵生动”的浪漫艺术“趣味”，利用光和影的变化感受到时空的转换，求得“何陋轩”寓情于空气飘逸，藏理于风骨神韵，表意于竹间池际之意境。

2000年至2001年，我曾邀冯老先生来松江对松江博物馆进行整体改造设计，也曾陪同冯老先生坐在“何陋轩”中品茗，至今还记得他的设计感想。“一个竹构草顶的敞厅，脊作强烈的弧形，屋脊与檐口、墙段、护坡等等的弧线，共同组成上、下、凹、凸、向、背、主题、变奏的空实综合体。从婆娑的树缝中可望见方塔。随着光线的变化，涂成黑白相间的竹竿，中段白色部分在较为暗的结构空间中仿佛漂浮了起来。边上的矮墙，时亮时暗，花墙闪烁，竹林摇曳，光、暗、阴、影，由黑到灰，由灰到白，构成了墨分五彩的动画，平添了几分空间的不确定性质……”他娓娓道来。对我这个门外汉来说，虽不太理解他的理念，但也被他描绘的意境所感染。

2001年12月，当松江博物馆整体改造的几幅彩色效果图出来后，冯老先生作了一番读解：以中轴线对准方塔，使之与方塔融为一体。用古诗之“意”结合松江博物馆馆藏特色——古砚之“韵”。建筑的立体空间做成弧段形的砚池，砚池的弧形外坪一分为三，一段的尺度和方塔北大门的屋面的差不多，从广场上看，两者统一了，且解除了对塔园的压抑之感……我们为之眼前一亮，真不愧为大师，设计得太漂亮了。可惜的是由于种种原因，方案最终未被采纳，但他“缜思畅想”的设计理念却在建筑教育中受人崇拜。

冯老先生对松江是有巨大贡献的，除了方塔园，他还于2001年负责佘山银湖别墅总体规划，2005年任“辰山植物园方案”顾问，参加该方案评审。2006年完成了方塔园植被改造设计图……

今年12月11日是冯老先生“驾鹤西去”一周年的纪念日，谨以此文纪念之。

2010年11月

（原刊于2010年12月9日《松江报》副刊）

泖河上的"江南第一网"

阳春三月，踏青时节，闻说石湖荡镇北、泖河边上的千亩紫云英姹紫嫣红，我们便于周末前去踏青赏花，借机也去看看那张号称"江南第一网"的大渔网是如何捕鱼的。

那天，天空晴朗，阳光明媚，我们沿着泖岛公路北行，公路两边红花遍地，竞相争艳。大家按动着快门，漫步在田间地头，心情很是舒畅。泖岛公路并不长，不一会儿，便来到了路的尽头，前面横着的是泖河。

泖河是由古代松江"三泖"中的圆泖变迁而形成的。它上接淀山湖、太浦河来水，过泖河后折向南经斜塘汇入黄浦江。泖河上有一泖岛，泖岛将泖河分为北南两条河道。北泖为通航道，船只都由此经过。南河为景观河道，是静悄悄的。眺望着河中的泖岛，它既无桥可过，也无船可渡，只见西面不远处有一张跨河的大渔网与泖岛相连接。河岸两边各竖起着两座铁塔，四座铁塔伸出的钢丝绳架着一张巨大的渔网，足足有七八十米长，四五十米宽。这张人网在这里已有多年了。

我们快步向渔网处走去，此时渔网已开始慢慢下坠，静静地沉入河底之中。来到渔网边观看，只见河边一前一后傍着两条改装后的驳船，船上设有休闲茶座。上了船，我们便坐下来，泡了茶，就是想亲眼目睹渔网的拉起。

等了约半个小时，只见两个捕鱼工驾着一艘小船已进入网中，电动的网绳在慢慢拉起。渔网的四个角率先出水，已见鱼儿在跳跃，在网上翻滚并落入网的中间。网的中心部分还未出水，网绳已停止了拉动。两个捕鱼工驾着小船向渔网的中心划去，用手中的网兜将汇集在渔网中心的鱼儿一一兜入。

与我们同行的老王在船上买了一条白鱼说，我们中午就吃这条鱼。在金泖渔村用餐时我们边吃边聊，当白鱼上桌时，话题自然又回到了那个“江南第一网”。

老王是土生土长的当地人。他告诉我们，渔网每半小时启拉一次，承包者将捕到的鱼卖给饭店或食堂。也有人为了尝到正宗的野生鱼，会特地赶过来购买。他还说，一年中大多数时间起网后捕到的鱼并不多。每年七八月份是渔汛期，鱼特别多，一网上来，有七八百斤，将两只小船装得满满的。他们还会将一些小鱼随手放生了，说是等养大了再抓。每天的最佳拉网时间是在潮落后开始回潮涨潮时，此时鱼儿会很多。拉网捕来的鱼，野生的，很吸引人。大多是白鱼、鲈鱼、桂鱼、鲫鱼、草鱼，还有河鳗等，当然，鱼的价格要比鱼塘里喂养的鱼贵些。

听了他的一番介绍，让我这个不谙捕鱼门道的人很是感慨，真是“隔行如隔山”、“行行有门道”啊。我既佩服老王对捕鱼门道的熟知，也加深了对“江南第一网”的印象，更让我产生了许多遐想。太湖“三白”是出了名的，这白鱼是顺着太浦河游来的呢？还是“土生土长”在这泖河中的呢？如果这泖河、泖岛、大网、金泖渔村与千亩农田整体开发，打造成一个乡村旅游休闲度假区，那该多好。

休息日，离开喧闹的城市，坐在泖河边，呼吸新鲜空气，看看风景，发发呆。边品茗，边看着拉网，既清静又有遐想，不失为一种惬意的休闲方式。

2011 年 4 月 24 日

上海“山水画”

多年来的旅游城市形象推广实践表明，一个地区的旅游产品推广，一要有深厚的底蕴和知名度，二要有吸引游客的产品设计。近几年来，松江在推广城市旅游形象中，总感觉到力度不够，市场的知晓度也不高。就整个上海地区而言，松江是一个旅游资源较为丰富的地区，但旅游产品在长三角地区知名度还不够，无法形成真正的“拳头”产品。我们也曾通过宣传推广、节庆活动、营销促销、资源整合等手段来推广松江，但许多都停留在概念上。如前几年我们曾和青浦联手推出了“轻(青浦)松(松江)游”旅游产品，但由于没有细分市场和客户人群，所以产品还是停留在概念上。

近几年来，一些地区打破区域壁垒，实行联手开发，取得了较好的效果。如浙江海宁、海盐联手推出了“潮声湖韵”的旅游产品，浙江新昌、天台、仙居联手推出了“新天仙配”的旅游产品，给我们一定的启发。上海地区，由于各区的面积都不大，区与区之间的地理位置比较接近，充分利用各自的资源优势进行组合，打破区域界限，共同推出能代表上海形象的旅游产品，不失为一种好的做法。

2009 年，为了迎接世博会，上海旅游局开展了“沪上新八景”的评选，有幸的是松江的“佘山拾翠”、青浦的“淀湖环秀”、金山的“枫泾寻画”三景被列入“沪上新八景”。这给我们有了新的启发。

松江、青浦、金山三区同属上海西南市郊，地理位置紧靠，交通便捷。沪昆高速、沪渝高速、320 国道、318 国道、沈海高速、上海绕城高速、申嘉湖高速、沪昆高铁、沪浙赣铁路、黄浦江水道都经过或紧靠这三区，向苏浙两省延伸。从市中心出发至松江城区或佘山、青浦朱家角或淀山湖、金山枫泾或石化海滩，时间均在60～90分钟之间。

三个区文化底蕴深厚，6 000年的马家浜文化、5 000年崧泽文化、4 000年的良渚文化，在松江、青浦均有发现，被誉为“上海之根”。金山也发现过春秋战国时期遗物。唐宋元明清的历史文化遗迹在三个区都有较多遗存。三区有历史古镇多座，如青浦的朱家角、金泽、练塘、白鹤古镇；金山的枫泾、张堰古镇和渔村；松江的仓城、泗泾下塘和府城3片历史风貌保护区等。上海现存的13座古塔，松江有5座，青浦有2座，金山有1座，占了一半以上。上海现存的古桥一半以上在这三个区，以青浦为最多。

三个区生态自然环境优美，松江有佘山，历史上有“九峰三泖”之称，青浦有淀山湖，金山有海滩。黄浦江上游贯穿三区，全市古树名木三分之一以上在这三个区，绿化覆盖率极高，是上海重点打造的低碳生态休闲憩息区。

三个区的旅游资源丰富并各具特色。松江有佘山国家旅游度假区、新老城区和浦南乡村旅游区；青浦有淀山湖旅游度假区、太阳岛度假区；金山有农民画村、廊下乡村旅游区和金山海滩。三区中3A以上旅游景区有近30个，在全市占有很大份额。

三个区与之相配套的“购”和“住”也较有特色。土特产购物，松江有四鳃鲈、黄浦江大闸蟹、兰花笋、叶榭软糕、草长浜红菱等；青浦有阿婆粽子、芡实糕、百年酱园等；金山有枫泾丁蹄、熏拉丝、状元糕等。在住宿上，三区各有不同类型的酒店、宾馆、度假村、客栈、民宿和农家乐，可满足不同客人的需求。

将三区的历史文化、山水生态资源和旅游项目整合起来，突出松江的“山”、青浦的“水”、金山的“画”，就组成了上海西南的一道亮丽的风景线——“上海山水画”旅游产品。

一般国内外游客来上海总是游“老五地”，到东方明珠、外滩、豫园、南京路、玉佛寺等，基本上以购物为主。入境游客则将上海作为中转站，浦东机场下来后直接去了苏、锡、杭、宁、扬等地，兜一圈后再回上海游览，然后乘机返回。

上海要建设成世界著名旅游城市，它不仅是要成为旅游客源地，更应是旅游目的地。为此，就必须要有自己的旅游品牌产品，而且是多样化的旅游品牌产品。“上海山水画”产品可组成三日游、四日游，将此作为“华东五日游”的上海市郊深度游或江南深度游产品。

2010年世博会召开之前，我们联手青浦、金山一起研讨了“上海山水画”的可行性，经过多次洽谈、研究，形成了初步的方案和“上海山水画”的概念，并对外做了一定的宣传。2011年初，在市旅游局的重视、支持下，联合上海大众国旅、上海旅游集散中心、旅游时报等单位开展了前期工作，现场踩线、洽谈组合项目、媒体宣传、春季信息发布，形成产品对外销售，利用国内旅交会开展“上海山水画”的宣传。并召开了第一阶段小结会，部署了下一步推进的工作重点。三区之间也形成了新的共识，将联手向苏浙市场推广，加大宣传力度，完善产品的各种衔接，努力提高软件建设等。

要将“上海山水画”打造成后世博上海的一个旅游产品，为建设国际著名旅游城市和旅游目的地做出应有的贡献。同时也希望社会各界给以多方支持，使产品更加完善，体现上海水平。另外，对产品中的景区、饭店和餐饮要加大改造力度，前期可由政府给予资金扶持，努力提升产品档次和质量，进一步加强对外宣传。

2011年5月12日

重走徐霞客上海古水道

2011年"5·19"是中国正式确立的第一个旅游日，缘于《徐霞客游记》的开篇首句"癸丑之三月晦，自宁海出西门，云散日朗，人意山光，俱有喜态"。

徐霞客是伟大的地质学家、旅行家和探险家。他一生花了35年时间游历祖国山河，进行国土考察。1624年至1636年的12年中，他5次到佘山，这在徐霞客的游历中多次到一地也是少见的。他曾赞松江佘山"佘坞松风，时时引人入胜也"。他4次拜访陈继儒，与陈结为忘年交。

一、徐霞客五次到佘山

天启四年（1624年）五月，徐霞客在福建籍学者王畸海引荐下结识陈继儒，是为了请陈继儒为其母亲八十大寿求寿文。陈还为徐起了"霞客"的别号，"徐霞客"之名便是这时传开。

天启五年（1625年），徐霞客母亲终因积劳成疾病故。据记载，徐霞客在此时未忘记那位热情而十分推崇敬重他们母子的前辈陈继儒，特地至佘山登门约请他为父母写合传。

崇祯元年（1628年）中秋，43岁的徐霞客闽游归来，第三次来到陈继儒结庐隐居的松江东佘山。在陈继儒的"顽仙庐"里，徐霞客谈到了三年来的情况，尤其是居丧期满后的浙、闽、粤之游，他与黄道周的结识，以及他决定择日西游、献身于山水地理考察的志向……他时而栩栩神动，时而激昂慷慨，本来有些寡言的徐霞客竟然滔滔不绝、一反往常。陈继儒对他的叙述十分感兴趣，对他的大志也许诺大力帮助。乘兴他又邀霞客到西佘山的另一位有山水之好的隐居者施子野（绍莘）处，三人诗酒相对，歌舞助兴，同叙山水情，共赏中秋月，在施的“西佘草堂”度过了美好的夜晚。显而易见，霞客8年后的西南万里行的大愿，是与陈继儒的帮助和鼓励分不开的。

徐霞客第四次到佘山的记载，是在第五次到佘山时的记载中所现。崇祯九年（1636年）秋，徐霞客西南之游前，第五次来松江佘山。据《游记·浙游日记》载：

> “丙子九月……二十四日　五鼓行。二十里至绿葭浜，天始明。午过青浦，下午抵佘山北，因与静闻登陆，取道山中之塔凹而南，先过一坏圃，则八年前中秋歌舞之地，所谓施子野之别墅也。是年，子野绣圃征歌甫就，眉公同余过访，极其妖艳。不三年，余同长卿过，复寻其胜，则人亡琴在，已有易主之感。（已售兵郎王念生。）而今则断榭零垣，三顿而三改其观，沧桑之变如此。越塔凹，则寺已无门，唯大钟犹悬树间，而山南徐氏别墅亦已转属。因急趋眉公顽仙庐。眉公远望客至，先趋避；询知余，复出，挽手入林，饮至深夜。余欲别，眉公欲为余作一书寄鸡足二僧，（一号弘辩，一号安仁。）强为少留，遂不发舟。
>
> 二十五日　清晨，眉公已为余作二僧书，且修以仪。复留早膳，为书王忠纫乃堂寿诗二纸，又以红香米写经大士馈余。”

日记中记叙到“八年前中秋歌舞之地”，指的正是“崇祯元年”（1628年）他第三次拜见陈继儒那年的事。而“不三年，余同长卿过，复寻其胜，则人亡琴在”，则证明三年后的崇祯四年（1631年）徐第四次来过佘山。访问施子野别宅，此时施子野的“西佘山居”已易主，施也迁居别处，徐只得败兴而归。按常理与霞客交友的特点，对陈继儒他不会过门不入，可能也有过一叙，但无记载。“三顿而三改其观”，则说明他自崇祯元年、崇祯四年和崇祯九年三次来佘山施子野的“西佘山居”，每次的面貌都不一样。

二、霞客把佘山作为西南万里行的起始地

从上述日记中可见，这是徐霞客西南之游前，最后一次，也就是第五次到松江佘山。

霞客自江阴出发，经无锡、苏州、昆山、青浦至佘山，并非由江南运河直达杭州，而是迂道东行到佘山，是特地向陈继儒拜别，可见他将陈继儒看得很重，也说明陈对他的“西南万里行”给予了很大帮助和支持，两人的相互关切与忘年情谊也达到了顶点，故佘山成为他最后一次西行远游的起始点。

他在游记中写道：“上午始行。盖前犹东迁之道，而至是为西行之始也。三里过仁山（即辰山）。又西北三里，过天马山。又西三里，过横山。又西二里，过小昆山，又西三里，入泖湖。绝流而西，掠泖寺而过。寺在中流，重台杰阁，方浮屠五层，辉映层波，亦泽国之一胜也。西入庆安桥，十里，为章练塘。（其地为长州南境，亦万家之市也。）又西十里，为蒋家湾，已属嘉善。”

按徐霞客当年记载，松江段为“14 里”，现按原线路计算（霞客是乘船而行），约为 17 公里。从东佘山脚下坐船西行，经辰山市河过辰山，为 2 公里；穿过辰山塘走马山塘过天马山为 5.5 公里；经横山塘到横山为 8 公里；至小昆山为 10.8 公里；至汤村庙为 15 公里；到泖河为 17 公里。由此推算，当年徐霞客对路程的计算“14 里”也是一个大概的估计。

三、霞客上海古水道的今日

辰山市河、马山塘、横山塘这三条水道今还在，只不过辰山市河上由于公路桥洞低而无法行船。今沿着这三条水道正好有一条“佘天昆公路”可通行，接永丰路可延伸到汤村庙。再向西跨过华田泾就是青浦境了。当年霞客船出横山塘后横渡泖河，经东塘港过练塘镇，经西塘港进入嘉善。这段水路现属上海市松江区和青浦区，全程约 27 公里，其中松江段为 17 公里，青浦练塘段约为 10 公里左右。

此段水路经过 300 多年的沧桑巨变，今非昔比。沿途现有 4 个 4A 级景区，佘山国家森林公园（东佘山园、西佘山园、天马山园、横山、小昆山园）、上海辰山植物园（包括辰山）、太阳岛旅游度假区（即泖岛）和陈云纪念馆（在练塘镇）等。另外，沿水道途中还有松江的天马乡村高尔夫俱乐部、在建的天马深坑酒店、二夏墓、西部渔村和汤村庙遗址。青浦境内还有寻梦园、香草园、泖河世纪生态林和练塘古镇等。景色优美，令人心旷神怡，生态环境得到了很好的保护。

这段水路可称为“霞客上海古水道”或“霞客西南万里行”的起始段。当今，有 27 个城市在联合申请“徐霞客游线标志地”，作为国家非物质文化遗产。其实,上海的这条古水道也应列入其中。

今日提“重走”霞客上海古水道,一是为了纪念,学习先人游学探索的精神;二是可畅游美好山河,陶冶情操;三是可了解今古,增长知识。是一项有意义的事和一条低碳骑游、风光旖旎的旅游线路。

今日要“重走”霞客上海古水道,可沿水道岸边道路进行自行车骑游。线路为:东佘山出发至上海辰山植物园,观树赏花;至天马山,观上峰寺遗址、护珠塔、三高士墓;过横山至小昆山,观二陆纪念馆、读书台、九峰寺、华亭;再走永丰路至汤村庙,寻汤村庙遗址;过华田泾,游太阳岛。由于按原水路过泖河无桥,需向北走沈太公路,游寻梦园、香草园;后绕过沈巷转入朱枫公路至练塘;也可在过了拦路港大桥后拐入沿泖河边的世纪生态林骑游,骑游的感觉真好;后再上朱枫公路至练塘古镇,参观陈云纪念馆;最后沿西塘港西行至嘉善境边。

2012 年 3 月 24 日

(原刊于 2012 年 5 月 15 日《新民晚报》B10 版。转载于 2012 年 6 月 1 日《东方城乡报》B5 版和 2013 年 5 月 14 日《时代报》第 13 版)

松江66个经典符号

一个地区，一座城市，都有它的历史文化、建筑景观、民俗风情、知名人物等元素符号。

松江，5 000年的人类文明史，1 200多年的建城史，深厚的历史文化底蕴留下了众多的地域性符号。符号，即标记、标志。松江符号，在松江人眼里，是一个地区文明和精神的具象体现，是文化符号和美的代表，是一种家乡情缘，更能体现人们对自己出生地或居住地的自豪感。在松江有些新编的书刊封面、产品宣传广告上，使用较多的地标符号有方塔、佘山、云间第一楼或大仓桥等。松江人引以为豪、讲得最多的历史人物有陆机、陆云、黄道婆、董其昌等，说到吃的就会提到四鳃鲈鱼、叶榭软糕、张泽羊肉等。这些都是松江的符号。

然而，细细寻思，符号可以有很多，多了也显得分散，显不出重点，对归纳提升特色形象也不利，更不便于人们的记忆。如何看待"符号"问题，本身就是"仁者见仁，智者见智"、各有所见、各有所需的。如在众多的符号中借用"经典"而冠，那就是有权威性、代表性了。松江的经典符号究竟有哪些？能否在众多的符号中推举出一些呢？通过评选活动让市民们更了解一些，这对宣传松江这座城市的形象或开展爱松江教育应该是很有意义的。

一、候选符号的酝酿

2014年，在区委宣传部的大力支持下，我们决定搞一次"松江66个经典符号"征集评选活动。我们查阅了许多资料，将需征集评选的经典符号候选条目分为11个方面110个，并形成了讨论方案。分两次召开意见征询会广泛听取意见。参加会议的有来自区内相关部门的分管领导和专家学者、社会贤达。会上讨论气氛热烈，各抒己见，最终形成一致意见。

首先，确定候选符号要坚持四条原则：一是松江人民印象深刻的，可欣赏、记忆、体验、享用的松江元素；二是既有历史底蕴，又有现代传承，展示历史，注重现代；三是松江所独有的，具有唯一性、独特性，是人无我有或人有我优的；四是立足旅游，突出文化，能够烘托和提升松江城市形象。其次是将讨论筛选后的候选符号分为 10 个方面 98 个符号。它们是：地理特色 4 处、历史遗存 10 处、旅游景区 10 处、文化与民俗 15 项、近现代建筑 9 处、马路街区 8 处、历史人物 10 名、近现代人物数名、土特产品 12 个和菜肴糕点 9 项。其中有历史元素的符号占四成，近现代元素符号占六成。再次，通过《松江报》、《松江发布》、《茸城论坛》、《松江旅游网》等宣传渠道，开展了大众评选。最后，根据大众和专家的投票结果排定了"松江 66 个经典符号"的座次。

二、经典符号的产生

在此特将入选的经典符号按分类及得票高低顺序排列展示如下：

地理特色 3 处：松郡九峰、浦江之首、华亭湖。

历史遗存 9 处：方塔、唐经幢、天马斜塔、佘山圣母大殿、云间第一楼、大仓桥、西林塔寺、照壁、清真寺。

旅游景区 9 处：佘山国家森林公园、上海辰山植物园、上海欢乐谷、泰晤士小镇、广富林文化遗址公园(在建)、醉白池公园、上海方塔园、上海月湖雕塑公园、上海影视乐园。

文化与民俗 8 项：松江顾绣、广富林文化、余大成堂、松江大学城、松江方言、二陆文化、车墩丝网版画、叶榭草龙舞。

近现代建筑 6 处：深坑酒店(在建)、漂在水上的大屋顶(广富林文化遗址公园)、小红楼、大眼睛(上海视觉艺术学院)、高铁松江南站、毛毛虫(辰山植物园温室群)。

马路街区 6 处：仓城历史文化风貌区、庙前街、袜子弄、泗泾下塘历史文化风貌区、开元地中海购物广场、华亭老街。

历史人物 6 名(对)：董其昌、黄道婆、陆机、陆云、陈子龙、夏允彝夏完淳父子。

近现代人物6名：程十发、史量才、侯绍裘、马相伯、赵祖康、陈永康。

土特产品6个：四鳃鲈鱼、仓桥水晶梨、佘山水蜜桃、兰花笋、老来青大米、黄浦江大闸蟹。

菜肴糕点7项：张泽烂糊羊肉、叶榭软糕、草庐面制点心、草庐本帮菜、东其昌红蹄、鹿鸣村糕点、泗泾广利肉粽。

还有32个候选符号只能忍痛割爱了。入选的经典符号中，有历史元素的符号占46%，近现代元素符号占54%。值得一提的是，在98个候选符号中得分排在前十位的是：四鳃鲈鱼、程十发、方塔、佘山国家森林公园、上海辰山植物园、顾绣、张泽烂糊羊肉、唐经幢、董其昌和黄道婆。可见其知名度之高，票数之集中。

三、符号的简说

地理特色：入选的松郡九峰、浦江之首和华亭湖正好组成松江"山、江、湖"的代表。"松郡九峰"是上海陆地上唯一的山林，自古以来就是游历胜地。它的历史文化厚重，唐宋以来，文人墨客、游历访客到此地的不少。现为国家旅游度假区，"佘山拾翠"为沪上新八景之一。黄浦江是上海的母亲河，起始段在松江，既是泄洪通道，也是黄金水道。华亭湖因泰晤士小镇的开发而拓宽，使异国风情的小镇景色更美。它上接沈泾塘古河道，下连市河，是古代进入松江城的水上要道。如今每年的端午龙舟赛就在此举行。"泖"应是松江的特色，未入选的"泖港泖田湿地"因未对外开放使知者甚少。

历史遗存：入选的9处中有"国保"2处(方塔、唐经幢)，"市保"7处(天马斜塔、佘山圣母大殿、云间第一楼、大仓桥、西林塔寺、照壁、清真寺)。基本上体现了松江现存遗迹的档次，也是松江"唐宋元明清，从古看到今"的主要载体。颐园未入选也缘于未对外开放。

旅游景区：入选的9处景区代表了松江目前最好的景观和项目内容，7个为国家A级景区，其中5个4A级和2个3A级。佘山国家森林公园为全国生态文化示范点。上海辰山植物园为全国科普教育基地。上海欢乐谷为全国文明旅游先进单位。泰晤士小镇属非A级景区，因其建筑与风情受人喜爱。广富林文化遗址公园还在建造之中，初露端倪的建筑已引起人们极大的关注。醉白池为上海五大古典园林之一。方塔园的设计曾荣获1999年UIA“世界建筑师大会”建国五十周年全国优秀建筑创作奖，是一个“文物集聚”的园林。上海月湖雕塑公园是上海最大的雕塑公园。上海影视乐园是“老上海”影视拍摄的外景地，全国六大影视拍摄基地之一。

文化与民俗：入选的8项各有特点，顾绣为首批国家“非遗”项目。广富林文化是介于良渚文化和马桥文化之间的一种新文化，距今4 000年，它填补了环太湖地区新石器末期的文化谱系，为“国保”单位。余天成堂创建于清乾隆四十七年(1782年)，是上海地区现存最早的老药号，为国家“中华老字号”名牌。松江大学城为上海最具规模的大学园区，8 000多亩土地上有7所高校集聚在一起。松江方言是上海方言区中覆盖面积最大，使用人数最多的一分支。“二陆”文化是西晋时期以陆机、陆云为代表的，在文学文评、诗歌、书法、楹联等创作方面趋于高峰的概括。车墩丝网版画是松江农民画土洋、古今结合开拓发展的一朵奇葩。叶榭草龙舞为国家“非遗”项目。还有7项未入选说明这部分的符号太丰富了。

近现代建筑：入选的6处建筑都有其特色。在建的“深坑酒店”，因其独特的选址和设计被誉为“跨世纪的伟大工程”，它的建造过程也被美国地理频道全程跟踪录制。神秘的“小红楼”因有80年的历史而引人关注，它是市郊最早的涉外宾馆，先后接待过多位国家领导人和中外贵宾。“漂在水上的大屋顶”、“大眼睛”、“毛毛虫”等都因设计独特而受人喜爱。未入选的韩三房、泖港斜拉桥也有其特色，前者为民国著名建筑，后者为我国斜拉桥的鼻祖。

马路街区：入选的6处，2处为上海市郊历史文化风貌保护区，3处为商业购物街区，其中庙前街和华亭老街为仿古商业街。开元地中海广场为全国社区商业优秀示范区和全国诚信单位。袜子弄是一条松江最早出现工业和手工业的街区，现在只能看到的是沿街苍老粗大的行道树。未入选的府城历史文化风貌区因正在改造还未亮相，松东路美食街也是一条特色街符号。

历史人物：董其昌为晚明南京礼部尚书，他的书法、绘画造诣在全国影响很大，他也是“云间书派”和“云间画派”的掌门人。黄道婆和陆机兄弟在此不必多说。明末清初的才子、抗清英雄陈子龙和夏氏父子入选也在情理之中。未入选的徐阶曾当过明朝首辅（宰相），是扳倒严嵩父子的功臣。陈继儒被誉为“山中宰相”，文学家、史学家，《小窗幽记》的作者。钱福是明代松江第一位状元，著名的《明日歌》作者。张照官至清刑部尚书，他的书法在清代很有权威。

近现代人物：程十发是现代著名画家、上海画院院长。史量才创造了《申报》最辉煌鼎盛的历史。侯绍裘是松江第一位共产党员。马相伯是复旦大学的创始人，第一任校长。赵祖康是上海市副市长，被誉为“中国公路之父”。陈永康是杰出的农民科学家，“老来青”晚粳稻品牌出自他手。

土特产品：入选的 6 项在目前是具有代表性的，未入选的 6 项由于受规模、产量、季节、传承、代表性等影响，但也是符号。

菜肴糕点：入选的 7 项中张泽烂糊羊肉、叶榭软糕和泗泾广利肉粽均为名菜名点的传承。百年老店——草庐酒家的面制点心和本帮菜，很受顾客青睐。鹿鸣村注重挖掘、传承松江传统糕点特色。东其昌的红蹄别有风味，多次在评比中获奖。未入选的草头塌饼和羊肉锅贴终因传承不够而舍去。

总之，要擦亮这些经典符号和元素，促进松江成为充满记忆的全域旅游目的地。

2016 年 3 月

（原刊于 2016 年 6 月 2 日《松江报》第 6 版大讲坛栏）

白牛荡

古时，三泖是与九峰齐名的松江胜景。如今，九峰犹在，三泖不再。星移斗转，泖湖变桑田。据史载，三泖按其湖面大小和形状分为长泖、大泖和圆泖。长泖在今金山、平湖一带。古长泖萦绕百余里，后逐渐淤涨成田，连平湖的当湖也不见了踪影，仅存这地名和几条河塘。大泖在今金山、松江之间。现大部分成了泖田、荡田，也仅只有几条河塘承载着浙西来水。圆泖在今松江、青浦之间。经历代疏浚，还保留着一段，称之为泖河，为黄浦江的干流。

在长泖和大泖的变迁中有一条河道叫白牛塘，史料载白牛塘水自平湖的当湖来，经嘉善向东流入枫泾后再折向北流入大蒸港，是黄浦江上游的一条支流。为何取名“白牛”，据说是因有一白牛在水中显身，怒惩贪心渔夫的传说而起。起先称“白牛荡”，后又叫“白牛塘”，在吴语中荡、塘同音且同义，故有“荡”与“塘”之异称。在宋元明时期，它是枫泾通往松江的主要水道。清后期，由于枫泾北栅外的白牛塘南北两端各有一条东西流向的向荡塘和范塘，河宽水急，冲下来的泥沙慢慢将白牛塘两端的塘口淤塞了。据《枫泾小志》载：“白牛塘长 12 里，广 3 里，狭长久淤塞成田。”清代文人沈蓉城在《枫泾竹枝词》中曾这样描述：“濮阳庙接大蒸塘，石径茅桥去可望。试问行程多少路，巫山峰数恰相当。”濮阳庙现位于蒸淀大蒸港边，名壮严寺。石径即今新浜镇南阳村的石泾弄村。茅桥即瑞龙桥，为青浦与金山的界桥。枫泾到大蒸塘边的濮阳庙，在石泾弄和瑞龙桥就可眺望，有多少路？12 里路与巫山峰数相当。宋代前的枫泾因座落在白牛塘边，曾一度叫白牛村。清时，枫泾和新浜均属松江府娄县，为松江府西南重镇。清代诗人唐天泰在《续华亭百咏(组诗)》中曾写道:“芙蓉三里水,香绕白牛村。犹有幽居者,花时独闭门。”黄霆在《松江竹枝词》中赞道:“红桥一路酒旗班,百亩荷花绕曲湾。夜半衣香人影乱,白牛塘上赛神还。”该地因地势低、河塘多,适合种植荷花,故有“荷叶地”和“芙蓉镇”的雅称。今日新浜,仍传承着这一习俗,广种荷花。

1966 年,枫泾镇和枫围乡划归金山县后,镇北的白牛塘成了三个县的界河。塘东为松江新浜乡,塘西属金山枫围乡,塘西北为青浦蒸淀乡。20 世纪 80 年代,新浜曾在此建白牛荡大队和白牛荡村,90 年代后并入林建村。

初冬季节,我来到了白牛塘边。这界塘在 200 年前是 3 里宽,解放初还有 50 多米宽,现仅剩 10 米左右了。欣慰的是紧贴河塘东侧新浜境内还存有一大片芦苇荡,面积有 75 亩之多。此时芦苇已枯黄,在朔风中摇曳,这自然景色分明是让我回到了“泖”的时代,看到了大泖的“守望之地”。冥冥之中,我仿佛看到华亭鹤回来了,在水中悠闲地寻觅着“节枯头”和“弯转”(新浜方言:小鱼和虾)。我想,能否将这荡“拽住”,不再让它消逝?

据新浜镇规划,此处为土地整治、撤村复耕之地,是丰产方示范区,利用芦苇荡建一个湿地栖息地保护区。这里正在施工,一条水泥道已铺就,道旁竖着一块施工铭牌,上写“白牛乡贤”的介绍,是一个净化水质、培育喜水物种、修复生态和适合旅游观光休闲的工程,还将展示农耕文化、农副产品和村落民居。芦苇荡中一条新建的木栈道将我们引向芦荡深处,顿感野趣十足,心情顷刻放松了下来。

2016 年 12 月

(原刊于 2016 年 12 月 29 日《松江报》文艺副刊)

心中的胜景图

也许因职业关系，我深感搞旅游离不开文化，特别是历史文化。它可启发我们，哪些可以挖掘，或可重现，成为文化旅游产品。哪些有故事可讲，或可传承。这些都是一个地区文化旅游的基础底蕴和资源宝贝啊。我比较关注松江的历史遗存或曾经有过的、现已消失的文化遗址，尤其是古代的地图。

我曾见过元明时期的松江府城图，在《华亭县志》中也看到过“三泖”的位置图。可这些地图画得简单，仅为研史者喜爱，并没有多少美感。

2011 年，在松江建县 1 260 周年之际，画家刘亨先生曾画过一幅《松江历史形胜图》长卷，将松江的一些历史遗存再现于画卷中。可那是艺术品，并不是手绘旅游地图或手绘导游图。

前些日子，去了浙江德清的新市古镇，意外地发现那里有一张彩色的新市（古仙潭）历史古迹图。该图是一位名徐传忠的老先生和他家族几代人的苦苦寻觅才绘制而成的。在不到 2 平方公里的古仙潭，竟标有仙潭自西晋成市以来的历代古建筑和景观地 415 处。七十二寺庙、七十二孔桥、三十六弄里、三潭九井十八块、仙潭十景二十胜……他将建筑名称、所处位置、建造年代、现是存是毁，都一一标注。古迹图还展现了古镇纵横交错的河湖港汊和古京杭运河，并配上花草树林，俨然是一幅美丽的水乡风韵胜景图。站在图前，我只有惊讶和敬佩！

我想，如果松江也有一幅古华亭历代胜迹图，那该多好啊！松江在南宋时期编撰的《云间志》中所列的多处宋以前的建筑，在当时就已废了。我曾查阅过宋代许尚和清代唐天泰各自的组诗《华亭百咏》，其中所咏的点各有近五分之一的景物，地处何方？无从可查。年代的久远，史料的缺失，难以查实复原，甚为憾事。

本埠文史专家何惠明先生曾于1991年著有《松江文物胜迹志》一书，书中所列松江历代文物胜迹有好几百处。峰、泖、山、水、幢、塔、桥、楼、壁、厅、堂、廊、台、阁、寺、庙、庵、观、园、碑、墓等颇为珍贵。如将此书内容改画成胜迹图，那就是一幅松江的历史胜迹图！也是我心中的古华亭胜迹图。我以为，这胜迹图是让人们直观了解松江，热爱松江比较直观、速成的“教科书”。

受到新市（古仙潭）历史古迹图的影响，或者说是刺激，近来，在我的脑海里，时常会浮现出两幅图。一幅是古华亭胜迹图，一幅是现代松江胜景图。这两幅图常常伴我入睡，也时常在梦中显现，梦醒后又让我茫然，这图还在历史中，还在文字里，也在现实中，也在我心里。它终究还未绘成胜景图。

也许是个人喜好，我喜欢手绘旅游地图或手绘导游图。十多年来收集了百多张国内外的手绘旅游地图或手绘导游图。闲暇之时，独自欣赏那一幅幅胜景美图，也是乐在其中。

2005年，我们曾请专业设计人员绘制了松江旅游手绘地图，上面标了90个松江旅游景区和旅游饭店的建筑形象标志。该图几经修改多次加印，并增加了英文版，一直沿用至今。但此图也有缺陷，所涵盖的区域太大，显得疏密不一，仅是一个个独立的标点，并没有连成片，没有绿化与河道作铺垫衔接，还是缺少美感。

我以为，手绘的胜景图还是在景区比较好表现。这些年来，方塔园、醉白池、佘山国家森林公园、新浜雅园等景区相继印制了手绘导览图，既是份导览图，又是件宣传品，还是件艺术品，充满美感。

前几天，有幸先睹了广富林的几个完工项目，在里面兜了一圈，觉得很震撼，很有味道。

在这里，我闻到了一股浓浓的历史文化厚重的泥土味，4 000年前新石器时代晚期的良渚文化特征在此被发现，并被命名为“广富林文化现象”，四年前又升为“国保”单位。在这里，时空中凝固着烟云，揭示出它是松江建县（府）以来的重镇，曾叫过富林市、皇甫林和广富林村。它穿越了

4 000 年，从远古走向今天。在这里，腾升出阵阵热气，夹杂着木材的松香味，一个名为“广富林文化遗址公园”将呼之欲出。占地 1 平方公里，几年的建设已初露端倪。

园区的中心位置仍保留着 170 亩的遗址挖掘区。不开挖时，这里展示的是松江的农耕文化。这园区的建筑有的是传承历史风格的，做得精雕细琢。寺庙、道观、亭台、楼阁、塔廊、牌坊、堑桥和徽派建筑等。有的是设计创新的，做得超出想象，独树一帜。东片区的富林湖上“漂”着三个大屋顶，你能想象出它是水下文化博物馆吗？湖底 1 400 个车位的停车库，充分利用了空间。南片区的主入口，一座名为富林塔的石垒观景建筑别具样式，有人称像一枚印章，我却感觉更像古时的烽火台。贴水石堑道及城堡式的黑渡口，苑如一座哨所，驻守在东南角。西片区沈泾塘上的石拱廊桥，分明就是一座辉煌的跨河大殿，气势不凡。瓦罐型博物馆和瓷窑展示馆，见其外形便让我们回到 4 000 年前的时光。园区西北部的合掌村是散状型的民宿区，更像 4 000 年前的村庄部落。北部的高星级酒店系中式庭院型，较好地维系了应有的天际线。我以为，整个园区设计大气，无论远眺近看，均美轮美奂。这是一个集历史文化、民俗宗教、旅游观光、休闲度假、绿色生态、商业购物和松江特色的体验经济体，它弥补了今日松江旅游产品的空白与不足，它也将与正在建造的深坑酒店一起成为松江旅游新的亮点和热点。

如在空中鸟瞰广富林，它不就是一幅美丽的胜景图吗？

如果将这一个个景区、一片片街区衔接起来，这不就是一幅现代的、我心仪的松江胜景图吗？

2017 年 2 月 8 日

（原刊于 2017 年 1—2 月合刊号《松江新城》专题栏）

“山骨水肤”引客来

明代大家董其昌在描写自己家乡松江“九峰三泖”时，曾用“九点芙蓉堕淼茫”的诗句来赞誉九峰，将其比作美丽的“芙蓉”散落在碧波荡漾的泖湖上。

明代松江名人施绍莘在《西佘山居记》开篇中写道：“吾松水肤而山骨，而林木修美，更为之衣裳毛羽焉。盖分秀于天目得其骨，借润于震泽得其肤。”于是，就有了后人常用的誉词——“山骨水肤”。它与董其昌的诗句有异曲同工之妙，将松江比作美丽的少女，天目山“分秀”的余脉——松郡九峰是她的骨架，“借”太湖之水滋润着的泖、江、河、湖、塘、泾是她的皮肤，而修美的树林更是她身上的毛羽、衣裳，显得婀娜多姿，楚楚美丽动人。

也许，松江在古时为边鄙一隅，非战略争夺要地。也许，松江是江南水乡，土地肥沃，水草丰腴。也许，是松江人的“海纳百川，兼容并蓄”，大气、热情、开放、包容和接纳，“有朋自远方来，不亦乐乎”。更也许，松江自古以来就是一个景色秀丽的游历胜地，其优美的山川风物和著名的历史名人，为文人雅士提供了吟咏的环境与对象，更为战乱中的文人提供了惬意的栖居之所。

自唐代松江建县以来，外省籍的名人雅士纷至沓来。或游历访友，或寓居迁居，或任官教授，或作诗论画，留下了不少诗文。

唐时，姑苏的陆龟蒙来了，写下了“三泖凉波鱼蕝动，五茸春草雉媒娇”的美诗。山西白居易、襄阳皮日休也来了，目睹了松江这片水草肥美、华亭鹤翩翩起舞之地，挥笔道“素毛如我鬓，丹顶似君心”和“明朝早起非无事，买得蓴丝待陆机”，寄托着对“二陆”的怀念和对华亭鹤的赞誉。时任苏州刺史的刘禹锡在闲暇之余，悠游九峰三泖，挥洒性情，在山水间留下了他的竹枝诗。留下诗篇的还有邵阳胡曾的"惆怅月中千岁鹤，夜来犹为唳华亭"和吴兴钱起的"华亭养仙鹤，计日再飞鸣"等，用地名和华亭鹤来抒发咏史之情。

宋时，苏州范仲淹和眉山苏轼来了，各以一首《江上渔者》和《松江鲈鱼》道出了松江的特色——四鳃鲈。苏轼还拜谒了小昆山的二陆读书台，挥笔写下了"夕阳在山"四个大字。

宣城梅尧臣以《过华亭》、《华亭谷水》和《怀陆机》为题抒发了自己的情感。临川王安石来了，留下了《怀陆机》和《二陆读书台》的诗篇，追忆心中的"二陆"。洪州黄庭坚也来了，挥毫写下了《过横云山渡长谷》的诗篇。

还有吉水杨万里的《莼菜》、《读笠泽丛书》和《松江鲈鱼》。吴郡范成大的《湖光亭》。休宁朱之纯的《谷阳园湖斋》和《思吴堂》。湖州张先的《松江》。钱塘沈辽的《题干山圆智寺》、《云间》和《陆机云碑》。两浙提点刑狱杨杰、莆田徐铎、南平黄裳、诸城赵挺之、鄞县丰稷在游了泖湖上朱朴隐居处后，均留下了同以《天和堂》为名的五篇诗。丹阳蔡肇在府城西南瑁湖上写了《谷阳园》。于潜僧道潜写了《华亭道中》，楚州张耒在游了干山、凤凰山后，留下了《玉窦泉》和《寄题华亭竹堂》。奉化戴表元的《瓢湖小隐》，平阳林景熙的《三泖》和《访二陆故居》。还有朱伯虎、胡松平、孙衍、朱长文、王之道等都有游历松江时的诗作。

元时，诸暨杨维桢、钱塘钱惟善、黄岩陶宗仪来了，分别写下了"天环泖东水如雪，十里竹西歌吹回"、"西望沧茫浴远天，芙蓉九点秀娟娟"和"干山盘曲带诸峰，与客寻花向此中"的美丽诗句。杨维桢的名篇《干山志》，在当代还被编入《牵着灵魂去旅行——与史上游记名家的心灵对话》一书中。他还写了《丹凤楼》、《玄霜台》、《来青览晖二楼》、《绫锦墩》和《云间竹枝诗》等游历诗。钱惟善面对九峰三泖则写下了 11 首诗，怀念二陆，见景抒情。陶宗仪也用 11 首诗描写了松江各处的景色，在松江完成了他的著作《南村辍耕录》，卒后葬于松江。而杨、钱俩人也永远地留在了天马山上，与松江人陆居仁一起，组成了胜似兄弟般的"三高士墓"。

钱塘仇远的《此山中》、临海陈孚的《望华亭》、义乌黄溍的《松江舟中二首》、杭州杨载的《竹所》、吉州欧阳玄的《乐全堂》、陆鹏南的《晚凉湖上》、聊城周驰的《松江鲈鱼》、许景迂的《咏茭白》、高晞远的《钟贾山心远堂》、傅汝砺的《方壶》、庐陵张昱的《过泖湖》等，都是在游松江时写下的诗歌。

来松寓居的文人雅士也写了不少游历松江的诗文。湖州赵孟𫖯的《松江》、宣城贡师泰的《草堂》、江阴王逢的《黄道婆祠》、《游淀山》、《乐静山房》、《书声斋》、《绫锦墩》、《怀静轩》、《山舟辞并记》和《游干山诗并记》等。还有武进谢应芳、崇德贝琼、常熟黄公望、无锡倪瓒、钱塘张雨、昆山顾瑛、秦淮马琬、江阴蔡训、扬州成廷珪、天台赖良、处州林公庆、大名秦裕伯、吴江陶振……

元末明初，松江本土的名人雅士有30多人，而外籍来松游历、访友和寓居、迁居的人数与之相当，并在知名度上盖过松江。有了贵客的融入，极大地提升了松江在“吴中”地区乃至全国的文坛地位。松江的九峰三泖之名声也得到了广为传播。

明时，宜兴徐溥、钱塘王逵、嘉善姚绶和周鼎、江阴卞荣、海盐张宁与松江曹时和曹时中兄弟共作《细林八咏(组诗)》，互相融为一体。徐霞客曾五次来佘山拜访陈继儒和施绍莘，赞佘山“佘坞松风，时时引人入胜也”，并将自己最后一次西南万里行的起始点放在了东佘山。他在《徐霞客游记》中写道“前犹东迂之道，而至是为西行之始也”。

崇德贝琼在松寓居期间，写了《漪澜堂》、《过竹岗》、《读书堆》和《干山夜泊》等。还有义乌王伟的《过泖》、婺源詹同的《饮柱颊楼》、吴县王鳌的《莼菜》和杨基的《九峰二首》、钱塘瞿祐的《过风泾》、德兴夏原吉的《登一览楼并序》、富顺晏铎的《九峰行》、太仓张泰的《昆山》、鄞县沈明臣的《泖上》和屠隆的《采花泾篇》与《游天马山》、太仓王世贞的《嘉树林》、《三泖》和《送顾舍人使金陵还松江》、王衡的《回澜台》和《题陆孝廉万言卢山畸墅》、聊城许维新的《望天马山》、《小赤壁诗并序》和《元宵》、永嘉孙华的《山歌三首》、江阴王稚登的《黄浦夜泊》等。台州李孝光、诸暨王冕、崇德宋旭等名人也先后来到了松江。

清时，钱塘袁枚将游历松江七天的感受写进了他的《袁枚日记》，并带走了29篇松江人的诗作，编入他的《随园诗话》中。太仓吴伟业写了《库公山》、《凤凰山》和《茸城行》等。秀水朱彝尊有《松江鲈鱼》和《丁娘子布歌》。长洲高翀的《壬子秋感》、永嘉翁卷的《送薛子舒赴华亭船官》等等。

来松的古代名人多得令人惊讶，他们留下了许多游历松江的诗词、散文和著作。这里罗列的仅为“冰山一角”。当然，这还不包括松江本土的、众多名人雅士的作品。

面对这“山骨水肤”的松江，宋代名人华亭知县唐询作了《华亭十咏》，梅圣俞、王安石都唱和了《华亭十咏》。元时诸暨王艮、天封段天佑也追和了《华亭十咏》。南宋本土名人许尚更是一发不可收拾，写下了《华亭百咏（组诗）》，相隔800年后的清代本土名人唐天泰步其后尘，也追和了《续华亭百咏（组诗）》。黄霆则用百首《松江竹枝词（组诗）》再现了松江府的百景，这些都是松江的历史人文和山水景色的魅力所在。

因为有百景，才会有百咏。因为是山骨水肤，才引得众星拱月。

2017年3月

第　三　辑

华亭补遗

上海地区天后宫遗存略考

天后宫，即妈祖庙，一般的称呼按皇帝的褒封庙额。如"顺济"、"天妃"、"天后"，其中"天后"为多。我国北方俗称娘娘庙，南方的称呼甚多，如圣妃宫、文峰宫、镇澜宫、朝天宫、显圣宫、龙沙宫、圣母宫、安澜侯宫……不管如何称呼，统一的标志和特征就是宫庙内供奉的是妈祖神像。

妈祖与天后宫

一、妈祖与"顺济"庙额

宋太祖建隆元年(960年)农历三月二十三日，妈祖出生在福建莆田湄洲岛。妈祖是福建望族林氏后裔，祖父林孚，官居福建总管，父林愿(惟悫)，宋初官任都巡检。妈祖也称默娘、娘妈，她自幼聪颖灵悟，成人后能识天文、懂医理，相传可"乘席渡海，预知人休咎事"，又急公好义，助人为乐，做了很多好事，深受人们的爱戴和崇敬。

北宋雍熙四年(987年)农历九月初九，年仅28岁的妈祖在一次抢救海难中不幸遇难，相传"羽化升天"。从此以后，妈祖多次显灵救助苦难。据许叶珍于清光绪十八年(1892年)汇辑成书的《天后圣母事迹图志》中48图所见，前20图述说了妈祖从出生到"羽化升天"的事迹，后28图均为妈祖"显灵救助"的事迹。另据历史资料记载，北宋宣和五年(1123年)路允迪出使高丽。途中，船遇大风大浪，"八舟七溺"，唯有路允迪"祈求妈祖保佑"而平安脱险。路允迪还朝后奏明圣上，宋徽宗下诏赐"顺济"庙额。至此，妈祖崇拜得到官方承认。从中也可见，从妈祖"羽化升天"，百姓信仰崇拜，到宋徽宗下诏赐“顺济”庙额，妈祖信仰已有 130 多年的历史，民间也已有妈祖庙了。此后，历代皇帝对妈祖进行了 30 多次的褒封，其爵位从宋代的“夫人”，元明两代的“妃”、“天妃”，清代的“天后”，直至“天上圣母”。同时，皇帝还颁诏天下行“春秋谕祭”，编入国家祀典，祀典活动也由民祭升为官祭。现在，凡有妈祖庙的地方举行祭祀活动，一般都定在每年的农历三月二十三日（春祭）和九月初九（秋祭），这正是为了纪念妈祖诞生日和羽化升天日。

二、天后宫的兴建

当年，宋徽宗下诏赐“顺济”庙额，是否有具体的指向，还是泛指，现已无从考证了。

据《天后圣母事迹图志》第 21 图记载：宋绍兴二十六年（1156 年），宋高宗赵构因妈祖显灵拯救旱灾，特封妈祖为“灵惠夫人”。第二年秋天，托梦妈祖相地宅，看中了莆田城东一块有水之地，说：“这是白湖”，少师陈俊卿受梦之托，请人验地，果然是块吉地，于是便大兴土木，庙宇很快就建成了。这应该是早期有记载的妈祖庙了。

宋代以来，随着我国沿海地区航海技术和造船技术的发达，经商的繁荣，漕运的需要，海上丝绸之路进入了鼎盛时代。在当时的条件下，航海的风险仍然是人们难以摆脱的心理障碍，于是乎不得不祈求神灵庇佑，妈祖崇拜就在这种背景下应运而生。

据史料记载，宁波建造的第一座顺济庙是在南宋绍熙二年（1191 年），天津建造的第一座天妃宫是在元代的至元五年（1268 年）。上海地区最早的顺济庙应在南宋咸淳年前就已经有了。据元初宋渤的《（顺济）庙记》称：“莆有神，故号顺济……松江郡之上海为祠，岁久且圮，宋咸淳中，三山陈候珩提举华亭市舶，议徙新之”。从中可见，庙已破旧，需商议异地新建。故自宋咸淳七年（1271 年）建造，至元代至元二十七年（1290 年）始告正式完成。它早于上海建城的前一年。宫庙名“顺济庙”（俗称“丹凤楼”），又叫“圣妃宫”。庙址在“相当于小东门外的面浦地方”（今黄浦区人民路南、丹凤路东）。

各地对天后宫的兴建，对传播妈祖文化起到了积极的作用。

三、妈祖与天后宫的影响

妈祖与天后宫的影响，有其历史性和社会根源。

一是历史悠久。自宋代以来至今已流传了1 000多年。二是传播的地域广泛，已遍布全球，凡有华人的地方几乎都有天后宫，全世界现存有天后宫5 000多座，除了相对比较集中在我国的南方沿海一带和台港澳地区外，东南亚各国也很普遍，并辐射到南非、北欧、中欧、南美、北美、澳洲等地，国内除沿海地区外，还有许多内陆省份也有天后宫，如湖南芷江、贵州镇远、辽宁锦州、江西庐山等地。许多地方原来宫庙已毁，现纷纷重建，有的地方原来没有天后宫，也在大兴土木修建天后宫。三是有广泛的社会基础。全球妈祖信众多达2亿多人，仅我国台湾地区信众就占全岛总人口的三分之二。四是妈祖信仰的精神外延扩大。妈祖不单是海神，而且是救灾、御寇、抗旱、防洪、赈济、治病、去魔、孕嗣的多功能女神，中国历史博物馆民俗专家李露露的《妈祖信仰》就曾作了全面描述。五是妈祖文化研究方兴未艾。对妈祖的讨论和研究，明清两代已经开始，而用哲学社会科学的视野对妈祖进行研究，则开始于20世纪。现研究机构众多，文章层出不穷。据郑丽航、蒋维锬主编的《妈祖研究资料目录索引》(2005版，海风出版社)，1949年至2003年中就有4 080条目录可查。2004年成立的"中华妈祖文化交流协会"对研究、传播妈祖文化，弘扬妈祖精神无疑将起到积极的作用。

历史上上海地区的天后宫

唐天宝十年(751年)，吴郡太守赵居贞奏请划本郡昆山南境、嘉兴东境、海盐北境之地，置华亭县。元至元十四年(1277年)升为华亭府，翌年改为松江府。至清嘉庆十年(1805年)演变为1府(松江)、7县(华亭、上海、青浦、娄、奉贤、金山、南汇)、1厅(川沙)。现在上海地区众多区县均隶属当时的松江府。

天后宫在史料上有诸多记载。从时间上推算，上海地区自宋、元、明至清，建有14座天后宫，除崇明3座外，有11座分布在原松江府地区。他们是：

1. 圣妃宫。明正德七年(1512年)编纂的《松江府志》中有"圣妃宫，府南仙鹤观侧"，查宋绍熙《云间志》载："仙鹤观，在县南二百步，绍兴三十一年(1161年)复建。"地址在现松江针织十厂处,现已无遗迹。有学者对其建筑年代进行研究,得出"发生在明之前而不是之后","应发生在宋代"。笔者在此引用。

2. 南圣妃宫。据正德《松江府志》卷十五所载:"南圣妃宫　　在市舶司之左"。卷十一所载:"上海县治,旧市舶司也。元初立县,治于镇守衙,即故宋榷场地。"(即今黄浦区光启路北段的原上海县署之左)。据嘉靖《上海县志》所载:"南圣妃宫,在顺济庙南,顺济又名圣妃宫,人呼此为南圣妃宫言。"据学者研究,应建于宋咸淳七年(1271年)前,现已无遗迹。

3. 顺济庙。俗称丹凤楼,又称圣妃宫。宋咸淳七年(1271年)建造,至元代至元二十七年(1290年)完成,庙址在今黄浦区人民路南、丹凤路东。一说在今阳朔路、高桥路相交之间。元代以后称"天妃宫"。明初,朱元璋实行严厉的海禁政策,禁止或限制近海作业和航运,上海的航运业随之衰落,天妃宫也骤然冷清下来。1553年,上海为抵御倭寇而兴建城墙,位于城墙东北角的敌楼护军台正好要筑于"天妃宫"上,庙宇建筑不得不拆除。倭寇平息后,上海士绅在护军台上重建庙宇,称之为"丹凤楼"。此处成为上海的一个制高点,在上面眺望,浦江景色尽收眼底,于是"凤楼远眺"被列为"沪城八景"之一。清代,"丹凤楼"改称"天后宫"。1853年小刀会起义,天后宫再度被毁。1861年后天后宫被划入法租界范围,因已不属中国地方的统辖管理,再建之事变得难以插手,无人问津。从此,这里的天后宫也就烟消云散了。

4. 南汇天后庙。据清《松江府志》卷十八中记载:"在南汇嘴,明洪武二十八年(1395年)千户陈斌建。"

5. 崇明西门天后宫。座落于崇明南门镇西门村施翘河边的天后宫,是崇明岛上三处天后宫中规模较大的一座。施翘河南与长江相接,名三沙洪,古代原是个渔港,明代郑和下西洋时这里曾做过船队的锚地。明万历年间(1573—1619年),天后宫从后州南迁来。一说崇明天后宫是元代漕运因祭祀的需要而建的,但年代无处考证。现存天后宫是清代所建,有正殿、后殿和附属庙屋11间,殿内梁枋上还留雕刻,20世纪90年代曾修葺过。河边修了大型的防洪水闸,河堤增高,使天后宫更不起眼了。

6. 金山天后宫。据清《松江府志》卷十八・金山志中记载:"天后宫　在城南海上嘴指挥佥事徐广建后指挥使刘惠佥事常贡总督陈潘相继修葺　国朝顺治三年(1646 年)总兵李成栋参将张道瀛修。"

7. 崇明堡镇天后宫。位于堡镇南路 83 号的天后宫,建于清雍正年间(1723—1735 年),四合院式,有正门、戏台、大殿、看楼。解放后,这里成了一个工厂。2004 年前去探究时,天后宫已不复存在,夷为平地了,在北边的一幢厂房里,供奉着观音佛像,天后宫原址现已改造成为观音庵,正在修建。

8. 金山嘴天后庙。据清《松江府志》卷十五中记载:"天后庙　在金山嘴祀,敕封护国庇民妙灵顺应宏仁普济天妃国朝雍正十一年(1733 年)载入祀典。乾隆二十三年(1758 年)敕封天后岁春秋二仲月上亲日致祭。"

9. 娄县天后庙。据清《松江府志》卷十七・娄县志中记载:"天后庙　在西门外,旧传庙基即朱谔故第后为曾居日圣为庵,国朝康熙中改建乾隆十二年(1747 年)修。"

10. 虹口下海庙。位于虹口区昆明路 73 号的下海庙,曾称夏海庙,义王庙,始建于清乾隆年间(1736—1795 年),占地 726 平方米,起先它是一座妈祖庙,正门为原物,正对现在的海门路,距黄浦江约一公里。嘉庆年间(1796—1820 年)庙宇荒芜无主,后改为尼庵,沿用原名。咸丰四年(1854 年),购地 5 450 平方米,建屋 20 余间。光绪二十一年(1895 年)起又建屋 10 余间,后庙屋毁于"八・一三"日军炮火。民国 30 年(1941 年)由桂生法师重建,占地 5 838 平方米,房屋 36 间,自用 19 间,出租 17 间。1990 年,耗资 70 余万元修缮,翌年 1 月 31 日正式开放。下海庙现占地 8 亩多地,主殿供奉的是四神六道,释迦牟尼、观音等佛教临济宗,妈祖、财神、城隍等均为护法神,不占主殿位置。

11. 川沙天后宫。据清《松江府志》卷十八中记载:"天后宫　在西城门内,乾隆五十年(1785 年)川沙营川将黄楷率属捐奉倡建。"

12. 崇明协隆天后宫。在崇明陈家镇协隆村的天后宫,建于清咸丰年间(1851—1861 年),占地 5 亩多地,现仅存正殿,并已改名为安乐园,殿内供奉的是释迦牟尼、观世音佛像等,妈祖神像早已不复存在了。

13. 苏州河天后宫。位于闸北区北苏州路、河南路桥堍处,建于光绪九年(1883年),翌年建成。系原位于上海小东门、十六铺一带的顺济庙(元代天妃宫,清代天后宫)易地重建的,名“天后宫”,宫庙占地5 994平方米,天后宫坐北朝南,面临苏州河,但因南边通道被挡,故大门东向,开在河南路上,为河南北路3号。天后宫内部的建筑从南向北大致如下:头门戏楼、东西厢房、看楼、钟、鼓亭、大殿、寝宫楼。在戏楼与大殿间,是一大庭院,院中置大香炉,大殿即天后娘娘所在。天后像高高在上,左为观音菩萨,右为“三清尊神”:中间是“元始天尊”(天宝君),右边是“灵宝天尊”(太上道君),左边是“道德天尊”(太上老君)。钟、鼓楼里各有一神,即“顺风耳”、“千里眼”,这两神是天后宫的护卫神。1977年,具有清代殿宇建筑特色的大殿,因建山西中学的需要,被完整地迁往松江方塔园内作为文物建筑保护起来。现址遗存戏台、西看楼及南部清砖门墙,并成为居民住宅。

14. 三山会馆。建于清末宣统元年(1909年)的“三山会馆”,原是福建水果商人营建,用以聚会和奉祀天后的地方,故又名“天后宫”。“三山”馆名取意于福建省城福州城中有三山,即东九仙山、西闽山、北越王山(又一说为于山、冶山、乌石山),此说出于北宋文学家曾巩的文章,曾巩曾出任过福州的地方官。

会馆原建筑处在半淞园路239弄行安弄15号内,被包围在深巷民居之中。南面进门围墙为一青砖雕刻照壁,临一天井,坐北朝南巍然立起一座红砖建造的高大门楼宅第建筑。门框砌青石,上方嵌以横形巨石,上阴刻“三山会馆”,再上方嵌以雕花竖石,中间呈现“天后宫”三字,今雕花已遭损毁,看不出花纹面貌。在门两边墙基上垒着大形方石,石上都有精美的浮雕,古朴清雅,极含装饰意味。会馆内有戏台,天井、二楼厢房、大殿,原塑有妈祖及家人塑像,中间设祭台,供奉妈祖,两边塑有历代名贤像。

1927年3月21日上海工人第三次武装起义时,曾据此为指挥部,现为市级文物保护单位。1985年辟通中山南路,三山会馆的大殿往南移位10米,修复还原,并改由中山南路1551号为出入处。今在这一历史建筑内,建立上海民间收藏品陈列馆,展出了各种带有民俗性质的大量展品,将原来福建同乡人奉祀天后及聚会议事的地方,沿袭民俗文化传统历史,变成了广泛开展民俗文化研究的场所，妈祖神像已不复存在。

上海地区现存天后宫遗迹

综上所述，上海地区历史上曾经有过和现存的天后宫有14处之多，并非如有人所说是只有3处。这14处现可分成二类。一类为无遗存的仅剩少数文字档案记载的，共有9座，它们是：圣妃宫、南圣妃宫、顺济庙、崇明堡镇天后宫、金山嘴天后宫、娄县天后庙、金山天后宫、南汇天后庙、川沙天后宫。另一类为有遗存的，共有5处，他们是：崇明西门天后宫、崇明协隆天后宫、虹口下海庙、三山会馆和上海天妃宫（包括松江方塔园内的天妃宫大殿和苏州河天后宫遗迹）。而这5处遗存，又可分为三种类型：第一种是有建筑遗存，但已无妈祖神像。如崇明协隆天后宫和三山会馆；第二种是有建筑也有妈祖神像的，但妈祖神像已作为陪衬或护法神，不占主导地位。如崇明西门天后宫、虹口下海庙；第三种是上海天妃宫（即现松江方塔园内天妃宫和苏州河天后宫遗址），下文就这仅有的5处天后宫遗存作一简述。

1. 崇明协隆天后宫和三山会馆

协隆天后宫现仅存原物为大殿，现已改名为安乐园，供奉的是佛教神像，已无妈祖神像。

三山会馆虽有"天后宫"的石刻碑记，但内已无妈祖神像，现已移作他用，因曾作为上海第三次工人起义的指挥部，故恢复原状比较困难。但如能兼顾两者，则相得益彰，上海现有80万闽商、30万台商，恢复妈祖神像应该是件好事。

2. 崇明西门天后宫和虹口下海庙

崇明西门天后宫系清代翻建，大殿外墙石板上刻有"天后宫"字样。但大殿内供奉的是观音菩萨。妈祖神像已移至殿后南侧一间仅10平方米的耳房内，神像简陋，供品甚少，一副萧条的样子，可以说是"喧宾夺主"，已不是真正意义上的天后宫了。现崇明已在西南端规划建设一个面积达10平方公里的"明珠湖"生态度假区，如将施翘河边的天后宫，还本清源，河南边的三沙洪边竖"郑和下西洋锚地"碑亭，增加一些文化内涵，不失为“明珠湖”增色之举。

虹口下海庙的西厢房，一字排开有三间房，北间安放的是城隍爷和城隍娘娘，中间一间较大，安放是的财神爷，南间安放的是妈祖，作为下海庙的护法神供奉于此，已不占主殿的位置。妈祖殿约 20 平方米，妈祖神像、神龛、供桌、匾均为信众捐赠，金碧辉煌，管理的较好，但也已不是真正意义上的妈祖庙了。

3. 上海天妃宫

前身为原位于上海小东门、十六铺一带的顺济庙，咸丰三年(1853 年)毁圮。光绪九年(1883 年)易地上海北苏州路河南路桥堍重建，名天后宫。1977 年，因建山西中学需要，天后宫楠木大殿整体移至上海松江方塔园内，更名为“天妃宫”。更名缘由可能是“天妃”庙额早于“天后”的缘故。因顺济庙自元代后称“天妃宫”，这样，也就在名称上与之相连接了。

现座落在上海松江方塔园内的天妃宫，大殿俊秀，飞檐翼角，基座坦荡，台阶开阔，举架高耸，面宽至楹，廊道萦回，梁柱粗硕，轩昂伟岸，气势恢宏，存庙堂肃穆之气。大殿面积 330 平方米，殿高 17 米，砖木结构，雕刻精致华丽，体现了晚清时期的建筑特色。1993 年 10 月，天妃宫被公布为松江区文物保护单位。自 1980 年迁移成功后，天妃宫被当作茶室供游人休息。2001 年，政府出资 87 万元，对天妃宫进行了大修。2002 年 9 月，天妃宫内的原有文化内涵和功能得以恢复，同时举行了“浦江妈祖”开光典礼、天妃宫重新开放仪式，并举办了全国性的“首届浦江妈祖文化研讨会”，来自上海、天津、宁波、福建、台湾、澳门、青岛、无锡等地妈祖界人士及学者参加了研讨会。会后，上海社科院《学术月刊》还以“增刊”专集的形式汇编了研讨会的论文 17 篇。

今日天妃宫内，妈祖神像系国内最大的软装坐像(木制)，由福建湄洲祖庙分灵，两边各站有一位侍女，背后的龙凤刻屏金碧辉煌，贴金供桌，十八般兵器，神幡样样俱全，铜制顺风耳、千里眼护卫左右，两面墙上悬挂着妈祖圣迹图 6 幅，历代褒封表和汪道涵先生题词。悬梁上有 7 块大型匾额，分别系湄洲祖庙、台湾大甲镇澜宫、北港朝天宫及信众捐赠，还有当代书法家吴建贤、陈佩秋、周慧珺等书写的匾额、楹联。另还有台湾大甲镇澜宫、北港朝天宫分灵的妈祖神像供奉于台前。妈祖平安牌、平安带、千灯经座分列基座两边，宫外一对旗杆高耸于左右，护卫石狮、大鼎、香炉、天妃宫与妈祖简介、信众功德榜石刻分列两边，设施基本复原并有新的增加。

综上而言，上海天妃宫是现存遗迹中最完善的，真正意义上的天妃宫。但也存有缺陷，它仅有一座大殿，没有附属设施。而在苏州河边的原址上，还存有戏台、西看楼及南部青砖门墙。

2001 年，在苏州河整治过程中，能否让天后宫重相聚，即主体部分（在松江）和附属建筑（在苏州河畔）长期"分居两地"能否解决的问题被重新提及。同济大学建筑系教授常青先生认为："作为晚清建筑的一部分，天后宫还是具有颇高的保留价值……主殿天妃殿造工精细，用料讲究，体现了晚清建筑的特色和精湛工艺，具有较高的艺术欣赏价值，如能使主殿与戏台、看楼、寝宫等附属结构重新聚合，形成天后宫一组建筑，将更有利于维护并发挥其历史景观作用。一是采取易地保护的方式，即将天后宫原址剩余建筑，包括室外小品悉数迁至方塔园。这种方式相对现实可操作，既保护了天后宫作为古建筑文物的完整性，使分离二十多载的建筑终得团圆，又适应上海城市发展的现实需要，让苏州河沿岸日益升值的土地获得充分利用。另一种途径是采取原地保护的方式，保留天后宫原址、原貌，然而，原址缺了天妃殿，就如同故宫里没有太和殿，空余残骸，无法发挥原有功能，而远在松江的天妃殿则显得冷清孤伶。当然，也可让天妃殿搬回来，但此举没有必要，经济代价大。"

2006 年 6 月 1 日、7 月 24 日和 8 月 7 日《新民晚报》曾三次载文，《青年报》8 月 4 日也载文报道：位于河南路天后宫原址居民被动迁，遗址建筑已被拆，出于市政建设的需要，对这一文物采取异地保护的方案已经过多方论证，古戏台拆下的部件全部编号，日后将另行选址重建。

其实，按常青教授的意见，悉数将遗物建筑迁入方塔园是一种明智的选择，方塔园天妃宫北面，有一儿童乐园，占地 7 亩多地，将儿童乐园迁至方塔园东北角的空地，将其地用于建天妃宫的东西厢房、后殿、展览室等，是很合理的设想。在此地集中展示妈祖民俗文化，建民俗博物馆或设台胞联谊会、台商协会会址等，对促进两岸文化交流、经济交流、吸引台资、营造良好的投资环境，给予台商以“家”的温暖，形成方塔园的旅游文化资源特色，都是极为有利的。

天后宫在现实社会中的作用

天后宫在现实社会中具有多个作用。

1. 具有传承妈祖文化，弘扬妈祖精神的作用。天后宫是妈祖文化、妈祖精神传承和弘扬的一个载体，这种文化和精神通过天后宫得以传播。妈祖是一种特定的文化现象，她虽是通过天后宫得以传播，但她不是宗教，妈祖由人转变为神，被人供奉，往往给人以宗教的感觉。她有宫庙、神像，还有祭拜仪式，具有宗教的元素，但她不属于任何宗教和教派。说她是“文化”，最能佐证的是，它是民间信仰，它以民间团体的形式出现，2004年成立的“中华妈祖文化交流协会”很能说明此观点。文化部主管、民政部注册为人民团体组织(协会)。另外，全国各地许多地方的“天后宫”都以民俗学、民俗博物馆的形式出现，管理上归属于文化事业系列。因此，妈祖文化是中华民族的优秀文化瑰宝。

2. 具有敦化人类的作用。妈祖不仅以海上保护神而被人崇拜，而且是救灾、御寇、抗旱、防洪、赈济、治病、去魔、孕嗣的多功能女神。她身上所表现出来的助人为乐、见义勇为、自强不息、诚信知报、厚德载物、护国庇民、和谐共处等品质不正是我们这个时代所需要的吗？在全面实施《公民道德建设实施纲要》，在共建和谐社会的进程中，在倡导“讲八荣、戒八耻”的教育活动中，运用中华民族这个历史文化和精神敦化人类，正是和谐社会所倡导的。

3. 具有保护国家非物质文化遗产的作用。2006年5月，国家颁布了第一批国家级非物质文化遗产名录共518项，“妈祖祭典”也列入其中(序号484，编号Ⅸ—36系民俗系列)，在构建和谐社会的过程中，祭黄帝、炎帝、成吉思汗、女娲、大禹、敖包、祭孔、祭端午，并由民祭改为官祭。“妈祖祭典”原载入国家祀典，现也得以恢复，并在祭文中赋以新的内容。祭典仪式一般都是在天后宫前进行，如无天后宫，祭典一般就难以进行。“保护”也就无从谈起。另外，天后宫一般建造年代均在清代之前，大多数属文物保护单位，因此，对现有的天后宫遗存应多加保护，拆了也就没了。上海地区的保护工作更显重要，因为遗存太少。

4. 具有吸引台资发展经济的作用。天津每两年举办一次“妈祖文化旅游节”，节间，都要举办经贸洽谈会。并有多个引资项目签约，“天津康师傅”就是个典型代表。辽宁营口与台商谈判时，台商对营口的唯一要求是建造一座天后宫。

5. 具有推动旅游发展的作用。国外旅游观光看教堂、博物馆，国内旅游观山水、看寺庙，这是国内外旅游的普遍现象，因为它有生命力，缘由就是它能反映一个国家、一个地区的文化底蕴。妈祖文化旅游节是福建的六大品牌之一，是天津的主打品牌，各地利用天后宫为发展当地旅游起到积极作用。最典型的要数 2005 年 5 月，国民党主席连战来大陆，到南京后曾去南京下关区天后宫撞钟，而这个天后宫则是刚花了 1.2 亿元修复成的。天津妈祖文化旅游节时，有一千多名台湾信众赴津参加踩街活动，场面非常热烈。福建湄洲岛正是因为有妈祖，才被批准为国家旅游度假区。青岛天后宫每年有 80 万人的旅游团进宫朝拜，每天将这小小的宫庙挤得水泄不通。

结束语：妈祖和天后宫被世人所敬奉，有它的历史根源和社会基础，作为一种民间信仰世代相传。当今妈祖文化的作用也清晰可见，并已引起相关方面的重视。上海地区早在宋咸淳前就已有奉祀妈祖的庙宇，元、明、清期间各处又修建了十多座天后宫。现存的宫庙已甚少，作为国家非物质文化遗产之一的“妈祖祭典”的组成部分，急需加以保护，并应弘扬光大。

2006 年 8 月 8 日

参考书目：

1. 清光绪十八年(1892 年)，《天后圣母事迹图志》，许叶珍汇辑。

2. 清《松江府志》卷十五—卷十八。

3.《学术月刊》，上海社会科学界联合会，2003 年增刊《妈祖文化研究专辑》，樊树志、何泉达、郑祖安、高红霞、贺逸夫的文章。

4.《黄浦江畔的民俗与旅游》，徐华龙等著，旅游教育出版社，1996 年 1 月版，第 11—14 页。
5.《上海风物古今谈》，杨嘉佑著，上海书店，1991 年 12 月版，第 196 页。

（原刊于 2006 年 9 月 20 日《松江史志资料》第 22 辑。后编入《华亭旧闻》第 258—269 页）

清代袁枚《随园诗话》中的松江诗人之作

袁枚，清乾隆年间诗人，性灵诗派的代表人物，著有《随园诗话》等十来种诗集，性灵诗派崇尚晚明的主情传统，故此，《随园诗话》所集诗人多与“道统”文学观相对，诗作也多以抒发人的真性情为要素。

《随园诗话》共有26卷，其体制分为条排列，每条或述一评或记一事，或采一诗（或数诗），乃随笔式，有2 000多条。其中涉及到松江籍或客居、任官于松江者有近30条，摘录如下：

（一）卷二之六三（节录）

咏物诗无寄托，便是儿童猜谜。读史诗无新义，便成《廿一史弹词》；虽着议论，无隽永之味，又似史赞一派：俱非诗也。余最爱常州刘大猷《岳墓》云：“地下若逢于少保，南朝天子竟生还。”罗两峰咏《始皇》云：“焚书早种阿房火，收铁还留博浪椎。”周钦来咏《始皇》云：“蓬莱觅得长生药，眼见诸侯尽入关。”松江徐氏女咏《岳墓》云：“青山有幸埋忠骨，白铁无辜铸佞臣。”皆妙。尤隽者，严海珊咏《张魏公》云：“传中功过如何序？为有南轩下笔难。”冷峭蕴藉，恐朱子在九原，亦当干笑。

（二）卷三之五

松江曹黄门先生陆夫人，自号秀林山人。归先生时，年才十七；奁具旁，皆文史也。尤爱《楚词》，针黹暇，必朗诵之。侍婢私语曰：“夫人所诵，与在家时何异？”先生因赠诗云：“幽意闲情不自知，碧窗吟遍楚人词。添香侍女听来惯，笑说书声似旧时。”因戒夫人曰：“卿爱屈子词，此生不当得意。”已而果亡。先生为梓其《梯山阁遗稿》。《冬日病起》云：“病里生涯百事赊，一弦一柱谱《平沙》。弹来却怪人偷听，闲倚栏杆看雪花。”《寄外》

云："烟水迢迢泛木兰，寒风残雪怯衣单。客裘自着江边雨，莫作临行泪点看。"余闻方问亭宫保，少时亦爱《离骚》。自忏云："爱读《离骚》便不祥。"其后功名显赫。然则黄门先生之言，亦未必尽然与？先生讳一士，官御史。

（三）卷三之七八

己酉夏间，鳌静夫图明府与张荷塘过访随园，蒙见赠云："太史藏书地，因山得一园。西风吹蜡屐，凉雨叩蓬门。霜重枫将老，秋酣菊已繁。十年荒旧学，诗律待深论。"此诗虽成，逾年不寄。直至鳌公调任金山，余过松江，舟中相晤，方出以相示。予问："何不早寄？"曰："荷塘道不佳。"余笑曰："此诗通首清老，一气卷舒，不求工于字句间。古大家往往有之，颇可存也。想荷塘引《春秋》之义，必欲责备贤者，诱出君惊人之句耶？"彼此辗然。鳌第三句是"西风吹倦客"。荷塘道："'倦'字对不过'蓬'字。"为改作"西风蜡山屐"。余道："'蜡'字又与'风'字不相联贯，不如改'西风吹蜡屐'，益觉清老也。"

（四）卷四之三八

古闺秀能诗者多，何至今而杳然？余宰江宁时，有松江女张氏二人，寓居尼庵，自言文敏公族也。姊名宛玉，嫁淮北程家，与夫不协，私行脱逃。山阳会行文关提。余点解时，宛玉堂上献诗云："五湖深处素馨花，误入淮西估客家。得遇江州白司马，敢将幽怨诉琵琶？"余疑倩人作，女请面试。予指庭前枯树为题，女曰："明府既许婢子吟诗，诗人无跪礼；请假纸笔立吟，可乎？"余许之。乃倚几疾书曰："独立空庭久，朝朝向太阳。何人能手植，移作后庭芳？"未几，山阳冯令来。予问："张女事作何办？"曰："此事不应断离。然才女嫁俗商不称，故释其背逃之罪，且放归矣。"问："何以知其才？"曰："渠献诗云：'泣请神明案，容奴返故乡。他时化蜀鸟，衔结到君旁。'"冯故四川人也。

（五）卷四之六九

松江张梦喈之妻汪氏，名佛珍，能诗而有丁才。梦喈外出，有偷儿入其室；汪佯为不知，喈曰："今夕赖得某在家相护，可无忧矣。"某者，其戚中之有勇力者也。偷儿闻之潜逃。夫人佳句，如《对月》云："万户恍临城不夜，千年惟有兔长生。"《对雪》云："自携尊酒酬滕六，莫损篱边竹外枝。"两子兴载、兴镛，皆能诗。来江宁秋试，兴载见赠云："海内论交皆后辈，江南何福着先生？”兴镛见赠云：“绝地通天双管擅，登山临水一筇先。”人夸其妙，不知皆母训也。兴载云：“桐乡有程拱宇者，画《拜袁揖赵哭蒋图》，其人非随园、心余、云松三人之诗不读。”想亦唐时之任华、荆州之葛清耶？程字墨浦，廪膳生。

（六）卷五之五二

诗家活对最妙。宋人《赠某》云：“每怜民若子，还喜稻成孙。”真山民咏《杜鹃》云：“归心千古终难白，啼血万山都是红。”华亭李进《哭友》云：“诔词作自先生妇，遗稿归于后死朋。”五介祉咏《牡丹》云：“相公自进姚黄种，妃子偏吟李白诗。”李穆堂《贺安溪相公生子》云：“其间原必有，几日辨之无。”沈淑园《登陶然亭》云：“每来此地皆重九，有约同游至再三。”胡宗绪祭酒《赠友》云：“两人拍手齐大笑，一路同行到小姑。”皆活对也。

（七）卷六之五五

松江有徐媛者，十峰先生之女。黄石牧太史述其《续绣余集》一绝云：“仰视天无星，俯视月如霜。月正人影短，月斜人影长。”其母张夫人能诗，所云《续绣余》者，以母夫人先有此集名也。

（八）卷六之五六

黄石牧太史未遇时，馆于青浦盛氏。范笏溪先生访之，为阍人所阻，懊恼而返。华亭至青浦，已百里矣。黄知之，深不自安。赠诗云：“高鸿渺渺过无迹，凡鸟匆匆去未题。妒杀绿杨丝万缕，曾牵范舸在长堤。”后海宁陈文简公延石牧于家，范所荐也。范于黄为先辈。范卒后，黄为序其《四香楼诗集》，而述其在叶忠节公席上《赠欠山》诗云：“有客夜归迷旧路，隔村树黑远疑山。”

（九）卷八之八三

松江顾小崖先生，讳成天，康熙丁酉举人。世宗簿录某大臣家，得其哭圣祖诗，有“已增虞舜巡方岁，竟少唐尧在位年”之句。遂钦赐编修，上书房行走。乾隆二年，以老乞归，上加侍讲衔，年八十二而卒。亦诗人异数也。

（十）卷九之二四

松江王太守名祖庚，与乃祖文恭公同日生，故号生同。丁未进士，终身以不入词馆为恨。两子皆入翰林，而先生不乐也。与彭芝庭尚书，同出尹文端公门下。有《纳凉闻笛》云："碧空如水净无云，斗转参横夜欲分。长笛不知何处起，好风偏送此间闻。江梅片片伤春暮，岸柳丝丝绾夕薰。曲罢无端倍惆怅，阶前凉露湿纷纷。"亦同余召试友也。

（十一）卷九之五五

云间沈大成，字学子，皓首穷经，多闻博学；尝见古庙有九原丈人之碑，不知所出。后阅《十洲记》，始知乃海神，司水者也。因作《九原丈人考》一篇。《赠邵檀波》云："异书勘后兼金重，古砚磨多似臼深。"《即事》云："楼头风定钟初动，湖上云开舫渐行。"

（十二）卷一〇之七二

余病广州。乐昌吴公世贤，每公事稍暇，必至床前问讯。余爱其诗笔清丽，可作陈琳之檄。咏《钓竿》云："淇园　　折新技，人到忘机鸥鹭知。风雪寒江应忆我，英雄末路悔抛伊。"《羽扇》云："常使指挥天下事，不羞憔悴月明中。"《皮蛋》云："个中偏蕴云霞彩，味外还余松竹烟。"吴号古心，松江人。

（十三）卷一二之二

人人共有之意，共见之景，一经说出，便妙。盛复初《独寐》云："灯尽见窗影，酒醒闻笛声。"符之恒《湖上》云："漏日松阴薄，摇风花影移。"女子张瑶英《偶成》云："短垣延月早，病叶得秋先。"郑玑尺《雪后游吴山》云："人来饥鸟散，日出冻云升。"顾文炜《立夏》云："病骨先愁暑，残花尚恋春。"女子孙云凤《巫峡道中》云："烟瘴寒云起，滩声骤雨来。"沈大成《登净慈寺》云："花气随双屐，湖光纳一窗。"姜西溟《野行》云："桥欹眠折苇，槛倒坐双凫。"

（十四）卷一二之一九

松江何啸客有《西湖诗》四十首，或诵二首云："秦亭山头暖气匀，秦亭山下早梅新。嫁郎愿嫁秦亭住，占得梅花第一春。""长短兰桡拂渚汀，声声箫鼓集西泠。为谁唱出《桃花曲》？尽着萧郎帘外听。"

（十五）卷一三之九（节录）

……其时同荐者，有松江廪生陈迈睛，亦奇才也。场后赋百韵诗来谒，惜未存其稿，先吴卒……

（十六）卷一四之四四

蒲城雷国楫，字松舟，撰《龙山诗话》二卷，官松江丞；有"云行花荡水，风动草浮山"之句。彭芝亭先生赠以诗云："官阁哦诗思不群，一编风雅抗吾军。情亲吴会山间友，身带函关马上云。吊古频怀杨伯起，论诗应继杜司勋。箧中剑气双龙跃，那向江头看夕曛。”

（十七）补遗卷一之二六

秋霜初下，木叶未凋，而浮萍先悴。松江张梦喈之女玉珍有句云：“梧阴尚覆阶前草，秋信先残水面花。”虽眼前景，无人道过。又《赠归燕》云：“空巢为汝殷勤护，重到休迷故主楼。”真仁人之言。玉珍嫁太仓秀才金瑚，有孝子之称。

（十八）补遗卷一之三〇

松江提督张云翼，以公侯世职；而《严滩》一首，独出新裁。其词云：“漫整荷衣拜逸民，滩声犹自动星辰。富春近日谁渔父？天子当年有故人。名到先生才是隐，贤如光武不称臣。只因普作梅家婿，外氏家风爱隐沦。严先生为梅福之婿，事见《逸史》”又：“明月到楼忘是夜，桃花无水不成春。”俱有意思，不似贵人笔墨。

（十九）补遗卷二之四七

上海曹锡辰眉毫尽落，曹赠眉以诗云：“汝能速反乎？吾将报汝以扬伸卓竖，誓不与汝颦蹙低攒。汝来否乎？吾将迟汝于天台、雁宕之间。”

（二十）补遗卷四之四二（节选）

武臣能文，皆太平盛事……松江提督陈公树斋大用《阅兵皖江登大观亭》云：“浩浩长江天际横，地连吴楚一波平。苍茫草树速遥浦，历落帆樯趁晚征。斜日堕城千堞迥，渔灯点水乱星生。不知多少英雄事，都付潮声彻夜鸣！”《寄怀程也园》云：“今宵夜气剧清寒，底事逡巡欲睡难。明月满庭花树静，料应词客也凭栏。”两公位登极品，而风貌秀整，谦若书生；皆蒙其先来见访。《毛诗》曰：“惟其有之，是以似之。”其斯之谓欤？

（二十一）补遗卷四之五七

华亭吴钧诗云：“藤梢橘刺罥烟鬟，芍药捎裙露未干。昨夜剪刀寻不着，晓来横在竹栏杆。”思致幽隽，于艳体中，独辟一境。吴盖吴松四布衣之一也。

（二十二）补遗卷五之三六

松江李砚会刻其亡姊一铭心敬及子妇归树懋仪佩珊二人诗，号《二余集》，曹剑亭给谏为之作序。一铭嫁常熟归氏，早卒；懋仪乃一铭所生，仍归李氏。集中《晚眺》云:"垂柳斜阳外,如眉媚态生。因怜双黛薄,羞对远山横。"懋仪《赠玉亭四姑于归》云:"闻道云英下九天,翠蛾新扫倍生妍。定知茂苑无双士,始配瑶华第一仙。玉镜晓妆花并笑,金樽夜泛月同圆。征兰他日符佳梦,应见云芝茁玉田。""咏絮清才拟谢家,神争秋水貌争花。鸡晨问寝常携手,雨夜联诗共品茶。君在潇汀吟水月,我归江海玩烟霞。萍踪重聚知何日?回首乡关感岁华。"《夜泊》云:"旷野秋清夜寂寥,明星几点望迢遥。双轮历碌才停响,又向江头听暮潮。"《送粮艘出海》云:"无事量沙成万斛,但闻挟纩遍三军。"雄伟绝不拟闺阁语。剑亭有女洪珍,咏《月中桂》云:"万古此秋色,一无生异香。"亦有奇气,惜不永年。

(二十三)补遗卷五之三七

余第五女,嫁六合汪氏,家信来云:松江廖织云女史,汪氏戚也,索余《诗话》,愿来受业。余问其门楣,方知是合肥令廖古檀之女,素以诗画擅长,嫁马氏而寡,古檀有《盥香轩诗话》。故是风雅门风,以画册见贻。题《白桃花》云:"五更风雨惜秾春,晓起看花为写真。双颊断红浑不语,可怜最是息夫人。"《杏花》云:"社后春将闹,风吹蕊欲肥。美人帘外立,初试水红衣。"织云札来云:其表姊徐馨山庄焘,亦工诗画,爱随园诗,有私淑之心。何松江闺秀之多,而老人佛缘之广耶?

(二十四)补遗卷七之二〇

上海女士朱文毓于归王氏,《抚孤甥》云:"母死谁怜汝?相携更痛心。呱呱啼不止,犹是姊声音"此即元遗山"阿婕怀袖阿娘香"之意。吴兰雪《到家祝母寿》云:"母曰儿归好,连朝鹊噪频。还将生日酒,醉汝到家人。"周婉《到家见母》云:"要见慈亲急步行,隔墙先已识儿声。升堂姊妹一齐问:几日扁舟出石城?"吴夫人《调兰雪》云:"满身蝴蝶粉,知是看花回。"四诗,皆天籁也。

(二十五)补遗卷七之二八

松江女史庄焘,廖织云之戚也。《季春归家》云:"孤帆乍卸夕阳西,青粉墙边柳线低。正是内街新雨过,郁金裙上浣春泥。"《咏牡丹》云:"几番厄雨殿春开,艳影抬摇洛浦回。昨夜月明人静候,舞风疑有珮声来。"

(二十六)补遗卷七之三八

余闻人佳句,即录入《诗话》,并不知是谁何之作。甲寅三月,余游华亭，张梦喈先生饮余古藤花下，其郎君兴载耳语曰："家姊愿见先生。"余为愕然。已而搴帘出拜。执弟子之礼；方知《诗话补遗》第一卷中，曾载其所作《秋信》等诗故也。貌亦庄姝。其母夫人汪佛珍诗，久采入《诗话》第四卷中。始信风雅渊源，其来有自。其姑佛绣嫁姚氏，亦才女也。《不寐》云："欹枕闲吟梦境空，残灯闪闪影朦胧。梧桐不管人惆怅，翻尽银塘一夜风。"他如："一径泥香飞燕子，满瓯茶熟乱松声。""何须地僻心方静，才觉身闲梦亦清。"俱妙。

(二十七) 补遗卷八之一〇

苏州胡眉峰量见赠云："青山供养忘机客，红粉消磨用世才。"泰州孙虎山廷飏云："名到惊人何况早，生当并世不嫌迟。"松江刘春桥熙云："看花兴致怜才性，此是先生未了缘。"上海李林松仲熙云："真才子必得其寿，谪仙人未免有情。"淮上程蔼人元吉云："风流何减白居士，天下不名元鲁山。"又："有福不离花世界，无悉常喜竹平安。"皆可诵也。

(二十八) 补遗卷八之二六

上海明经王梅屿坤培，淹雅能文，秋试屡荐不售，赋诗云："蓬鬓依然绝世姿，敢将新样画蛾眉？鸳鸯欲绣偏难绣，肠断回针欲刺时。"较之唐人"苦恨年年压金线，为他人作嫁衣裳"，更觉深婉。

(二十九) 补遗卷八之四二

松江陈花南韶官居理问，而卜居西湖梅庄，置身吏隐之间。有《君山寻浮远亭》诗云："不识君山路，偏寻浮远亭。江涛回岸白，树色接城青。樵响来何处？禅扉静不扃。娟娟修竹里，何日读《黄庭》？"

(三十) 补遗卷九之三六

青浦邵明经西樵玘，余甲子分房之荐卷也。后三十年，《过随园》云："白首再投前荐主，绛帷宁拒老门生？"余读而感焉，问其年登八十，家有园林，在朱家角。余甲寅到松江，顺道访之，拟师生再作盘桓，而西樵殁矣！所镌出游山居诗甚多，仅记其《病足》一联云："跬步疑分域，同居怅各天。"《梧巢》云："高树送声疑雨至，虚窗弄影怯灯孤。"

2006 年 10 月 6 日

(原刊于 2007 年 2 月 10 日《松江史志资料》第 23 辑)

《元曲三百首》中的松江府作者和散曲

“唐诗、宋词、元曲”堪称中国古代的三座艺术高峰，在弘扬、传承民族传统文化的今天，《唐诗三百首》、《宋词三百首》和《元曲三百首》似乎每家书店均有上架。家喻户晓，人人皆知。近来闲时翻阅《元曲三百首》，偶尔发现《元曲三百首》中入选的 85 名元曲作家及无名氏作家的作品中，有多位是松江府籍及客居松江的作者，查阅《松江县志》人物卷、文献卷，仅对夏庭芝、杨维桢 2 人有简要记载。相对明清时期的记载而言，还是比较残缺的。为此，有意将《元曲三百首》中涉及松江府籍及客居松江的元散曲作者、作品摘录如下，以补区史志之缺。

浩然气尚吞吴。并州每恨无亲故。三匝乌，千里驹，中原鹿。　　走遍长途，反下乔木。若立朝班，乘骢马，驾高车，常怀卞玉，敢引辛裾。羞归去，休进取，任揶揄。　　暗投珠，叹无鱼，十年窗下万言书。欲赋生来惊人语，必须苦下死工夫。

宋方壶（生卒年不详）名子正，以号行，华亭（今上海松江）人。于明初尚在世。散曲今存小令十三首，套数五首。

作品：《元曲三百首》第二百二十九首

［中吕］　红绣鞋　客况

雨潇潇一帘风劲，昏惨惨半点灯明。地炉无火拨残星。薄设设衾剩铁，孤另另枕如冰。我却是怎支吾今夜冷？

班惟志（生卒年不详）字彦功，号恕斋。大梁（今河南开封）人，一说松江（今上海）人。历官集贤待制、浙江儒学提举。今存散曲套数一首。

作品:《元曲三百首》第二百四十首

［南吕］　梁州　秋夜闻筝(摘调)

恰便似溅石窟寒泉乱涌,集瑶台鸾凤和鸣,走金盘乱撒骊珠迸。嘶风骏偃,潜沼鱼惊。天边雁落,树梢云停。早则是字样分明,更那堪音律关情。凄凉比汉昭君塞上琵琶,清韵如王子乔风前玉笙,悠扬似张君瑞月下琴声。再听,愈惊,叮咛一曲《阳关令》,感离愁,动别兴。万事萦怀百样增。一洗尘清。

杨维桢(1296—1370年)字廉夫,号铁崖、东维子、铁笛道人,诸暨(今属浙江)人。一说山阴(今属绍兴)人。32岁时中进士,官至总管府推官。元末隐居不出,其后,迁寓华亭(今松江)。入明被召修礼乐书,书未成即辞归,抵松卒。与其好友陆居仁,钱惟善同葬于天马山,人称“三高士墓”。有《东维子集》、《铁崖先生古乐府》等。散曲存小令一首,套数一首。

作品:《元曲三百首》第二百四十九首

［双调］　夜行船　吊古(节选)

霸业艰危。叹吴王端为,苎萝西子。倾城处,妆出捧心娇媚。奢侈,玉液金茎,宝凤雕龙,银鱼丝鲙。游戏,沉溺在翠红乡,忘却卧薪滋味。

……

［锦衣香］　馆娃宫,荆榛蔽;响屧廊,莓苔翳。可惜剩水残山,断崖高寺,百花深处一僧归。空遗旧迹,走狗斗鸡。想当年僭祭,望郊台凄凉云树,香水鸳鸯去。酒城倾坠。茫茫练渎,无边秋水。

［浆水令］　采莲泾红芳尽死,越来溪吴歌惨凄。宫中鹿走草萋萋。黍离故墟,过客伤悲。离宫废,谁避暑?琼姬墓冷苍烟蔽。空原滴,空原滴梧桐秋雨。台城上,台城上夜乌啼。

［尾声］　越王百计吞吴地,归去层台高起。只今亦是鹧鸪飞处。

夏庭芝(生卒年不详)字伯和,号雪蓑,松江(今属上海)人。生平隐居不仕,晚年追忆旧游,作《青楼集》(成书于1355年),载一百余名艺人、曲家的事迹,为戏曲史之重要资料。散曲今存小令二首。

作品:《元曲三百首》第二百五十二首

［双调］ 水仙子 与李奴婢

丽春园生使棘针屯，烟月牌荒将烈焰焚，实心儿辞却莺花阵。谁想香车不甚稳，柳花亭进退无门。“夫人是夫人分，奴婢是奴婢身，怎做夫人。”

邵亨贞（1309—1401年）字复孺，号清溪，云间（今上海松江）人。元末任松江府学训导，入明后仕历不详。诗文有《野处集》、《蛾术集》等。散曲今存小令三首。

作品：《元曲三百首》第二百六十首

［越调］ 凭阑人 题曹云西翁赠妓小画

谁写江南一段秋？妆点钱塘苏小楼。楼中多是愁，楚山无断头。

另外，在《宋词三百首》中也有一松江籍作者与作品，摘录如下：

李甲，字景元，华亭（今上海）人。工画。存词九首。

作品：《宋词三百首》第一百五十五首

帝 台 春

芳草碧色，萋萋遍南陌。暖絮乱红，也似知人，春愁无力。忆得盈盈拾翠侣，共携赏、凤城寒食。到今来，海角逢春，天涯为客。

愁旋释、还似织；泪暗拭，又偷滴。漫倚遍危阑，尽黄昏也，只是暮云凝碧。样则而今已拚了，忘则怎生便忘得。又还问鳞鸿，试重寻消息。

（以上录自史良昭解《元曲三百首全解》，复旦大学出版社，2007年1月版。上彊村民编，雷茂斋主注《宋词三百首》四川文艺出版社，2000年5月第一版）

2007年9月

（原刊于2007年10月30日《松江史志资料》第24辑）

初论松江旅游发展的阶段及特征

松江旅游发展的阶段划分反映一个地区旅游行业历史的重要特征，这个划分也是中国旅游发展史中的一个缩影。对其发展过程按照我国对历史阶段的划分，同样也经历了古代旅游活动（1840 年前）、近代旅游活动（1840—1949 年前）和现代旅游业发展（1949 年新中国成立后至今）这三个大的历史时期。

松江旅游，远的可追溯到新石器时代的“集体迁徙”和春秋时期的“行猎嬉游”。近的也有千年历史，唐宋元明清，史料中有记载，传说也较丰富，只是史志记述中还未从“旅游”这个视角去加以整理、编撰。松江的近代旅游活动也经历了百余年历史，遗憾的是，由于晚清政府和民国政府的腐败和连年战乱，无力也无心修史编志，有记载的旅游活动资料少之又少，旅游活动在近代似乎成了空白。松江的现代旅游业发展已走过了近 60 年，但真正意义上的旅游业发展仅只能从 1991 年算起，迄今不过 18 年时间。新中国成立后至 1977 年间和 1978 年至 1990 年间的 41 年中，百废待兴，做了一些与旅游相关的事，如修复了一些文物古迹，修筑了多条通往旅游景区的道路，开辟了公交线路等，这个时期还没有“旅游业”这个概念。为此，在这之前，只能将“旅游业”称为“旅游活动”。如何看待松江旅游发展的阶段划分及特征，笔者试图通过本文从“旅游”这个视角来加以说明，且先用下表来进行归纳，并阐述其理由。

表　松江旅游发展的阶段划分及特征

历史阶段	主要时期	时　间	阶段划分	特　征
古代旅游活动	史前文化	约4 000年前	萌芽阶段	集体迁徙
	春秋时期	约2 000年前	雏形阶段	行猎嬉游
	唐宋时期	约750年前	成形阶段	宗教游历 城市游历
	元明清时期	约160年前—750年	鼎盛阶段	帝王巡游 文人游历 拜友访客 园林观赏 游记众多
近代旅游活动	晚清时期	1840—1911年	衰退阶段	编撰游记
	民国时期	1912—1949年	萧条阶段	编撰游记
现代旅游业发展	中华人民共和国	1949—1977年	复苏阶段	修复文物 修建道路
		1978—1990年	复苏阶段	修复文物 修建道路 举办活动
		1991—1999年	初创阶段	旅游企业 旅游管理 旅游节庆
		2000年—至今	成形阶段	形成要素 产品升级 市场规范 宣传推介

松江古代旅游活动

一、史前文化：旅游的萌芽阶段

在距今6 000年前的新石器时代，上海地区西南的松江九峰已经成陆。20世纪50年代初，在天马山、小昆山、佘山一带先后发现了一批原始社会文化遗址，有广富林、汤村庙、平原村、姚家圈、钟贾山、北竿山、佘山等 7 处遗址，出土了石镰、石斧、石刀、陶罐、陶盘、陶壶、陶鼎和网坠、稻谷等数以千计的遗物，由此证明早在 6 000 年前，上海的先民就在九峰一带繁衍、生息，从事耕耨、渔猎、饲养家畜、制作用具等农业生产。

通过考古发掘可见，这些新石器时代遗址包含了 3 个古文化时期，就是崧泽遗址下层的马家浜文化，距今 6 000 年左右，居住遗址在汤村庙遗址下层有所发现。崧泽文化距今 5 000 年左右，是马家浜文化的继续，在汤村庙、平原村、姚家圈等处均有丰富的发现。大约在距今 4 000 年前，崧泽文化开始逐渐演变为良渚文化，这类文化遗址在九峰地区已知有广富林、汤村庙、平原村、姚家圈等。

值得关注的是，据考古发掘，广富林遗址中有反映当时的黄河文明，这一时期居住在此的部落，处于原始经济蓬勃发展的时期，同北方的大汶口和河南龙山文化属同一时期。当时，在交通十分原始的情况下，出现了一个值得研究的问题。“黄河文明为什么悄悄而来又悄悄而走？到底是什么吸引它来，又是什么力量驱走了它？”（上海博物馆馆长陈燮君语）远古时期人类的集体迁徙往往是因战争而引起的，但广富林遗址中反映出的黄河文明究竟是何因，现在还是一个谜。从旅游学的角度讲，“集体迁徙”可能是松江历史上最早的“旅游”了，这应该是追溯到这个史前文化时期，属旅游的萌芽阶段。

二、春秋时期：旅游的雏形阶段

进入历史时期后，在松江的历史上曾广为相传的“吴王寿梦筑华亭”的故事，虽无从考证，但相传至今。清初，吴伟业（1607—1672 年）写有《茸城行》七言长歌一首，其中有三联道：“君不见，夫差猎骑何翩翩，五茸春草城南天；雉媒飞起发双矢，西施笑落珊瑚鞭。湖山足纪当时胜，歌舞犹为后代传。”他还写有云间《九峰诗》七律九首，第一首《凤凰山》云：“碧树丹山千仞冈，夫差亲猎雉媒场；五茸风动琅玕实，三泖云沈沆瀣浆。鸟听和鸣巢翡翠，花舒锦翼照文章；西施醉唱秦楼曲，天半吹箫引凤凰。”这二处诗里，均出现了过去史志中从未见过记述的“吴王夫差偕同西施东临五茸行猎嬉游”的故事，并把猎场定在凤凰山脚下，虽诗句未出现“筑华亭”之字句，但隐喻宿舍之意。此二者，应存在内在影映。“关于吴王来五茸行猎宿会故事，除寿梦说外，据北宋大中祥符间（约 1010 年稍前）纂修《华亭图经》佚文中曾提及为三国时吴王孙权，北宋景祐二年(1035 年)唐询作《华亭十咏》，即有《吴王猎场》之题，嗣后梅尧臣等著作中也明指孙权。故存在可能性，而亭馆之筑，也符实际。”从中可见，松江在春秋时期，就已有了“行猎嬉游”，这也许是进入历史时期后，松江最早的“旅游活动”了，也是旅游的雏形阶段。

松江自古以来就是著名的旅游胜地，发达的经济基础和深厚的文化底蕴，江南有名的鱼米之乡，这里有良好的自然条件，天然造就了“九峰三泖”，风光极其秀丽。其中地方特色“四鳃鲈鱼”和“华亭鹤”值得一提。

松江四鳃鲈鱼。相传原生长在松江秀野桥至大仓桥市河及沈泾塘中，早在 2 000 多年前，松江四鳃鲈鱼已闻名天下，三国曹操、西晋葛洪、唐代杜宝、宋代苏东坡、清乾隆帝等都对四鳃鲈鱼有过赞誉之词。自古以来，多少文人墨客为美丽的鲈乡和美味的鲈鱼所倾倒。

松江华亭鹤。据史传，被人视为吉庆、长寿的仙鹤，十分受人喜爱。松江早在三国、两晋时代，它就已被人们所驯养。仙鹤中的松江“华亭鹤”特别让人注目。相传南朝的“山中宰相”陶弘景也曾有过华亭鹤，后来鹤死了，他亲手把它埋葬，并特地写了一篇《瘗鹤铭》。南朝的孔德绍、唐代的白居易都曾留下这样的作品，晚唐诗人皮日休在自己已喂养了一年多的那只华亭鹤飞走后，万分伤心，特写了首《悼鹤诗》。西晋名人陆机在远离故乡罹难时想到的还是家乡的华亭鹤，“华亭鹤唳，岂可复闻乎”，这悲怆的呼唤足以证明华亭鹤对松江的象征意义。1998 年，松江在命名“松江十二景”时，理所当然地将“华亭鹤影”、“鲈乡遗韵”列为十二景之一，而且是历史上最早的景点遗迹。

早在 2 000 年前的汉代，在松江小昆山脚下，有一片占地 200 公顷的园林，根据北京大学历史系谢教授和上海同济大学古建筑系教授陈从周说：“这是中国有记载的最早的，也是最大的对外开放的园林”。那时的淀山湖面积比现在大一倍以上，它的东南边沿直达现在的小昆山下，“三泖”就是当时古淀山湖的一部分，这一带是当时江南有名的风景区，有山有水，风光秀美。

三、唐宋时期：旅游的成形阶段

我国古代虽然并不使用“旅游”这个词汇，但另一个词汇“游历”在晋代已出现，事实上早在先秦就有一些名人从事游历活动了。

松江，在唐宋时期，已是很成形的旅游胜地，主要表现在：

一是宗教盛行。到了唐代，松江建县，李氏王朝崇尚佛教。五代时松江属“吴越国”，“吴越王”钱镠对佛教更是崇拜尤加，他的都城杭州，到处建庙修塔，大兴佛事，如现在杭州的灵隐寺、保淑塔、六和塔、白塔等，大都是那时的建筑。松江经这两朝的提倡，也大建佛寺。当时佛教盛况空前，松江城中先后建起规模很大的普照寺、超果寺等一批寺院，最多时松江城内有佛寺48家。人们到松江进香，其中八个大寺是一定不能少的，当时叫“八寺香火”。除此之外，还有在天马山、佘山等地建造佛寺，尤其是天马山，上山进香的人摩肩接踵遍山皆是，遂又称“烧香山”。这些寺庙的影响远及浙江、江苏，香火之阜盛，远非他处可比，这就形成了松江特有的宗教进香游历。每逢宗教节日，各地都是人山人海，过去松江多以水上小舟为便，此时松江的纵横河道中，小舟首尾衔接达数十里，彩流笑浪终日不绝。可见，当时的宗教游历人还真不少。现遗存的唐代陀罗尼经幢、宋代的兴圣教寺塔、李塔、天马护珠宝光塔、上峰寺遗址、西林禅寺、西林塔等都是那个时期的建筑原型。

二是唐代城起。自唐天宝十年(751年)松江建县，松江初期的繁华始于盛唐时期。经考古发现，充分证明唐代华亭县城内已是街巷交织、市河横贯、房屋栉比、商肆喧嚣，“七十二桥街连街、铺连铺”，城市已形成规模。经济文化已相当发达。华亭的政治、军事地位日显重要，经济、文化也迅速发展。据南宋《云间志》记载：“唐之置县，固有城矣。”至今留下的唐代城池的主要标志，是上海古建筑之最的唐陀罗尼经石幢。那时来松江游历的人是很多的，当时的旅行方式主要是宗教游历、城市游历和山水游历。故在当时松江的古代旅游已进入成形阶段。

1998年，松江命名的“十二景”中，除前二景反映三国、两晋时期之外，“方塔风铃”、“唐幢流云”、“西林梵音”、“跨塘乘月”、“斜塔初雪”均是反映唐宋时期松江的建筑遗存和风光。

四、元明清时期：旅游的鼎盛阶段

历史进入到元代，松江县升为府，元明清时期，也是松江古代旅游的鼎盛阶段，主要表现在：

一是帝王巡游。在松江史料中有记载的是清康熙皇帝在他的五次下江南中，曾经有两次到过松江，分别是1705年和1707年，目的是在松江、杭州举行阅射（阅兵、校射），史料有“品兰笋”，赐御笔“兰笋山”的记载。

二是文人游历。当时的松江，除了寺庙盛行，府城繁荣，经济发达（是全国33个工商业重要城市之一）外，“九峰三泖”更是风光旖旎，九峰十二山，每山都有“十景”、“八景”。因此，吸引了众多文人士大夫到松江游历。如明代杨维桢“又常携妓，置酒，乘画舫，遨游于九峰三泖间，对客横吹铁笛；或命侍儿唱曲，自弹凤琶和之，宾客蹁跹起舞”。袁凯，元、明间松江华亭人，“性诙谐，常背戴乌巾，倒骑黑牛，游行九峰间”。明何良俊“厌俗傲世，芒鞋竹笠，放情峰泖间”。明江阴人徐霞客，我国古代的著名旅行家，钟情于九峰，曾多次来九峰游历，拜访佘山隐居名人陈继儒。第五次是在崇祯九年（1637年），他从江阴出发，经无锡、苏州、昆山、青浦，抵佘山，拜访了陈继儒后，一路经辰山、天马山、横云山、小昆山后下泖河去了浙江嘉兴、杭州，开始了他长达4年之久的“西南万里远游”。清代袁枚，在他的《随园诗话》中描述：“甲寅三月，余游华亭，张梦喈先生饮余古藤花下……”文人众多，此处不再一一列举。

三是拜客访友。松江山清水秀，文化底蕴深厚，同时也吸引了一批弃官隐居者、文人雅士在松江定居，习文作诗绘画。这一时期，文人游历和拜客访友很多，如南宋湖州人赵孟頫，曾寓居松江。明代杨维桢，元末迁寓华亭，东南才俊之士，都与他结交。本区石湖荡有其手植罗汉松，号“江南第一松”。元末陶宗仪“与孙道明友善，尝共泛舟南浦。宗仪制词，道明倚洞萧吹之，极鸥波缥缈之思”。明孙克弘“筑室北俞塘，称‘东郭草堂’，列所藏名家作品于‘秋琳阁’，觞咏其间，客至如归”。明陈继儒，善书画，与董其昌齐名，三吴名士争着要和他结为师友，“就筑室东佘山，闭门著述”，“闲时与僧道等游，尽峰泖胜迹，吟唱忘返”。董其昌特筑“来仲楼”，请他去居住。还有如前所述的徐霞客拜访陈继儒等。古代文人的游历，往往结合读书交友、访古抒怀、考察名物、讲学讨论，在观赏自然风光的同时，更注重对蕴涵其中的人文精神的感受。

四是园林欣赏。明施绍莘，寓居华亭，“乃建园林以自娱。万历四十四年（1616年），筑舍西佘山之北。三年后，又建别墅于南泖之西。在此二处，筑有三影斋、众香亭、秋水庵、罨黛楼、聊复轩、竹间水上、西清茗寮等许多各具风格的建筑物；又筑书室名春雨堂，泖上新居等；并于水涯山坳，遍植松、竹、桃、柳、芙蓉、牡丹等花木，形成一个风景区。每逢佳日，携侍姬，泛舟于山水间，命歌自制曲。时陈继儒居东佘山，诗场酒座，常与抬邀来往。”张南垣，明松江府华亭县人，“其筑园，创手之初，但见乱石林立；乃踌躇四顾，默记在心，一边高坐与客谈笑，一边呼役夫，某树下某石某处，不须斧凿，而非常妥帖；筑成后，结构天然，奇正无不入妙，使整个园林与周围自然景物浑然一体。许多名园，都出其手。”“所布置的园林格局，大多仿自宋、元山水名家，处处都堪入画，成为艺术精品。享盛名数十年，东至越，北至燕，多有重金聘请去造园的”。许多名流学者如董其昌、陈继儒、黄宗羲、吴伟业、钱谦益等都称其叠石绝技。所建园林有松江李逢申的横云山庄、嘉兴吴昌时的竹亭湖墅、太仓王时敏的乐效园、吴伟业的梅村、常熟钱谦益的拂水山庄等。所创盆景，亦妙绝无伦，与叠石时称“二绝”。“其子张然，张熊，也精叠石造园之术，能继父业，人称‘山石张’，世业百余年不衰。”明末清初的朱舜水，寄籍松江，在旅居日本时，传授中国文化，曾为德川国光设计“后乐园”，为今日本著名园林之一。

松江自汉以后，造园活动便陆续发展起来，全盛时期为明清两朝。因此，这一时期的松江园林实在太多了。“乾隆以后，苏州私人园林开始转盛，无锡、松江、南京、杭州等地亦不少。”可见，当时的松江园林能与苏、杭、宁、锡相提并论。园林建筑的兴起也为文人游历提供了好去处，赏园品林，写诗作画，成了这个时期文人士大夫的理想生活追求。如醉白池（原名“谷阳园”），曾是明董其昌的觞咏处，也是名人学士常游之地。1998年评出的“松江十二景”中的“醉白清荷”、“颐园听雨”及新十二景中的“三宅缘墨”均反映了当时的这些园林和老宅。

*五是游历影响“云间诗派”、“云间画派”。*受当时条件的限制，“旅游”也不是一般老百姓的事，往往是上层社会尤其是文人士大夫的事。他们有很高的文化修养和审美创造能力，旅游活动就是审美创作过程，过程结束了便留下了精美的作品，这是普通大众无法达到的。由于文人士大夫在九峰三泖间的游历，有了亲身的体验，所以就有了许多诗文、书画。每次出游，总有作品留世，或诗歌或书画或游记，表现了文人士大夫游历的特色。如元凌岩的“九峰诗”、元末明初的陶宗仪著有《南村辍耕录》等。明董其昌的《秋林

晚景图》画的是一派江南山水、秋景风光，构图以松郡九峰为素材，既仿意，又写景。明施绍莘的《西佘山居记》，清初顾大申传世作品有《秋日山居图》等。清陈枚，松江府娄县人，传世作品有《月曼清游图册》共12幅，按12个月描写宫廷妃嫔在不同季节的游乐活动。清代黄霆的《松江竹枝词》等。可以说，中国山水艺术、诗歌散文的产生与发展来自于旅游活动，而松江的山水旅游对松江形成的“云间诗派”、“云间画派”也起到了非常重要的影响。如：明莫是龙，“云间画派”创始人之一，传世作品有《浅绛山水图》(现藏故宫博物院)、《仿朱氏云山图》(见于《中国绘画史图录》)、《长谷幽松图》(现藏松江博物馆)。明董其昌，“文人画典范”，松江画派首领，自称作画须“读万卷书，行万里路”。代表作有《云山小隐图》(现藏故宫博物院)、《烟江叠嶂图》(现藏天津市艺术博物馆)、《秋兴八景》、《遥山泼翠图》等。明赵左，善画山水，在“云间画派”中，与董均为画派首领，传世作品有《秋山幽居图》、《溪山无尽图》等。明陈继儒，传世作品有《潇湘烟雨图》等。

六是游记众多。据史载，南宋陈仁玉著《游志》一书，元末陶宗仪继此纂《游志续篇》两卷，汇唐宋元人游览之作48家，书颇罕传，嘉庆间阮元得此书，进呈内廷，列入《宛委别藏》，阮氏提要称其“选择精审，足以资考核”。另外，还有清初王璲著《漫游纪略》4卷，许瓒曾于康熙九年(1670年)冬出任云南按察使，著《滇行纪程》，十一年冬起程回里，又写《东还纪程》，二书记述沿途山川、古迹、物产、风俗，颇为详瞻。此外，明李绍文《九峰志》、清代《云间古迹考》、清陈琮撰《云间山史》、清诸嗣郢撰《九峰志》，是书记第一峰至第九峰各有十景之名。清初吴伟业《九峰诗》、《茸城行》、清周原地撰《峰泖名胜》、清瞿高飞撰《峰泖坐游录》等。之外，描写松江旅游风光的诗歌也不少，如《华亭百咏》、明曹重撰《云间竹技词》、清黄霆《松江竹枝词》、清费楠撰《云间名胜诗》、清汪大经撰《游峰泖诗》、《松江风土诗歌散篇记录》等。游记、游诗众多，足以反映出元明清时期是松江古代旅游发展的鼎盛时期。

松江近代旅游活动

1840年鸦片战争后至1949年新中国成立前，这百余年的近代历史，是我国由封建社会沦为半殖民地半封建社会的形态。可划分为二个时期,即晚清时期(1840—1911年)和民国时期(1912—1949年)。

一、晚清时期:旅游的衰退阶段

从1840年鸦片战争后至1911年满清政府灭亡,共经历了70年,在这70年中,由于清王朝的腐败,战争不断,民不聊生。松江县城经历了太平军三次攻占和被攻打(1860—1862年),松江农村蝗蹒食稻成灾(1877年),城内囤米哄抬米价(1897年),霍乱流行,死者极多(1902年)等,使旅游景点、园林建筑遭受破坏,原九峰十二山的"十景"、"八景"在这个时期相继破败,大部分已消失了。旅游活动陷入衰退阶段。所幸的是一些文人雅士著书不断,旅游书籍也不少。如清何廷璋撰《九峰图考》、清王廷和《峰泖志》、清《峰泖毓秀编》、清唐天泰撰《续华亭百咏》、清汪巽东撰《云间百咏》等。

二、民国时期:旅游的萧条阶段

从1912年民国政府成立至1949年垮台的37年间,由于国民党政府的腐败无能,松江经历了数次军阀战乱。讨袁军失利,浙军进入松江。1916年至1919年螟虫成灾,乡民闹荒,民不聊生。1919年还发生官产处招标出售仓城城砖的事件,明代所建仓城被拆除。1920年发生抢米风潮。1921年大雨成灾,年底苏北大批难民逃荒到松江。1922年浦南天花流行。1924年江浙军阀开战,学校停学,商店多半歇业。之后连年战事不断。1937年,侵华日军飞机对松江古城的狂轰滥炸,使得松江城成为一片废墟,庙宇园林建筑大都被毁。一直到新中国成立前,这段时期松江旅游基本处于萧条阶段。

据史载,这一时期的旅游活动仅表现为编撰一些旅游书籍。如洪野于1914年发表《我之旅行写生观》,张若谷《佘山》(1931年),沪杭甬铁路管理局编《松江·佘山》(1934年),张天松编《佘山导游》(1947年),江庸撰《佘山三日记》等。

三、关于近代旅游史、现代旅游史的标志

1. 近代旅游史的标志:旅行社

在世界近代旅游史中,它有一个明显的开端标志,就是1841年英国人托马斯·库克父子创办了第一家旅行社,首次组织350人坐火车去参

加一个禁酒大会，途中客人们的吃、住、行、游均由旅行社全包，这就成了世界近代旅游史的开端标志。

我国近代旅游史也有它的开端标志，就是1923年上海商业储蓄银行创办旅行部。相比之下，我国近代旅游史要比西方近代旅游史晚了80年。这个时期，松江还没有真正意义上的旅游业，连旅游活动也鲜为人知，几乎成了松江旅游发展中的空白。

2. 现代旅游史的标志：国外旅游目的地

世界现代旅游史的标志，一般认为是"二战"后，各国旅游有了国外旅游目的地，而且规模扩大，大约在20世纪50年代初期。套用这种划分，我国现代旅游史中确定有国外旅游目的地泰国，是在1988年。这样算的话，我国现代旅游史的开端标志要比世界现代旅游史的开端标志晚了30多年，与近代旅游史相比，时间上在缩短。并且，我国现已成为世界上的旅游大国，位居世界第六，离世界旅游强国也仅"一步之遥"。

松江现代旅游业发展

在谈松江现代旅游业发展之前，首先必须了解我国现代旅游发展的一般的阶段划分。

我国现代旅游业发展一般分为：

一是初创阶段（1949—1977年）。它的标志是1949年11月，福建厦门成立华侨服务社。1954年，建立中国国际旅行社。当时的旅游业主要为了接待外国旅行团，也就是"入境游"，前后共经历了近30年。

二是转折阶段（1978—1990年）。党的十一届三中全会后，国家实行改革开放，工作的重心转移到了经济建设上来。我国把旅游作为一种产业来发展起始于1978年。当时的"入境游"主要是为了获取外汇收入和加快对外开放。1986年，在第六届全国人大会上通过的第七个五年计划中首次谈到旅游，"要大力发展旅游业"，这是一个新的里程碑。1988年，在有了香港、澳门作为旅游目的地之后，我国有了真正意义上的出境旅游目的地——泰国。

三是发展阶段（1991—至今）。这个时期我国的旅游外汇收入的增长速度开始快于旅游接待人次的增长速度，旅游投资收益率增大，成为第三产业中重点发展的行业，作为国民经济新的增长点，旅游业得到全面发展。主要表现在：

一是从1982年开始，国家命名“国家风景名胜区”，至2007年，已命名了6批，总数达187个，另有省级风景名胜区480个，总面积近11万平方公里。二是国家从1992—1995年间，批准12个地方搞“国家级旅游度假区”试点（上海佘山国家旅游度假区是其中之一）。三是1993年开始评定“国家森林公园”。至2007年元月，全国已有660多处（佘山森林公园是第一批）。四是1995年开始举办国内旅游交易会和国际旅游交易会。至2007年已办了13届。五是1995年始，评选“中国优秀旅游城市”。至2007年已有306座城市获此殊荣。2006年始又新评“中国最佳旅游城市”。六是1999年10月始，国家实行“黄金周”制度，至2007年已有了25个“黄金周”，2008年始又进行改革，取消“五一”黄金周，增加清明、端午、中秋休假，实行休假调整制度和公休制度。七是2001年始，评定A级景区。至2007年已有1 500多家旅游景区被评为A—AAAA，其中4A景区有872家（佘山国家森林公园、上海方塔园是其中的2家），2007年又新评出5A景区60多家。八是2007年，全年旅游业总收入首次突破1万亿元，入境游人数达1.32亿人次，旅游外汇收入达419亿美元，国内旅游人数达16.1亿人次，国内旅游收入达7 771亿元，出境游达4 095万人次。九是已开放的旅游目的地总量已达134个。十是至2007年，全国有旅行社1.8万家，星级饭店1.3万家，各类景区2万余家，大中专院校旅游专业在校学生规模73万人，旅游直接从业人员1 000多万，间接从业人员4 900多万。中国继续保持全球第四大入境游接待国、亚洲最大出境旅游客源国的地位。

对照我国现代旅游业的发展阶段，松江现代旅游业的发展相对来说要晚了一些。大致也可分为三个阶段：

一、复苏阶段：(1949—1990年)

1949—1990年间的41年中，松江还没有旅游业，所做的工作仅是众多的文物古迹建筑得以修复，各条通往旅游景区的道路得以修建，开辟了公交线路等。1966年至1969年的“文革”前期，在反“封、资、修”和“破四旧”的影响下，许多庙宇建筑和风景区又遭到了破坏。“旅游”则被认为是“资本主义”、“修正主义”的东西而受到贬低。1978年，党的十一届三中全会召开，标志着我国社会发展进入了改革开放时期。1978年至1990年间，在文物古迹修复和交通道路修建和基础上，先后举办了一些大型活动，为松江旅游业的发展奠定了基础。这一时期，主要表现在：

一是文物古迹建筑得到修复。如扩建醉白池公园，修复开放，唐陀罗尼经幢修复、重修荡湾村“二夏”墓、佘山天主教堂修复、方塔修复、方塔园建成开放、县博物馆建成开放、西林禅寺恢复开放、天马山护珠塔竣工、清真寺重修竣工、陈子龙墓修复竣工、云间第一桥（跨塘桥）修缮竣工等。

二是交通道路修建，公交线路开通。先后有：松金卫公路全线通车、公交松江闵行线通车、公交沪松线通车、公交沪佘线通车、公交沪佘天线通车、公交青佘线通车、赵昆公路北佘段和天昆路段建成通车、公交松青线通车、公交沪佘昆线通车、车亭公路建成、松浦大桥建成通车、城区东门至玉树路通车、松昆线通车、泖港公路大桥建成通车、泖新公路建成、公交松卫线通车、佘砖公路大塘桥建成通车、松莘高速公路通车等。

三是大型活动先后举办。有佘山天主教恢复举行“圣母朝圣月”活动，1986年5月有5.4万余人前来朝圣，1987年5月达6万余人。1989年9月，松江召开“董其昌国际学术研讨会”，来自美、英、日等国及港台地区59位专家、学者交流了研究成果。1990年3月，还举办了“中日摄影作品展”。同年10月，朱舜水纪念堂在方塔园内开幕。另外，何惠明所著《松江一日游》（1982年上海文艺出版社）一书成为现代松江旅游中第一本导游性书籍，之后相继还有1987年出版的画册《松江》和1989年出版的《松江旅游》小册子，作为松江旅游宣传的出版物。

这个时期，旅游已开始复苏，还表现为单位组织职工外出短途旅游，安排职工去疗休养等。

二、初创阶段（1991—1999年）

自1991年始，松江有了真正意义上的旅游业，旅游业从此开始起步。并得到了较快发展。主要标志是，有了旅行社、旅游星级饭店、旅游景区和旅游管理机构、旅游节庆活动等。主要表现在：

一是旅游企业纷纷建立。1991年初，松江旅行社从原来挂靠在市区旅行社下，改成独立(编号为50号)的国内旅行社。至1999年，先后有国内旅行社6家，他们是松江、佘山、乐达、西林、云间和商旅。1993年，松江佘山风景区被首批命名为“佘山国家森林公园”。这一时期，佘山地区的旅游景区(点)如雨后春笋般冒出来，如封神榜、西游记迷宫、海底奇观、欧罗巴世界乐园、佘山锦江水上漂流世界、太空探秘，加上城区的醉白池公园、方塔园，形成了松江旅游的初创阶段的辉煌。欧罗巴世界乐园曾被评为上海市十大最佳旅游景观之一。佘山锦江水上漂流世界在上海人民广播电台组织的对全市10多家水上乐园的考评中获综合评分第一名。1995年，游客人数达322万人次，创了历史最高(以上的“封神榜”等6个景点至2000年左右均关门歇业)。1993年10月18日，松江大酒店竣工开业。1995年，佘山地区的森林宾馆、兰笋山庄先后对外营业。1996年12月，杏花楼大酒店开张。1997年9月，红楼宾馆挂牌三星级，并成立集团公司。松江县人民政府招待所经改建成松江宾馆，纳入红楼集团管理。1998年，松江宾馆被评为二星级。

二是有了旅游管理机构。1991年6月，松江县旅游开发办公室成立，负责全县的旅游管理工作。1992年7月24日，松江佘山风景管理处成立，其中有一段时间称为“上海淀山湖风景区佘山风景管理处”。1995年6月13日是，国家批准建立“上海佘山国家旅游度假区”。同年11月，建立了管理机构。

三是举办了“上海之根”文化旅游节庆活动。1994年和1998年，分别举办了二届“松江——上海之根文化旅游节”。1999年，还举办了上海旅游节、上海国际艺术节松江区活动。之外，1991年3月，松江镇被命名为上海历史文化名镇。1995年10月，召开了朱舜水学术研讨会。1996年，承办了第三届全国农民运动会等等。

四是文物古迹修复继续加大力度。1991—1999年这9年中，先后修缮了颐园观稼楼，重修西林寺毗卢殿。1994年12月，西林塔修复。1997年6月，李塔修缮。1998年11月，“二夏”墓、碑、亭落成，并举行“夏林”开种仪式。1999年5月，修缮云间第一楼。期间，松江还对三处“红色旅游”景点进行了建造和修复。1993年7月1日，新浜大方庵·枫泾暴动指挥部修复开放。同年10月18日，在上缝四厂松江分厂内，中共淀山湖工

委旧址纪念碑揭幕仪式隆重举行。同年12月22日，新迁建的松江烈士陵园建成开放。

五是旅游交通更加便捷。1991年3月，松江城区新辟了公交环城线路。1995年12月，沈砖公路建成通车。1997年12月，方松公路松江至沈砖公路段贯通，方便了松江市民到佘山风景区旅游。

另外，在1992年至1997年间，全县投资旅游基础设施和项目开发费近13亿元。其中，1996年至1997年佘山度假区已投入4亿元，投资1.6亿元建成佘山锦江水上漂流世界、东佘山园和索道分别投资1 300万元和1 100万元，欧罗巴世界乐园二期总投资达1 200万元。1999年8月，动工开挖了月湖，湖面积为30公顷，投资2亿元。

三、成形阶段：(2000—2007年)

松江现代旅游业在经历了复苏阶段和初创阶段后，在2000年进入了新世纪，步入了成形阶段。主要标志是"吃、住、行、游、购、娱"的旅游六大要素逐步健全，旅游产品经过初创阶段的比较粗糙、简单和人造景点缺乏生命力而自然淘汰后，新一批景区(点)产品得到提升和升级换代，旅游市场更趋向理性和规范。主要表现在：

一是旅游管理更趋规范。2000年1月，松江区旅游事业管理委员会建立，替代了原来的旅游办公室。职能上涉及全区旅游发展规划和各种专项规划的制定，对旅游企业，如旅行社、星级宾馆、景区(点)实行行业管理，后又对社会旅馆实行行业管理。主要工作任务有行业管理、考核统计、培训促进、市场整顿、政风行风建设、旅游宣传、推介、资源整合、节庆活动、旅游咨询服务、指导行业协会等。同年4月，佘山度假区的控制范围64.08平方公里中划出12.95平方公里的区域作为行政单列(后调整为10.88平方公里)。2003年7月，为了进行管理整合，区旅游委与佘山国家旅游度假区松江管委会合并，实行2块牌子，一套班子。2001年，松江区委一届二次全会专门以"旅游"作为议题，出台了"关于加快松江旅游发展的若干意见"。区旅游委先后制订了"十五"和"十一五"旅游发展规划，先后制订了《松江旅游资源整合方案》、《松江住宿业发展五年规划》和《松江乡村旅游集聚发展三年行动计划》等。

二是新的一批旅游景区(点)开张迎客。他们是：2000年12月，泗泾

史量才故居修复对外开放。2001 年，上海影视乐园对外开放。同年 9 月 29 日，青青旅游世界开园，松江大学城对外招生。2003 年，松江华亭老街开街迎客。同年 9 月 29 日，新桥春申君祠落成对外开放。2004 年，天马赛车场对外营业。同年 5 月，中央公园等建成开放。同年 10 月 18 日，佘山国际高尔夫俱乐部建成。2005 年，月湖雕塑公园对外开放。另外，还有天马乡村高尔夫俱乐部、东方高尔夫俱乐部、西部渔村休闲中心、五厍农业观光休闲园区、高博特等 3 家工业旅游点等均在这一时期建成并对外开放。全区共形成 60 处旅游景区（点），其中纳入旅游统计的有 16 家。

*三是饭店宾馆度假村星罗棋布。*星级饭店，在 20 世纪 90 年代只有 2 家二、三星级的基础上，2000 年后发展到 15 家。现为 11 家。可喜的是 2007 年，松江有了高星级酒店，开元名都大酒店评为五星级酒店，成为市郊第一家，新晖豪生被评为四星级酒店，另一家上海世茂佘山艾美酒店正在申报五星级过程中。除星级饭店外，大量的社会饭店在这一时期纷纷开张，多家经济型旅馆落户松江，总数超过 380 家，总床位数超过 12 000 张，短短的 9 年时间，旅游接待设施已基本成形。

*四是旅行社方兴未艾。*在 20 世纪 90 年代 6 家的基础上至 2007 年已发展到 34 家国内旅行社，并有国际旅行社门市部 6 家，国内旅行社门市部 8 家，大型旅行社如春秋包机、上航假期纷纷落地。

*五是旅游土特产、纪念品开发初步成形。*经过多年挖掘开发，2000 年 6 月举办了首届旅游土特产、纪念品展示会。2006 年、2007 年连续 2 年举办了“十大旅游纪念品、土特产”评选活动，对推动松江旅游纪念品、土特产市场起到了积极作用，形成了土特产品 20 余种、纪念品 30 余种、名特优农副产品 20 余种的旅游购物的基础市场。2001 年，举办了“名厨、名菜、名点”的首届美食节。2006 年，进行了十大农家菜评选。2007 年，举办了美食节，评出了 20 道名菜和 10 道名点。

*六是旅游企业和从业人员形成规模。*松江现有旅游景区（点）16 家，旅行社 34 家，门市部 14 家，星级饭店 11 家，社会饭店 380 多家，旅游纪念品、土特产商店 10 家，总数达 460 多家，从业人员达 1.5 万人，已成为松江第三产业中很重要的一个朝阳产业。

七是旅游接待人数、旅游直接收入、旅游总收入不断增加。

1. 旅游景区(点)游客接待量及门票收入：1995 年至 1999 年的五年中，松江全区旅游景区(点)共接待游客 1 430 万人次，平均年接待 286 万人次。2000 年至 2007 年的八年中，松江全区旅游景区(点)共接待游客 2 341.6 万人次，平均年接待 292.7 万人次。2000 年旅游景区(点)门票收入为 0.16 亿元，2007 年为 1.65 亿元。增长了 30 倍之多。

2、旅行社组团人数及收入：2003 年 23 家旅行社组团人数为 15 万人次，接待人员数 19.9 万人。收入为 1.008 2 亿元。2007 年 33 家旅行社组团人数为 36.6 万人次，接待人员数为 50.5 万人，收入为 2.4 亿元。

3. 星级饭店接待人数及收入：2003 年 10 家星级饭店接待 27 万人，收入为 0.936 亿元。2007 年 10 家星级饭店，7 家大型社会饭店接待人员数为 40.5 万人，收入为 3.8 亿元。

4. 旅游总收入：1995 年为 1.65 亿元，1999 年为 3.66 亿元，2000 年为 4.46 亿元，2007 年为 22 亿元。

八是旅游节庆活动丰富多彩。2000 年以来，松江先后举办了第三届"松江——上海之根文化旅游节"暨松江建县 1 250 周年活动，两届佘山国际沙雕节，六届佘山兰笋文化节，第四、第五届"松江——上海之根文化旅游节"，两届佘山元旦登高活动等。另外还有两次花车巡游、两个月湖狂欢节等。2000 年 10 月，上海首届佘山山地定向越野挑战赛总决赛在佘山举行。2001 年 9 月，举办了"中华百团游松江"活动首发式和上海市民游松江首发式。2002 年 1 月，举行了松江各界人士看松江活动首发式。2003 年，举办了"世茂杯"铁人三项国际积分赛。2004 年、2005 年，举办了全国汽车拉力赛。2005—2007 年，连续三年举办"汇丰"杯国际高尔夫冠军赛。这个时期，旅游方式也由原来的山水游、人文游扩展到休闲游、乡村游、工业游、户外体验游和会务度假游等。

九是旅游品牌建设日益凸显。8 家旅游企业先后进行 ISO 国际管理质量体系认证。他们是：兰笋山庄、青青旅游世界、上海方塔园、乐达旅行社、佘山国家森林公园、松江旅行社、松江宾馆和相伴天涯旅行社。松江旅行社和乐达旅行社先后荣获全国国内百强旅行社称号，其中乐达是连续 5 年荣获。有 8 家旅行社分别在 2004—2005 年度游客满意度测试中进入全市抽查单位中的前10名。佘山国家森林公园和上海方塔园被评为4A级旅游景区，其中上海方塔园还荣获市五星级公园，醉白池获四星级公园。五厍农业观光休闲园、上海影视乐园、高博特生物有限公司被评为2007年全国工农业旅游示范点，其中上海影视乐园还被评为上海市旅游协会2007年老年人最喜爱的短途旅游景区之一。上海天文博物馆、上海地震博物馆和佘山国家森林公园被定为上海2条科普旅游示范线路之一。2006年，游客满意度测试中松江列19个区县的第五名。在2006—2007年度政风行风评议中，松江连续2年列全市19个区县第2位。

十是旅游宣传、对外推介意识增强。2000年以来，松江旅游的对外宣传力度不断加大，每年均外出参加国内旅交会、国际旅交会、长三角南京推介会、宁波旅游投资洽谈会、浙江省旅交会，并立足市中心，参加南京路、四川路推介营销。2007年，还首次走出国门，参加日、韩市场的促销营销、宣传推广活动，自编宣传手册、折页、地图，先后有《松江导游词》、《松江名人轶事》、《松江风土人情》、《话说方塔园》、《佘山风光》、《松江旅游资讯》中、英、日、韩文版等。加大媒体宣传力度，每年均有千则信息报道松江旅游，拍摄了多部旅游宣传电视专题片等。加大广告投放力度，举办宣传活动。在1998年评出"松江十二景"的基础上，2007年又评出"松江新十二景"。

改革开放30年来，对松江旅游业的发展来说，经历了三个阶段，每个阶段时间都不太长。1978—1990年的13年，松江旅游还处在复苏阶段。1991—1999年的9年，松江现代旅游处于初创阶段。2000年至今的9年是松江旅游的成形阶段。周期都很短，这也顺应了时代的发展，周期缩短，变化之快，这是笔者感到特别要强调的一点。

随着各级领导的重视，松江的发展定位和佘山国家旅游度假区几大旅游休闲项目的建设推进，松江旅游的大发展阶段即将到来。

2008年3月

参考资料：

何惠明《松江古代历史问题考述》，原载何惠明编《云间考述》，第3—4页，汉语大词典出版社，2006 年 9 月版。

徐慕时《松江名源与别称》，原载何惠明编《茸城史录》，第 246—247 页，汉语大词典出版社，2004 年 7 月版。

齐民《开发松江旅游业之我见》，原载《松江史志资料》第 2 辑，第 15 页，2002 年 5 月 20 日。

《松江县志》卷三十一，人物，第 996—997 页，1002—1003 页，上海人民出版社，1991 年 8 月版。

《松江县志》卷三十一，人物，第 1007 页，上海人民出版社，1991 年 8 月版。

《松江县志》卷三十一，人物，第 1008—1009 页，上海人民出版社，1991 年 8 月版。

王淑良《中国旅游史》（上册），第 373 页，旅游教育出版社，1998 年 12 月版。

徐广明《迈向新世纪的松江旅游业》，原载《上海改革开放二十年（松江卷）》，第 124—125 页，上海科学普及出版社，1998 年 10 月版。

（原刊于 2008 年 5 月 30 日《松江史志资料》第 26 辑。后编入《松江轶事》第 403—421 页，方志出版社，2010 年 9 月版）

徐霞客与陈继儒的忘年之交及传文书信浅评

徐霞客是中国国土考察的先驱，是游历中国山河的鼻祖，这位“千古奇人”以35年的“奇游”，为后人留下了“千古奇书”——《徐霞客游记》。其“奇游”和“奇文”，而后成为“奇人”，除了其母亲的鼓励，与明代松江名人——世居佘山的陈继儒之忘年交不无关系。

徐霞客（1587—1641年），即徐弘祖，字振之，号霞客，南直隶江阴（今江苏江阴）人。生于明万历十四年，卒于崇祯十四年，卒年56岁。我国著名的地理学家、大旅行家，自幼“特好奇书，博览古今史籍及舆地志、山海图经”。及长，不愿涉足明末腐朽的官场，矢志远游，探究山川奥秘。20岁始游，至55岁，著有《徐霞客游记》。

陈继儒（1558—1639年），字仲醇，号眉公，松江华亭（今上海松江）人。生于明嘉靖三十七年，卒于崇祯十二年，卒年82岁。明后期全国闻名的大学者、文学家、书画家兼博物学家。一生著有多种著述，如《陈眉公全集》等。但一生隐居，自命处士，“屡奉诏征用，皆以疾辞”。

徐霞客与陈继儒的友谊交往延续了15年，直至俩人病故，常见于记载的是徐霞客三上佘山拜见陈继儒。而经笔者细考，徐霞客曾五次到佘山，四次与陈继儒见面，有许多感人故事，反映了他俩真挚、永恒的友情。为此，笔者本文将徐、陈俩人之间的忘年交及传文书信作个浅评。

一、徐霞客与陈继儒的初交

天启四年（1624年）五月，徐霞客在福建籍学者王畸海引荐下结识陈继儒。当时他是慕陈继儒大学问家之名，前去请他为母亲八十寿辰撰写寿文的。一个是声震朝野的名士，一个是不为人知的布衣。这一年徐霞客39岁，陈继儒已68岁。徐霞客初次造访是拘礼的。不料恰恰相反，倒是陈继儒被这位“墨额雪齿”、面容清瘦的后生深深吸引了，陈赞徐为“奇男子”，倒过来“叩”敬霞客。因为，霞客所谈“磊落嵯峨，奇游险绝”的探险故事，和他掩藏在清瘦仪表后的过人“胆骨”，令其折服、钦佩。陈继儒又了解到徐霞客母亲虽已年逾古稀，却因丈夫早亡二十年独立撑持家庭，卓具见识，鼓励霞客远游，实在是位“奇母”。当霞客受“父母在，不远游，孝子不登高，不临深”的古训束缚时，徐母鼓励霞客：“有志四方，男子事也。”她对圣人所谓“父母在，不远游”作了新的解释，认为只要父母儿女相互理解信任，远游未尝不可，不必牵挂自己，这种精神境界是非常不易的。而且徐母为了鼓励儿子远游，以80岁的高龄“偕游”善卷、铜官诸绝胜处。其母王氏以偕子同游来表示自己身体无恙，不必挂念。从而使陈对霞客母亲更生敬意，欣然同意为徐霞客母亲写寿文。全文见下：

寿江阴徐太君王孺人八十叙

陈继儒

余曾纂奇男子传数卷，每恨今人去古人太远，为慨叹久之。今年王畸海先生携一客见访，墨额雪齿，长六尺，望之如枯道人，有寝处山泽间仪，而实内腴，多胆骨。与之谈，磊落嵯峨，皆奇游绝事，其足迹半错天下矣。客乃弘祖徐君也。余叩曰：“亲在乎？”曰：“吾翁豫庵公捐宾客者二十年，独母王孺人久支门户，课夕以继日，缩入以待出，凡飦酡酒醴，涂茨朴斵，以及鸡埘牛宫之类，诸童婢皆凛凛受成于母。母无他好，好习田妇织，又好植篱豆，壅溉疏剪，绞绳插架，务令高蔓旁施。绿阴障日，辄移纬车坐其下。每当蕃实累累，则採撷盈筐，分饷诸亲族，余即以啖卯孙。”卯孙者，三岁背母，王孺人腹抱口哺之，今十岁，能读父书矣。

往徐君放绝世务，喜游名山，游必咨母命而后出。王孺人曰：“少而悬弧，长而有志四方，男子事也。吾为汝治装行矣。”徐君不借游符，不结伴侣，不避虫蛇豺虎，闻奇必探，见险必截；其腾踔转侧之处，皆渔樵猿鸟之所不窥，穆王八骏，始皇六龙之所未尝过而问焉者也。徐君忽一日仰天叹曰：“孝子不登高，不临深。聂政云：‘老母在，政身未敢许人也’。而我许身于穹崖断壑之间，何益?”独往独归，解其装，惟冷云怪石，及记若诗而已。王孺人迎，笑曰：“儿无恙！吾织布以易糈，摘豆以佐酒，卯孙从旁覆诵句读以挑汝欢：吾母子尚復何求哉?”

昔者，公父文伯退朝，朝其母，方绩。文伯请休。其母曰：“民劳则思，思则善心生；逸则忘，忘则恶心生。男女效绩。愆则有辟，古之制也。诗日频繁，礼日穜稑，后王君公之家且然，燕惰何以长世?”王孺人种豆离离，弄杼轧轧，此虽细小庞杂，其犹有诗礼之遗，意公父文伯母之家风乎？徐君朝饔夕餐，偃息衡门之下，与孺人声咳必俱，呼吸相应。母不必啮指倚间，儿不必望云陟岵。尚禽之岳五，严夫子之州九，姑且掉而置之梦游之外。尻车尚在，肉翅未生。何待去家离母，骖鸞控鹤之为快哉？“父母在，不远游。”吾闻其语未见其人。今见之孝子徐君矣。君酷好异人异书与奇山水，诗文沉雄典丽，而不屑谒豪贵，博名高。此畸海先生乐为之友，而余欲列之奇男子传中者也。是母生是儿，其亦可以輾然而引一觞否?

天启甲子五月小暑日，书于长生书屋

余初写此文，祝云：“不讹不落，徐母当百岁。”竟如所祝，闻弘祖祈梦于九鲤湖，九鲤之仙告之曰：“汝母寿踰百岁外”，自今以始由期及颐，余更续文一通，以为太君觞，并持余文，走焚九鲤罏中，以见仙梦之不妄也。

眉道人载记

该寿文今仍列于江阴马镇徐霞客故居“晴山堂石刻”中，从寿文中可见，徐、陈初次见面的情况如前文所述。寿文中对霞客父亲去世后，徐母独撑二十年，勤劳持家、鼓励霞客远游等大加赞颂。另外，在晴山堂石刻中，陈继儒还写过一篇跋，全文如下：

江阴徐一庵先生，长沙李文正志其墓，文待诏书，后为之赞。自正德庚午及天启乙丑，凡历六帝矣。岁远放失，赖五代孙弘祖，百计购求，捐田三亩始得之。非一庵之积德，弘祖之纯孝，不落蠹鱼酒鸱间，便为太山无字碑矣！感重赞叹，题其后归之。

华亭陈继儒书

这是一篇跋，叙述了徐霞客“捐田三亩始得之”，说的是徐霞客遵照母亲的意旨，整理修缮了祖上的传志、碑刻，并以三亩田的代价，赎回了关于十一世祖徐颐（1422—1483 年）的一批文物，包括李东阳撰、文徵明录的墓志铭，祝允明、文徵明写的像赞、石刻。这些石刻，连同后来倪云林、宋濂、唐寅、高攀龙、米万钟、文震孟、董其昌、陈继儒等为徐霞客写的记、传、铭、诗赋等七十余块的石刻，就是著名的“晴山堂石刻”。

仅仅是初次相会，徐霞客就与陈继儒结成了深厚的忘年之谊，他称陈继儒为“眉公”，陈继儒则因他酷爱旅行，经常餐霞宿露于山林野泽之间，为他起了“霞客”的别号，“徐霞客”之名便是从这时开始使用。“霞客”这个十分贴切又富有诗意的雅号从此便遍传天下。在这以后，陈继儒逢人便讲徐霞客母子，“极心力以彰之”，并且成为徐霞客远游的热心宣传与支持者。

二、徐霞客多次到佘山拜访陈继儒

就在徐为母求寿文的次年（天启五年，即 1625 年），徐霞客母亲终因积劳成疾病故。据记载，徐霞客在此时未忘记那位热情而十分推崇敬重他们母子的前辈陈继儒，特地至佘山登门约请他为父母写合传，即今在晴山堂石刻中的《豫庵公徐公配王孺人传》。全文如下：

豫庵公徐公配王孺人传

> 豫庵徐公，江阴人。徐之先有征君本中者，高皇帝命之持节谕蜀，辞官还里，蠲粟赈饥，奉玺书特表门闾。其后哀挽铭诔，出魏文靖、王文端、胡忠安、叶文庄诸公，皆当世如雷如霆之伟人，碑版几照四裔。传二百年来而有豫庵公，柴石先生之第三子也。十九罹父丧。兄弟六人，阄产析之。公得中堂，坚让于伯氏，而自处东偏之庳屋数椽。公与配王孺人芟草驱砾，始有居。节腹约口，始有廥廪。其旷地多怪石伟木，为洗剔部署，始有园池。未几中盗，避之梁溪。骑归堕河，蹶一足，杖而后行，以此未曾一窥贵人门。即秦中丞、侯司谏数诣公。闻驺从传呼声，匿不见，亦不往报谢。曰：“吾宁为薄，不能为通，与其为通，不如使二公有不报之客。”暇日敕三五家僮，具笋舆叶艇，往来虎丘、龙井间。摘新茗，爽斗 清泉，岸然旁若无人也。自负亢直，

齮龁于群豪，病气厥，病舌。王孺人医祷百方，乃瘥。其后，过季子冶坊桥之田舍，被盗困疾卒。弥留一月前，顾谓王孺人曰："季吾孽也，授产勿埒两儿。"孺人唯唯。已则鼎分田庐者三，其平如砥，而独与仲子弘祖俱。

仲妇许氏亡，遗孤卯孙。孺人哺而教之。尝语子孙云："吾初嫁时，太翁临子舍，吾投龙眼于茗椀中。翁不怿曰：'田骏家，何用此为。'余愧谢，谨裹而藏之。今两核俱在，可念也。"孺人织布精好，轻弱如蝉翼，市者辄能识之。手种篱豆，秋实累累，日课卯孙诸婢于绿荫中，命曰"碧云龛"。收藤成束共榾柮煨之，命曰："长命缕"。好事者竞传以为佳话。性介静，妇女烟，视软语疾如仇。数通三党有无，而绝不喜巫觋见鬼人等。门风德矩，淡素可师。弘祖出门为万里五岳之游，不敢食酒啖肉。非特恐点山灵，要亦念母氏三十年辛勤饭蔬故也。

初甲子岁恶，粟价翔踊，孺人命弘祖岁蠲数十石以活饿人，曰："有本中征君故事在。"弘祖欲新别馆以居孺人。孺人摇手曰："不如甃墓碑，有征君以下之遗像遗文在。又不如更建君山庙碑，有宣德时张公宗琏之俎豆在。"弘祖应命如响，捐赀成之。孺人且曰："是皆行豫庵公意也。"

嗟乎！人亡而不亡者石，石亡而不亡者文。孺人布衣妇，乃知文章为可贵，而弘祖又能远叩名公，求以不朽其亲者，厥辞良苦。董宗伯七十余，亲志其墓而手书之。徐氏自征君到今，凡后先地上地下之文，总皆不愧郭有道碑矣。公得年六十，孺人寿至八十一云。

陈子曰：余曾笑陶侃之母，拌薦剪发以给范逵。夏孟宗之母，作十二幅被以招贫士。是皆教儿啖名耳。弘祖远游，非宦非贾，非投谒。而山水是癖，一奇也。独身而往，独身而归，一奇也。弘祖登华山之青柯坪心动，既抵舍，得视孺人汤药，含殓悉无憾，一奇也。方以外付之，弘祖听其膏肓泉石；方以内付之，亮采亮工两文学听其发冢诗书。孺人呗诵而外，百无与焉，一奇也。假令豫庵公在，度且为庞德公庞居士，岂愿孺人为夏母陶母乎？弘祖之奇，孺人成之；孺人之奇，豫庵公成之。可以传矣！可以传矣！

通家陈继儒撰　年家文震孟书

传文对徐母在家道中落、丈夫先逝的情况下操持家庭所记甚详。对王孺人勤俭持家的精神加以称道。还叙述了王孺人是位心胸豁达、见识卓异、见义必为的女中之英。徐母所居房屋潮湿昏暗，霞客准备为她建造新居，她坚决推辞，对霞客说：与其用钱给我造新房，不如将先祖留下的墓碑文物保护起来，以表彰先德，教育后代。霞客遵照母训，在她八十大寿前夕建好了"晴山堂"。天启四年（1624年），江南大灾，粮价暴涨，乡人遭难，徐母命霞客用数十石粮赈济饿户；后又让霞客捐资修复了宗祀和明初清官张宗琏的江阴君山庙。徐母的这种义举，是十分难能可贵的。

这篇传文中后面有一句十分感人又耐人寻味的话："弘祖之奇，孺人（徐母）成之；孺人之奇，豫庵公（徐父）成之。"这正是对徐霞客一家人最为客观又贴切的评价。

徐霞客的祖上是江南大族，书香门第，家史上，为官者甚少，隐居乡里以田园山水自娱者甚多。上辈的民族正气和无意功名利禄、厌恶达官贵人、不与权贵交往的祖风，徐父的性格情趣和为人处事，徐母的谆谆教诲和全力支持，对霞客舍弃功名、隐居不仕，以身许山水的性格、情趣及爱国主义思想的形成，矢志于地理考察事业有着至关重要的影响和作用。

崇祯元年（1628年）中秋，43岁的徐霞客闽游归来，第三次来到陈继儒结庐隐居的松江东佘山。在陈继儒的"顽仙庐"里，徐霞客谈到了三年来的情况，尤其是居丧期满后的浙、闽、粤之游，他与黄道周的结识，以及他决定择日西游、献身于山水地理考察的志向……他时而栩栩神动，时而激昂慷慨，本来有些寡言的徐霞客竟然滔滔不绝、一反往常。陈继儒对他的叙述十分感兴趣，对他的大志也许诺大力帮助。乘兴他又邀霞客到西佘山的另一位有山水之好的隐居者施子野（绍莘）处，三人诗酒相对，歌舞助兴，同叙山水情，共赏中秋月，在施的"西佘草堂"度过了美好的夜晚。显而易见，霞客8年后的西南万里行的大愿，是与陈继儒的帮助和鼓励分不开的。

在这次拜访的三年以后，（崇祯四年，即1631年），据《游记》记录："不三年，又同长卿（陈仁锡字）复寻其胜。"徐霞客第四次来到松江佘山。访问施子野居宅，此时施子野的"西佘山居"已易主，施也迁居别处，徐只得败兴而归。按常理与霞客交友的特点，对陈继儒他不会过门不入，两人是否见面？可惜无记载。

三、徐霞客将最后一次西南远游的起始点放在了佘山

崇祯九年(1636年)秋，徐霞客西南之游前，第五次来松江佘山。

据《游记·浙游日记》载：

“丙子九月……二十四日　五鼓行。二十里至绿葭浜，天始明。午过青浦，下午抵佘山北，因与静闻登陆，取道山中之塔凹而南，先过一坏圃，则八年前中秋歌舞之地，所谓施子野之别墅也。是年，子野绣圃征歌甫就，眉公同余过访，极其妖艳。不三年，余同长卿过，复寻其胜，则人亡琴在；已有易主之感。(已售兵郎王念生。)而今则断榭零垣，三顿而三改其观，沧桑之变如此。越塔凹，则寺已无门，唯大钟犹悬树间，而山南徐氏别墅亦已转属。因急趋眉公顽仙庐。眉公远望客至，先趋避；询知余，复出，挽手入林，饮至深夜。余欲别，眉公欲为余作一书寄鸡足二僧，(一号弘辩，一号安仁。)强为少留，遂不发舟。

二十五日　清晨，眉公已为余作二僧书，且修以仪。复留早膳，为书王忠纫乃堂寿诗二纸，又以红香米写经大士馈余。上午始行。盖前犹东迂之道，而至是为西行之始也。三里过仁山。又西北三里，过天马山。又西三里，过横山。又西二里，过小昆山，又西三里，入泖湖。绝流而西，掠泖寺而过。寺在中流，重台杰阁，方浮屠五层，辉映层波，亦泽国之一胜也……”

从上述日记中可见，这是徐霞客西南之游前，最后一次到松江佘山，是特地向陈继儒拜别。

这里有几个重要的环节必需交代一下。一是在徐霞客西南之游前，曾与陈继儒有过书信来往，这部分内容在后面专作叙述；二是霞客自江阴出发，经无锡、苏州、昆山、青浦至佘山，并非由江南运河直达杭州，而是迂道东行到佘山，并把佘山作为此次西行的起始地，“前犹东迂之道，而至是为西行之始也，”可见他将陈继儒看得是非常重要，说明陈对他西行给予了很大帮助和支持；三是这次远游是早经筹划的，西行的主要路线，包括云南鸡足山，也早已确定。而《游记》的百分之八十的内容是从此次西行开始记录的；四是日记中提到的“静闻”，指的是江阴迎福寺僧静闻和尚，

为了将刺血写成的《法华经》供于鸡足山，和徐霞客同行。后静闻在途中病亡于南宁，徐将静闻骨殖带到鸡足山安葬，实现了朋友的遗愿；五是日记中记叙到"八年前中秋歌舞之地"，指的正是"崇祯元年"(1628 年)他第三次拜见陈继儒那年的事。而"不三年，余同长卿过，复寻其胜，则人亡琴在"，则证明三年后的崇祯四年(1631 年)徐第四次来过佘山。"三顿而三改其观"，则说明他三次来此，每次的面貌都不一样；六是徐霞客此去西南路遥日久，陈继儒也年过八十，对他们来说几乎已是最后一见了(三年后霞客在云南鸡足山考察时，陈继儒病逝)。第五次拜见，可见陈继儒多年来对徐霞客的关切与忘年情谊也达到了顶点。

陈主动为徐写好了好几封给西南友人的信札，据《游记》前后提到的，这些信分别写给丽江土司木增、鸡足山僧侣弘辩、安仁、云南晋宁学者唐泰等人，而且是写两份，一份寄出去，一份让霞客随身带去，可谓考虑得十分周备。这封封信函都为了一个目的：使徐霞客在远游途中能得到种种方便，使霞客一旦遇到困难可以获得帮助。正如陈继儒所耽心的那样，徐霞客在游到湖南湘江时，遭遇行李被盗，随行李中的银两、信函全部失去。好在云南的这些友人均已收到陈寄来的信件，早已恭候霞客的到来。对已 81 岁高龄的陈继儒来说，这是他所能给予徐霞客的最大的帮助了，而对霞客来说也恰恰是最珍贵的、最有价值的帮助。

四、徐霞客西南远游前与陈继儒的书信来往

由上海古籍出版社 2007 年 10 月出版的《徐霞客游记》(褚绍唐、吴应寿整理)中将徐霞客的《致陈继儒书》和陈继儒《答徐霞客》一起编入卷十下附编"诗文・书牍"之中。而由吕锡生点校的广陵书社 2009 年 1 月版的《徐霞客游记》则将《致陈继儒书》编入了正文卷一最后一篇，列在卷二浙游日记之前，也是该版本中唯一的一封书信，可见其书信的重要性。全文如下：

致陈继儒书

每晋谒，非祁寒即溽暑。犹记东郊雪色，佘坞松风，时时引入着胜地也。此旷古胜事，弘祖何人，乃每岁得之老先生。挟纩披襟，骨朽犹艳。前又蒙即席成韵，使王母筵端，标霞回汉。觉周穆王之白圭重锦，俱为夺色；董双成之琅璈云和，难与兢响，真堪白云谣赓酬矣！敝乡暑旱为厉，自三时至三伏，无浥塵之滴。环望四境之外，无不沾足者，独一方人苗俱槁，如火城炭冶，朝夕煅烁，想独劫灰此一块土也。遥引清标高荫，又不觉出九天之上矣。

弘祖将决策西游，从牂牁夜郎以极碉门铁桥之外。其地皆豺嗥虎啸，魑魅纵横之区，往返难以时计，死生不能自保。尝恨上无以穷天文之杳渺，下无以研性命之深微，中无以砥世俗之纷沓，惟此高深之间，可以目摭而足析。然无紫囊真岳之形，而效青牛出关之辙，漫以血肉，偿彼险巇。他日或老先生悯其毕命，招以楚声，绝域游魂，堪傲玉门生入者矣。特勒此奉别。

计八月乘槎，春初当从丽江出番界。昔年曾经其地，候一僧失期而返。窥其山川绝胜，以地属殊方，人非俗习，惴惴敛屐去。前从函丈读《木氏世传》，始知其裒然贤者，何第夜郎之翘楚乎。乃信九夷之思我圣人，固非虚拟，而东鲁西羌，声气固自旁通。幸藉鸿辉于复函中，不靳齿牙之余，或他时瓢笠所经，偶有不测，得借以自解，使之无疑其他。即开山之图，护身之符，不啻矣！若其使已去，不识可以一函赍往乎？弘祖于中原地主，悉不欲一通姓名，何敢妄及殊俗？正以异域之灵岨閟景，靡非蜀道，非仰资旭轮，无以廓昭霾藏耳。万源分派，总属朝宗，众峤悬标，具瞻东岱。印川之心，不殊景岳之思。靡替临风，无限神遄。

徐弘祖

这封信，写于崇祯九年(1636 年)七月，徐霞客开始他一生中行程最远、为时最长的西南远游，时年 51 岁。信中，霞客直白地宣示了献身旅行考察事业的动机，是他对自己襟怀和人生态度的披露。在开始生死未卜的远行前夕，他向挚友陈继儒倾吐肺腑：深感自己既不善于研讨天文奥秘、考究性命义理，又不善(不愿)陷身于纷繁的世俗事务，但也不愿碌碌无为，终老园田。于是，选择了实地考察山川地貌的事业。这次西行，尽管知道去的是“豺狼虎啸、魑魅纵横之区”，知道“往返难以时计，死生不能自保”，但在终老园田和万里遐征之间，徐霞客还是选择了后者。他要实现自己的人生理想，实现自己的价值，实现他亲历亲为，深入考察广袤的祖国山河大地的夙愿。他引用老子骑青牛西出潼关的典故，表示西行的决心。他已经作好弃骨荒徼绝域的准备，在信中与陈继儒诀别："他日或老先生悯其毕命，招以楚声，绝域游魂，堪傲玉门生入者矣。特勒此奉别。"寥寥数语，一个惊世骇俗、具有可贵的独创精神，具有强烈的使命感、责任感，置生死于度外的先进知识分子形象，昂然立起——《致陈继儒书》为我们开启了一扇探求徐霞客思想、精神面貌的重要门户。

这封信还为研究徐霞客平生游踪，提供了宝贵线索。谈及西行丽江的计划，霞客说："昔年曾经其地，候一僧失期而返。窥其山川绝胜，以地属殊方，人非俗习，惴惴敛屐去。""昔年"何年？"其地"何地？均有待落实。到云南丽江，如不道经贵州，就只有入川经峨嵋山而下。关于徐霞客曾否到过四川，一直是他游踪的一个悬案。褚绍唐先生《徐霞客曾否游川质疑》即主要据这段话，联系有关传志及《游记》行文作了肯定回答。但也有人持不同见地。不论与否，徐霞客研究者们对霞客的这段自白，自不能等闲视之。

和《游记》秉笔直书、不事雕饰的风格不同的是，《致陈继儒书》言志叙事，比较注意词章，用典及骈俪的文句均较多。这是我们到目前为止仅见的霞客书信，弥足珍贵。

陈继儒在收到徐霞客的信后，当即给徐霞客回了一封信，全文如下：

答徐霞客

吾兄高瞰一世，未尝安人眉睫间。乃奇暑奇寒，辄蒙垂顾，不知何缘得此！且弟好聚，兄好离；弟好近，兄好远；弟好夷，兄好险，弟栖栖篱落，而兄徒步于豺嗥鼯啸魑鬼纵横之乡。不谒贵，不借邮符，不觊地主金钱，清也；置万里道途于度外，置七尺形骸于死法外，任也；负笠悬瓢，惟恐骇渔樵而惊猿鸟，和也。吾师乎徐先生也！儒桃虫壤蚓，讵敢逐黄鹄而问其所之乎！今寓内多故，尧舜在上犹有水旱夷狄盗贼之忧，此无他也，遇半稔则吏梳而官篦之；遇流劫则寇梳而兵篦之，京陵虽幸太平，而秦晋楚洛之涂炭极矣！吾兄决策西游，不若姑待而姑缓之，以安身立命为第一义。圣明诛赏必信，剿抚兼行，鬼神有厌乱之心，胁从怀求赦之意，廓清扫荡，弹指可期。当此时也，弟为驴背之希夷，兄为鹤背之洪客，采灵药，访道人，任运所之，张弛在我，何必崎岖出入于颅山血海而始快乎山之奇游乎！伤哉！文林两相国相继岱游，未了之事，石斋能补，但恐石人未肯点头耳。

丽江木公书遵命附往，并有诗扇一柄、集叙一通，以此征信。此公好贤若渴，而徐先生又非有求于平原君者。度必把臂恨晚，如函盖水乳之合矣。珍重珍重，归欤归欤！出游记示我，请为涤耳易肠而读之。“楚些”未敢闻命。

陈继儒

不愧为徐霞客至交，陈继儒以自己和霞客相比较，用“弟好聚，兄好离……”、“置七尺形骸于死法外”不到50个字就准确地勾勒出徐霞客不同凡响的风貌。他深知此行之艰巨，力劝霞客“不若姑待而姑缓之，以安身立命为第一义”、“何必崎岖出入于颅山血海而始快乎山之奇游乎！”话是这么说，然而陈继儒知道去志已决的霞客是不会放弃既定计划的。他还是应霞客之请尽可能提供了帮助。除了给丽江木公的信，还给霞客带去“诗扇一柄、集叙一通，以此征信”。可惜信和携物都于湘江遇盗时遗失。尽管如此，霞客西行到昆明后很快结识了滇中名士唐泰（字大来），从而在游资告罄之际得到大来的帮助。他在《游记》中深有感慨地记道：“大来虽贫，能不负眉公厚意，因友及友，余之穷而获济，出于望外如此！”而且得知“丽江守相望已久”（《游记·滇游日记四》），都说明陈继儒还曾另外写信为徐霞客作了介绍安排。如陈继儒在给唐泰的信中说：“良友徐霞客，足迹遍天下，今来访鸡足并大来先生，此无求于平原君者，幸善视之。”（《游记·滇游日记四》）在崇祯十一年（1638年）十月二十三日日记中，旅途中的徐霞客深深感激陈继儒的帮助，说他“用情周挚，非世谊所及”。

这西行前俩人的往来书信，正是俩人友谊的见证。而陈继儒给西南友人的信，则是陈为徐西南行所做的最大的帮助，是友情的具体化表现。徐陈俩人是忘年交，俩人的友谊交往是非常的真挚，不带任何私利，一心只为对方着想，关心对方，支持对方。在今天市场经济的背景下，人与人之间的交往该如何对待？先贤的朋友情是我们的楷模，是值得我们继承并弘扬的。

2009年是陈继儒逝世370周年、徐霞客逝世368周年，特撰写此文以志纪念。

参考书目：

1.《徐霞客游记》，上海古籍出版社，2007年10月第1版，褚绍唐 吴应寿整理

2.《徐霞客游记》，广陵书社，2009年1月第1版，吕锡生 点校

3.《徐霞客与山水文化》，上海文化出版社，1994年5月第1版，郑祖安 蒋明宏 主编

4.《徐霞客论稿》，上海古籍出版社，2004年8月第1版，周宁霞著

2010年1月

（原刊于2010年1月10日《松江史志资料》第31辑。后编入《松江轶事》第63—74页。2010年8月编入上海辞书出版社《上海佘山国家旅游度假区志》第317—324页。本文转载于无锡市徐霞客研究会主办的《徐霞客与当代旅游》2011年试刊号第43—49页）

明江阴晴山堂石刻与华亭八名士墨迹

在江苏江阴马镇有徐霞客故居、徐霞客移葬墓和晴山堂。晴山堂中有明代的263年间，90位诗文书法大家用隶、楷、行、草为徐霞客及其先世所题的95篇诗文墨宝。

徐霞客在旅游的同时用了13年时间收集整理后，请良工勒之于石，藏于晴山堂内，是徐霞客除了《游记》之外鲜为人知的又一大贡献，为中华文化宝库中增添了又一璀璨夺目的文化遗产。

在90位诗文书法大家中，进士及第者55人(其中状元8人)，一品当朝的内阁大学士有11人，帝王之师的侍读学士7人，礼部尚书9人，国学监祭酒5人，书画双绝者17人。单从书法艺术而论，明朝一代13位公认的书法代表就有8位，他们是：宋广、宋克、沈度、文徵明、祝允明、董其昌、米万钟、张瑞图。可谓集明代书法之大成。如此规模的书法精品能集于一堂，且保存至今，实为不易。现《晴山堂石刻》已列为国家级文物保护单位，它的历史价值、文献价值、艺术价值都是无可比拟的。

在这90位诗文书法大家中，原松江府华亭人就有8位，他们是杨维桢(迁居)、陈壁、沈度、钱福、陈继儒、杨汝成、范允临、董其昌。如果按地区划分，华亭人和长洲人各有8位，占首席。华亭8名士的墨宝为何会出现在晴山堂石刻中？他们都写了些什么？他们与徐霞客及其先世有什么联系？本文从两方面作一记述。

一、徐霞客家族与晴山堂

江阴徐氏是一个饶有赀财的江南大族，也是一个敦诗说礼的书香门第。

一世祖徐锢，字子固，河南新郑人，北宋末年任开封府尹，扈从高宗南迁临安（今杭州）。二世徐克谊官浙江文安县尉。三世徐允恭为明州录事。四世徐守诚，庆元年间做了吴县尉，其家便由浙迁吴。

五世千十一，字名世，守诚长子，南宋末年做过承事郎。千十一具有强烈的民族气节，南宋灭亡后，他告诫子孙"誓不仕元"，携家由吴县迁到江阴，在梧塍里过着"其居田园，其业诗书"的隐居生活。千十一实际上是江阴梧塍徐氏的始祖，千十一有三子：伯三、伯四、伯十。

六世伯三、七世亨一均恪守父祖之训，隐居不仕。八世徐直，字均平，生于元末明初，能诗善画，与倪云林友善。后随明军远征，客死云南。

九世徐麒（1362—1445 年），字本中，号心远，生于明初，是徐氏家族转盛的关键人物。徐麒青年时曾拜文学家宋濂为师，他治学只讲究经书大意而不拘泥于章句。明太祖时应诏出使巴蜀，招抚西羌，功成返京。朝廷欲授其显职，他以"料理浩繁家业以富国用"为由推辞归里。在乡，徐麒率督亲族垦荒辟田，从事农桑开发，且告诫子孙"务农重谷"，被推为万石粮长。徐家田产猛增到近十万亩，成为江南首富。晚年，筑心远书斋，谢绝宾朋，读书修行。生有四子：忞、懋、愈、应。

十世徐忞（1393—1476 年），字景南，号梅雪，又号退庵，徐麒长子。正统年间，与弟徐愈（字景州）奉父命出谷四千斛赈灾，景泰年间再次"上粟公痍"，又"进鞍马助边"，抗击瓦剌南侵，先后两次受旌，拜为"义官"。徐忞生活节俭，注重读书修身。晚年，也作一书斋，内陈经史，外植梅花，以示高洁。徐忞与文人骚客相聚，赋诗作文，优游田里，笑傲林壑，怡然自乐。有三子：颐、泰、坤。

十一世徐颐（1422—1483 年），字惟正，号一庵，徐忞长子。少习《周易》，壮年时游学北京，从太常寺少卿黄蒙（字养正）学书法。英宗时因善书而入中书科，升为中书舍人，因被牵涉王振之党，以疾告归。事后，朝廷欲复用，徐颐用赡养高堂之由加以拒绝。他希望儿子登科入仕，在僻静之处建筑书房，督课儿子甚严，往往夜半才罢，且以重金聘请状元钱福（松江华亭人）、翰林张泰为塾师。徐颐可称是霞客先祖中的第一个文人。从此以后，徐家不仅有富名，而且有了文名，后世代代有著作。徐颐生二子：元献、元寿。

十二世徐元献(1454—1481年)，字尚资，号梓庭，徐颐长子。元献从小聪颖，十岁能赋诗，来宾叹慕，都说："徐氏有子。"以钱福、张泰为师，好学不倦，承其家学，除攻读《易》之外，对经史子集广加涉猎。成化十六年(1480年)中应天乡试经魁举人。次年会试落第，后因苦读夭亡。其父徐颐亦悲伤而病死。元献著有《达意稿》。

十三世徐经(1473—1507年)，字衡父，又字直夫，号西坞，元献独子，霞客高祖。徐经性格内向，一生唯书是乐，对六经、诸子百家之文很有研究，在江南颇具文名，与吴中唐寅、文徵明、祝允明等互相推崇。弘治八年(1495年)中应天府乡试举人。弘治十二年(1499年)与唐寅同舟北上会试，结果被诬以"贿金得题"，酿成科场大案，革去功名，废锢终身。正德年间，作北上旅行，客死京师，年仅35岁，著有《贲感集》。徐元献和徐经父子因科场事相继夭折。徐氏遭此打击，从此转向衰落。徐经有三子：沾、洽、治。

十四世徐洽(1497—1564年)，字悦中，号云岐，徐经次子，霞客曾祖父。17岁即由县学选入国子监，在国子监生中颇有名气，但科场不利，七次会试，七次落第，不得不捐资为官。后升鸿胪寺主簿，在职九年，辞归故乡。著《云岐小稿》。有五子：衍芳、衍嘉、衍成、衍禧、衍厚。

十五世徐衍芳(？—1563年)，字汝声，号柴石，徐洽长子，霞客祖父。衍芳自幼在其父严督之下，终日埋头书斋，他最擅长古文辞，有《柴石遗稿》。与先辈一样，衍芳兄弟五人中，有三人因科场失意而夭折，徐洽也因连丧三子悲痛而亡。徐洽、徐衍芳父子生活在嘉靖年间，时值东南沿海倭寇猖獗，江阴也遭骚扰，徐洽、徐衍芳在家乡积极发动绅民进行抗倭斗争。他们颂扬宋末抗元英雄文天祥和江阴抗倭知县钱錞的民族气节和爱国精神，出资修城，训练乡兵，多次要求官府派兵前来。徐洽父子的抗倭言行，是霞客先祖爱国主义精神的表现，对霞客有很大影响。徐衍芳有六子：有开、有造、有勉、有及、有登、有敬。有勉就是霞客的父亲。

十六世徐有勉(1545—1604年)，字思安，号豫庵，徐衍芳三子。是个洁身自好、自负亢直的布衣之士。父亡时有勉才19岁，鉴于父祖科场悲剧和明末社会政治腐败，不再应试，摈绝仕途之念。也不希望儿子醉心功名，他既无意功名利禄，也"不喜冠带交"，兴趣在于园林与山水。中年后遭盗身受重创，不久病故，年60岁。有勉去世之时，霞客年仅17，家庭的不幸遭遇铭记在他的心中，父亲的性格爱好也深深地影响着他。徐有勉有三子：弘祚、弘祖、弘禔。

霞客成年后，其母王氏为兄弟三人分析家产。长兄徐弘祚居崇礼堂，幼弟徐弘禔出居冶坊桥别墅，徐霞客则另营新居，徐母与霞客生活在一起。明泰昌元年(1620年)，霞客又在所居院内增建"晴山堂"。晴山堂的建筑和得名有其来历：相传霞客35岁时，徐母身患重病，长久不愈。霞客四处求医，又到福建九鲤仙祠求签，问母病势，求得一签语："四月清和雨乍晴，南山当户转分明。"不久果然灵脸，徐母病愈。霞客"为娱寿母"，兼以保存明代倪瓒、宋濂、李东阳、米万钟、文徵明、唐寅、祝允明等文人名流为其先祖所书的题赠序记、墓志碑铭，便取"晴转南山"之意，筑了晴山堂。堂成不久，适逢其母80大寿。天启四年(1624年)，霞客又邀四方文人墨客如董其昌、黄道周、高攀龙、王思任、张大复、陈继儒、陈仁锡、陈函辉等题待作图，共庆母寿，连同有关先世的墨迹，一并勒石存于堂内，这便是后来"拓本流传"、"人争宝贵"、被视为"与唐碑宋碣并重"的《晴山堂石刻》。

晴山堂在明末清初遭到焚劫，后来石刻陈于徐家宗祠内。"文革"时期险些被视为"四旧"破除，幸有当地一小学教师在石刻上刷了石灰才得以保存。1978年，有关部门移址重修了晴山堂。新修的晴山堂面朝东向，是一座有淡灰色围墙、青砖沟瓦的仿明代建筑。堂正中上方挂有朱穆之题"晴山堂"匾，下方有"徐母教子"雕像。堂三面墙壁上嵌着由90位明代名人撰写的反映徐霞客及其父母、先祖事迹的诗文墓铭计95篇76块石刻。晴山堂后院则安置着徐霞客的移葬墓。

二、晴山堂石刻与华亭八名士的墨宝

《晴山堂石刻》的价值体现在石刻原件，体现于它的历史文献和书法艺术，石刻与松江方塔园内其昌廊中的董其昌临怀素帖大小相同、风格一致。鉴于本文只能文字记述，在此只能将"为谁写"和"写什么"简述如下：

由中央文献出版社2006年5月出版的《晴山堂法帖》中编排，杨维桢为首篇。

杨维桢(1296—1370年)，字廉夫，号铁崖，又号铁笛道人，东维子等，诸暨人，元末定居松江。元文学家、书法家。泰定四年(1327年)进士，明初太祖召至京，修礼乐。诗名擅当时，号“铁崖体”。书法善行、草，清劲可喜，矫杰横发。有《东维子文集》、《铁崖先生古乐府》等。他所处的年代与徐霞客的八世徐直同时代，因徐直与倪云林很要好，倪云林于洪武三年（1370 年）为徐霞客的九世徐麒，绘了《本中书屋图》，当时徐麒仅 9 岁，杨维桢与倪云林是好友，在晚年（1370 年）作了赠诗，诗文如下：

本中书屋图与云林子赋

蓉城　徐郎十岁耳，琼芽轩轩。已有餐霞御飚之异。云林子以世好命之字曰本中。复为掞墨。予时在阁中，顾索赋，遂并纪一绝。

小凤遐飞碧玉京，玄亭抵掌共卿卿，图成好识先天语，十二楼头第六楹。

铁史　维桢

陈璧（生卒年不详，活动于十四世纪后期），字文东，号谷阳生，松江华亭人，洪武间（1368—1398 年）秀才，任解州判官，调湖广，学书者争事之。以文学知名，曾受教于杨维桢门下，尤善篆、隶、真、草，流畅快健。宋克游松江，璧曾从其受笔法。然陈多正锋，而宋多偏峰。此名士《松江县志·人物卷》中无记载。从“洪武间秀才”和“宋克（1327—1387 年）游松江”的记载来看，他应比宋克年少。写诗“送徐本中”，诗文如下：

送 徐 本 中

清声特操挺冰霜，持节明时向远荒。岁晚三巴同雨露，归来应自续长杨。

文东　陈璧

沈度（1357—1434 年）字民则，号自乐，松江华亭人。少时刻苦力学，工篆、隶、楷、行和八分书，笔法婉丽，雍容矩度，其“台阁体”独领风骚。成祖初即位，诏简能书者入翰林，给廪禄，后迁侍讲学士，度深为帝所赏识，称为“我朝王羲之”。在《晴山堂石刻》中有诗一首，沈度晚年时为徐忞的梅雪轩作序，诗文如下：

题退庵梅雪轩序

幽居俯寥廓，高怀托箕颍，杖策聆虚籁，钩簾挹清景。琴馀舞鹤闲，睡熟啼鸟迴。懒梦松生腹，退处乐闲静。扣户惊客来，桐花落深井。俛仰天地间，消长理自省。悠然尘事远，闃矣日初暝。竹林春雨香，试荐一瓯茗。

云间　沈度

钱福(1461—1504年)，字与谦，所居近鹤滩，因以“鹤滩”为号，松江华亭人。弘治三年(1490年)进士第一名及第(状元)，授翰林修撰。诗文以敏捷见长，远近以牋版乞题者无虚日。有《鹤滩集》。钱曾任徐霞客十二世徐元献的塾师。晴山堂留下的墨宝为“与薛章宪、徐经早起联句”。十三世徐经，系霞客高祖。诗文如下：

与薛章宪、徐泾早起联句

吹老蒹葭瓦欲霜，福篝灯晤语杂寒蛰。先生坐拥青绫被，章宪孺子言求白鍊裳。萸酒辟寒烘满盏，经芸编竞富乳摊床。夙心自快夜不寐，福壮志未甘宵竖降。啖紫团参芦菔酢，章宪嚜黄矮菜韮萍浆。隔邻鼾睡或时寱，经对榻欢呼发出狂。鼓角递声思战伐，福珮环生乡忆趋跄。旋惊烛炧一寸许，章宪不道日高三丈强。敢复踰垣问泄柳，经聊须畏垒著亢桑。鹿蕉梦醒哄堂笑，福鬻麦唫成绕户行。手搏空拳鏖白战，章宪眉分曲局宛清扬。高歌起鼓恽之缶，经突舞行持伯也珰。力歇扶摇鹏杀羽翮(上面顶个字什么意思)，福心惊霹雳雁悲创。谈雄翡翠霏金屑，章宪神朗蟾蜍莹玉肪。夜警鸡鸣思越石，经空横隼击定磻姜。忽从春去伤鶗鴂，福已觉秋高爱鸝鸖。那讶柳肢随象板，章宪差疑瓠齿露犀瓤。麦蕞薏苡谢药饵，经粔籹粻餭储糗粀。牙颊阑干便苜蓿，福骨毛葱蒨倚篔筜。寓公他日人应说，章宪便欲移家芘召棠。福

弘治辛酉秋九月，江阴使君涂侯宾贤延余于道院。慎择宾从，得薛尧卿章宪、徐直夫经聚首。余以为奇遇也。连榻夜话不能寐，又不忍别去。相于效韩孟先辈，为联句二十韵。噫！二难四美，振高风于千载，龙蛰蠖信，抹浮云于一睫。辞非所较，情或可陈。后之览者当有感于斯言。

华亭　钱福　与谦志

陈继儒(1558—1639年)字仲醇、眉公,号麋公,眉道人,松江华亭人。与同郡董其昌齐名,年29,焚弃儒衣冠,徙小昆山之阳,晚年隐居佘山。与徐霞客为忘年交。饶智略,子史百家靡不精研。工诗文,于苏轼书虽断简残碑,必极搜採,手自摹刻,曰《晚香堂帖》。善写水墨梅、竹及山水,气韵空远。有《眉公秘笈》、《皇明书画史》、《书画金汤》。天启四年(1624年),受徐霞客之邀,为徐母八十大寿写寿文。全文如下:

寿江阴徐太君王孺人八十叙

余曾纂奇男子传数卷,每恨今人去古人太远,为慨叹久之。今年王畸海先生携一客见访,墨额雪齿,长六尺,望之如枯道人,有寝处山泽间仪,而实内腴,多胆骨。与之谈,磊落嵯峨,皆奇游绝事,其足迹半错天下矣。客乃弘祖徐君也。余叩曰:“亲在乎?”曰:“吾翁豫庵公捐宾客者二十年,独母王孺人久支门户,课夕以继日,缩入以待出,凡飦酡酒醴,塗茨朴斵,以及鸡埘牛宫之类,诸童婢皆凛凛受成于母。母无他好,好习田妇织,又好植篱豆,壅溉疏剪,绞绳插架,务令高蔓旁施。绿阴障日,辄移纬车坐其下。每当蕃实累累,则採撷盈筐,分饷诸亲族,余即以啖卯孙。”卯孙者,三岁背母,王孺人腹抱口哺之,今十岁,能读父书矣。

往徐君放绝世务,喜游名山,游必咨母命而后出。王孺人曰:“少而悬弧,长而有志四方,男子事也。吾为汝治装行矣。”徐君不借游符,不结伴侣,不避虫蛇豺虎,闻奇必探,见险必截;其腾踔转侧之处,皆渔樵猿鸟之所不窥,穆王八骏,始皇六龙之所未曾过而问焉者也。徐君忽一日仰天叹曰:“孝子不登高,不临深。聂政云:‘老母在,政身未敢许人也’。而我许身于穹崖断壑之间,何益?”独往独归,解其装,惟冷云怪石,及记若诗而已。王孺人迎,笑曰:“儿无恙。吾织布以易糈,摘豆以佐酒,卯孙从旁覆诵句读以挑汝欢。吾母子尚复何求哉。”

昔者,公父文伯退朝,朝其母,方绩。文伯请休。其母曰:“民劳则思,思则善心生;逸则忘,忘则恶心生。男女效绩。愆则有辟,古之制也。诗日频繁,礼日穜稑,后王君公之家且然,燕惰何以长世?”王孺人种豆离离,弄杼轧轧,此虽细小庞杂,其犹有诗礼之遗。意公父文伯母之家风乎？徐君朝饔夕餐，偃息衡门之下，与孺人声咳必俱，呼吸相应。母不必啮指倚闾，儿不必望云陟岵。尚禽之岳五，严夫子之州九，姑且掉而置之梦游之外。尻车尚在，肉翅未生。何待去家离母，骖鸞控鹤之为快哉。“父母在，不远游。”吾闻其语未见其人。今见之孝子徐君矣。君酷好异人异书与奇山水，诗文沉雄典丽，而不屑谒豪贵，博名高，此畸海先生乐为之友，而余欲列之奇男子传中者也。是母生是儿，其亦可以口展然而引一觞否？

天启甲子五月小暑日，书于长生书屋

通家陈继儒顿首撰

余初写此文，祝云：“不讹不落，徐母当百岁。”竟如所祝，闻弘祖祈梦于九鲤湖，九鲤之仙告之曰：“汝母寿踰百岁外”，自今以始由期及颐，余更续文一通，以为太君觞，并持余文，走焚九鲤罏中，以见仙梦之不妄也。

眉道人载记

杨汝成（生卒年不详，活动于十七世纪前期），字元玉，号云间史氏，松江华亭人。天启五年（1625 年）进士，与徐霞客族叔徐日升为同科进士。该名士在《松江县志·人物卷》中无记载，天启四年（1624 年）在晴山堂石刻中留有“秋圃晨机为徐太君赋”。诗文如下：

秋圃晨机为徐太君赋

晨风瑟瑟吹野香，豆花一亩秋阴凉。密叶青枝泫朝露，红芳翠英垂篱旁。君家阿母凌晨起，纬车独纺秋阴底。轧轧轻声露下鸣，万缕烟丝遽堪理。豆花时落隔秋篱，晨光欲上纬车移。手荷筠筐撷新荚，日高炊饷卯孙饥。徐君骨相烟霞侣，域内名山游八九，仙洞常寻五色芝，归来为母流霞酒。

云间　史氏　杨汝成　题

范允临（1558—1641 年）字长倩，松江华亭人。原居泗泾，天启元年（1621 年）定居吴县，万历二十三年（1595 年）进士，官至福建参议。工书，与董其昌齐名。善山水，自跋其画云：“余胸中有画，腕中有鬼。”在晴山堂石刻留有“为振之兄题晴山堂卷”，诗文如下：

为振之兄题晴山堂卷

我观秋圃晨机图，又见南山雨晴卷。已知陟屺悲蓼莪，无复循陔歌圣善。徐君自是神仙俦，廿年踪迹遍九州。石氷崖断壁虎豹遁，深湫大壑鱼龙愁。风餐雾宿足重茧，穷幽历险将何求？君言好奇聊复尔乐，我谓君游必有以。太华峰顶参真姑，终南路口逢毛女。岂无丹诀奉阿母，须知形解神不死。不然登高与临深。岂是哀哀孝子心？空传九鲤仙人梦，谁解当时梦里吟！

南山晴云当户牖，青天削出芙蓉九。仙梦依稀感孝思，足蹑云程归母寿。冰崖历尽到北堂，携得油囊一杯酒。彩服承欢豆棚下，豆实累累握成帚。袖中出献五岳图，阿母持觞开笑口。于今口展卷追仙踪，果介期颐梦非偶。从此游韁不出山，依依陟屺循陔走。

范允临　题

董其昌（1555—1636年），字玄宰，号思白。署宗伯学士，松江华亭人。万历十七年（1589年）进士，授编修，官至礼部尚书。行楷之妙，跨绝一代。其书对清代有极大影响。有《画禅室随笔》。天启五年（1625年），受霞客之邀，为徐父母作墓志铭。全文如下：

明故徐豫庵隐君暨配王孺人合葬墓志铭

澄江以徐氏为望族，自其始祖本中以布衣奉高皇帝命使蜀，辞官归里，朝士高之，赋诗送别，为国初盛事。本中归而出粟赈恤，为德于乡，及其没也，当世名公，若魏文靖、王文端、胡忠安、叶文庄辈，皆哀挽铭诔，语无虚美，大书深刻，传播海内。大江之南，以碑板不朽先德者，繇徐氏风之也。数传而有豫庵隐君，及仲子弘祖，复能修本中之事，以高隐好义称。弘祖之母王儒人八十余违养，将归隐君之藏。匍匐五百里，请予铭，予不忍辞。

按状：豫庵公名有勉，字思安，赠光禄丞柴石公之第三子。十九岁罹父丧，与伯季六人，以射覆法析产。公一再得正室，乃牢让于伯兄，而自处东偏之旷土。是时家已中落，与王儒人拮据脩息，竟复旧观。园亭水木之乐甚适也。或劝之以赀为郎，辄不应。盖公性喜萧散，而益厌冠盖征逐之交。即秦中丞、杨冏卿、侯司谏皆周视相善，时访公。公固匿迹以疾辞，亦无所报谢。其雅致如此。中年伤足，不良于行。晚而为盗所苦，疾作卒不起，仅得年六十。

公有三子，伯仲皆王孺人出，而孺人常与仲子弘祖居。仲子好远游，所至必探幽穷胜，倾其独行嵚崎之士，然每结束行装，则有恋恋趑趄之色。孺人察其意，慰之曰："吾幸健善饭，足恃耳。男子生而射四方，远游得异书，见异人，正复不恶。无以我为念！"故仲子足迹，几所谓州有九，游其八者。孺人成之也。

隐君不事纤啬，其蹶而复振，所拮据脩息者，靡非谋室之获，已多泛宅之游。孺人望衡筑室，令无垂堂虞。季子弘禔生，孺人字之不啻出入腹。隐君卒。先一月，谓孺人："季，吾孽也。若受产，勿得视两儿。"孺人不以为治命。举田庐鼎分之。甲子岁祲，米斗百钱。孺人命仲子出粟以活饿夫，岁数十石。仲子念孺人所居湫隘，将改作，鸠材矣。孺人闻墓碑在风雨中，撤使甃而垣焉。又办祭田数十亩，倡族人享祀。常有所感愤，同冢孙质之青阳张氏。入门见其家无长物，有素风，则喜。见恭人躬纺绩，则又喜。既而计部君自拭藤床，恭人自进茗馔，益大喜。竟忘所白事归。归而疽发于背，俄顷竟尺。医云："是疽非愤极不成，非喜极不发。今发矣，当无恙。"后果然。其虚怀服善，识大体，学士大夫所难也。

孺人有两孙，以学成列黉序。孺人曾同仲子之子卯孙勗之曰："民生于勤，勤则不匮。今里媪之织者无数，而吾家特以精好闻。学犹是矣！"张山人复有晨机秋圃图，名公题泳殆徧焉。先是弘祖游华山，至青柯坪，忽心动，归而孺人示疾。自此依膝下，绝迹不出户。孺人八十，为征作者诗若文，以佐祝觞。迨乙丑，自春及秋，侍汤药，几废寝食，以身殉。孺人劳苦之曰："无为死孝，吾从而父已晚矣。"弥留之际，神识超然。令妻寿母不已兼之哉。嗟夫，隐君不喜冠带交，而孺人成其仲子，为振奇之士，多林下风。此如莱妇鸿妻，雅称偕隐，可以传矣。生卒姻娅之详具状中。

铭曰：布衣之豪动九阍，家声不泯馀仍孙。市交虚满随朝昏，乘车戴笠气可吞。夫耕妇织素业敦，不为皋门为鹿门。幽人坦坦真足存，龙蛇既厄孤凤骞。善作善成贻穀繁，宝慈宝俭合道言。风雨如晦云电屯，半荣半瘁同一根。中分后合干将村，管彤灊灊照墓门。

赐进士出身、资政大夫、南京礼部尚书、前礼部左侍郎兼翰林院侍读学士、实录纂修副总裁、经筵讲官董其昌撰并书。

这里，还需补说一件重要的史料，现存唯一的一幅徐霞客遗像原为董其昌所绘，后由清咸丰壬子夏日吴俊摹董其昌原作存世。

之外，还有陈继儒的两篇墓志铭。一是天启五年(1625年)作“豫庵公徐公配王孺人传”，二是李东阳撰文壁书徐一庵墓志铭跋。

豫庵公徐公配王孺人传

豫庵徐公，江阴人。徐之先有征君本中者，高皇帝命之持节谕蜀，辞官还里，鬻粟赈饥，奉玺书特表门闾。其后哀挽铭诔，出魏文靖、王文端、胡忠安、叶文庄诸公，皆当世如雷如霆之伟人，碑版几照四裔。传二百年来而有豫庵公，柴石先生之第三子也。十九罹父丧。兄弟六人，阄产析之。公得中堂，坚让于伯氏，而自处东偏之庳屋数椽。公与配王孺人芟草驱砾，始有居。节腹约口，始有廥廪。其旷地多怪石伟木，为洗剔部署，始有园池。未几中盗，避之梁溪。骑归堕河，蹶一足，杖而后行，以此未曾一窥贵人门。即秦中丞、候司谏数诣公。闻驺从传呼声，匿不见，亦不往报谢。曰：“吾宁为薄，不能为通，与其为通，不如使二公有不报之客。”暇日敕三五家僮，具笋舆叶艇，往来虎丘、龙井间。摘新茗，爽斗清泉，岸然旁若无人也。自负亢直，龂龁于群豪，病气厥，病舌。王孺人医祷百方，乃瘥。其后，过季子冶坊桥之田舍，被盗困疾卒。弥留一月前，顾谓王孺人曰：“季吾孽也，授产勿埒两儿。”孺人唯唯。已则鼎分田庐者三，其平如砥，而独与仲子弘祖俱。

仲妇许氏亡，遗孤卯孙。孺人哺而教之。曾语子孙云：“吾初嫁时，太翁临子舍，吾投龙眼于茗椀中。翁不怿曰：‘田骏家，何用此为。’余愧谢，谨裹而藏之。今两核具在，可念也。”孺人织布精好，轻弱如蝉翼，市者辄能辨识之。手种篱豆，秋实累累，日课卯孙诸婢于绿荫中，命曰“碧云龛”。收藤成束共榾柮煨之，命曰：“长命缕”。好事者竞传以为佳话。性介静，妇女烟，视软语疾如仇。数通三党有无，而绝不喜巫觋见鬼人等。门风德矩，淡素可师。弘祖出门为万里五岳之游，不敢食酒噉肉。非特恐点山灵，要亦念母氏三十年辛勤饭蔬故也。

初甲子岁恶，粟价翔踊，孺人命弘祖岁蠲数十石以活饿人。曰："有本中征君故事在。"弘祖欲新别馆以居孺人。孺人摇手曰："不如甃墓碑，有征君以下之遗像遗文在。又不如更建君山庙碑，有宣德时张公宗琏之俎豆在。"弘祖应命如响，捐赀成之。孺人且曰："是皆行豫庵公意也。"

嗟乎！人亡而不亡者石，石亡而不亡者文。孺人布衣妇，乃知文章为可贵，而弘祖又能远叩名公，求以不朽其亲者，厥辞良苦。董宗伯七十余，亲志其墓而手书之。徐氏自征君到今，凡后先地上地下之文，总皆不愧郭有道碑矣。公得年六十，孺人寿至八十一云。

陈子曰：余曾笑陶侃之母，挫荐剪发以给范逵。夏孟宗之母，作十二幅被以招贫士。是皆教儿噉名耳。弘祖远游，非宦非贾，非投谒。而山水是癖，一奇也。独身而往，独身而归，一奇也。弘祖登华山之青柯坪心动，既抵舍，得视孺人汤药，含殓悉无憾，一奇也。方以外付之，弘祖听其膏肓泉石；方以内付之，亮采亮工两文学听其发冢诗书。孺人呗诵而外，百无与焉，一奇也。假令豫庵公在，度且为庞德公庞居士，岂愿孺人为夏母陶母乎？弘祖之奇，孺人成之；孺人之奇，豫庵公成之。可以传矣！可以传矣！

通家陈继儒撰　年家文震孟书

李东阳撰文璧书徐一庵墓志铭跋

江阴徐一庵先生，长沙李文正志其墓，文待诏书后为之赞。自正德庚午及天启乙丑，凡历六帝矣。岁远放失，赖五代孙弘祖，百计购求，捐田三亩，始得之。非一庵先生之积德，弘祖之纯孝，不落蠹鱼酒鸥间，便为太山无字碑矣。感重赞叹，题其后归之。

华亭陈继儒书

在晴山堂石刻中所记内容有："徐霞客第九世祖徐麒以白衣应诏，出使西蜀，招抚羌人，功成身退，时人高之；第十世祖徐忞家称素封，不以财富炫耀、隐迹农村，诗书自娱，出谷赈灾，进鞍马助边，表现了高风亮节，时人赞之；第十一世祖徐颐以重金延请四方名士为子孙授业，问津科举，角逐科场，一搏金榜题名，时人咏之；第十二世祖徐元献、十三世祖徐经，皆能文好学，弱冠中举，英年夭亡，时人惜之；最后是第十七世的徐霞客为庆母寿，以《秋圃晨机图》为中心，广请四方名士的题咏之作”。华亭8名士的墨迹分别对应的是：杨维桢对应八世祖徐直和九世祖徐麒赋诗《本中书屋图》；陈璧对应九世祖徐麒，诗赞出使西蜀功成身退；沈度对应十世祖徐忞题梅雪轩序；钱福对应十二世祖徐元献、十三世祖徐经，《早起联句》；陈继儒、杨汝成、范允临、董其昌对应十七世徐弘祖，有徐母八十寿叙，十一世徐颐墓志铭跋、秋圃晨机为徐太君赋、题晴山堂卷、弘祖父母合葬墓志铭等。

石刻中的这些内容，今天已成为了解徐霞客及其家世的重要文献，也是探索徐氏百年树人及徐霞客成才的珍贵史料。而对松江来说则是了解本地历史人物，特别是将散落在各地的本地历史名人真迹墨宝收集起来、补充史料的一个重要渠道。

2010年是晴山堂石刻存世390周年的纪念年，特写此文记之。

2010年1月

（原刊于2010年5月10日《松江史志资料》第32辑。后编入《松江轶事》第96—109页。本文转载于无锡市徐霞客研究会主办的《徐霞客与当代旅游》2011年试刊号第57—63页）

“不如守着，听其损坏罢了”

康熙四十四年(1705年)三月和四十六年(1707年)三月，康熙帝南巡时曾两次到松江视察，阅兵校射，所住的行宫设在江南提督府(今区粮食局下属公司，松汇东路以南，通波塘河以东)东南。一者是这里环境幽静，二者靠近提督府，便于警卫。

三年后，行宫由于无人居住，已有破损，江南提督府师懿德于康熙四十九年(1710年)闰七月二十一日，奏请将松江行宫交地方有司承管折。奏折摘要如下：

> 查得松江行宫原备皇上巡幸驻跸之所……奴才看江南潮湿之地易于倾颓，每逢雨水连绵之候便多倒坏……奴才不敢坐视，虽现在补葺，无如工程浩大，不独随修随损……为此冒昧陈奏，伏恳天恩垂鉴愚诚，或将此行宫应否交给地方有司承管经理。

康熙对此奏折作了如下御批：

> 南方各处行宫，与地方官民甚是不便，当日朕曾谕旨不许修行宫，一时各处都已造成，朕亦无奈，只得住了。行宫一事原非朕意，今有交与地方官，又是多一事，不如守着，听其损坏罢了。

历来帝王在各个名胜地或紧要地修缮行宫，总不免奢靡富丽，而地方官员也往往不惜奉迎讨好，穷尽地方财力，到头来苦了老百姓。康熙却是一位出类拔萃的人物，他对黎民百姓的仁慈宽爱在历代帝王中是比较突出的。他曾召集各官面谕说：“和百姓一起休养生息，重要的是在于不去打扰百姓，如果白白地损伤耗费元气，百姓的生计就会蹙迫了。”康熙当年感慨在来松江路上看到的情况:“百姓虽不能比户丰饶,幸安居乐业,无憔悴之色。……(每天)扶老携幼,日计数万,随舟拥道,欢声洋溢。”皇帝担心“人多路隘,菜蔬苗麦,弥漫田野,不能保其无损”。因而要求地方官“出示晓谕,万勿踏坏田禾。有负朕恤民之意”。在松阅兵时,因天阴欲雨,康熙说:“天气晴朗,尚可阅尔军容;今久阴之时,倘擐甲时遇雨,则甲胄器械锈涩矣。朕因此中止。”康熙半生征战,深知军旅之事。那时士兵穿的都是铁甲,一经雨淋,生锈是必然的,可见康熙对部队装备是非常爱护的。并告地方官:“明日启行时,军士不必擐甲,皆令以常服列于路旁可也。”再回到原题上,“行宫”修成了,用过一次之后就成了摆设。日久不用,损坏日增,江南提督上折要求将“行宫”交给地方官员,康熙恐怕又“多一事”,下旨“不如守着,听其损坏罢了”。处事周到、平和之气度跃然纸上。

2010 年 1 月 28 日

(原刊于 2010 年 2 月 26 日《松江报》副刊)

方孝孺的后事在松江府

日前，与浙江宁海的朋友聊天，说起了宁海的历史名人方孝孺，他们说：在宁海，方孝孺人人皆知。一位先贤，会影响一代又一代人，成为一方土地人人敬仰的楷模，可谓历久而弥新。

方孝孺(1357—1402年)，字希古，号逊志，浙江宁海人。从小受儒家思想影响，师从宋濂，14岁任小学教师。洪武十五年、二十五年，两次受太祖召见，太祖赞其谓“异才”。曾在陕西汉中府任教授。明华亭人陈继儒谓“先生为浙中第一名儒，为国朝第一忠臣”。

洪武二十六年(1394年)，天下大比，方孝孺第一次任考官，俞允、任勉均是这一次的取生，他俩均是松江华亭人，据传在孝孺遇难时，曾藏匿其子，后得救。

明洪武三十一年(1399年)闰五月，太祖病逝，因皇太子朱标先已去世，所以由皇太孙朱允炆继位，年号建文，史称惠帝。惠帝久闻孝孺贤，遵遗命“必先召孝孺”，将孝孺召回京，任侍读，侍讲学士，文学博士等职。

孝孺提倡仁政，重礼仪，兴教化，正合惠帝意。经过一系列改革，(建文)曾有“四年宽政解严霜”之誉。主要改革有：行仁政。简政减人。减僧田还民。减江浙赋税。后一项说的是：太祖初定天下时，因张士诚盘踞苏、松、嘉、湖一带，以反对太祖。在太祖平定张士诚后，发狠规定该地区赋税高于其他地方数倍。还规定松、苏地区人不得任户部尚书，这些不公平的待遇，到建文时代，都得到改正。遗憾的是一两年后，朱棣为明成祖，又重新恢复了原来的赋税。一个时期以来，沉重的赋税压得苏、松地区百姓不堪重负，而今人引以为豪的“苏松赋税半天下”的由来，其实是当时历史悲剧的写照。

建文四年(1402年)六月十七日，燕王即位，为明成祖。命方孝孺起草诏书，孝孺愤而提笔在纸上大书“建文四年，燕贼篡位”，掷笔于地。成祖威胁说：“汝不畏灭九族乎？”孝孺厉声抗说：“便十族奈何。”于是，就发生了方孝孺被诛十族的惨烈事件，宗族被诛者共873人。

方孝孺的后事与松江有着许多的关联。在松江的史料中也有记载，如：《松江府卷》卷一、卷二中的求真书院和董其昌、陈继儒写的碑文、正心诚意碑、《五茸志逸》、《云间杂识》和《华娄续志残稿》中均有记载。但都较零星、不系统，本文拟将以“方孝孺的后事在松江府”为题进行串线，以补之。

方孝孺后人匿居松江

靖难时抄方氏宁海家属，方孝孺的挚友原刑部尚书魏泽恰被谪在宁海任县丞，他不顾生命危险匿藏了方孝孺9岁儿子方德宗。这时有一个叫余学夔的天台诸生，也是方孝孺的门生，从京城得到消息后，偷偷潜回宁海，装作发狂的样子在街市乞食，一天正好遇到魏泽出巡，余学夔就唱起“狂歌”，中有“愿效程婴”等词句(即暗示他欲效法春秋时人程婴大义抚赵氏孤儿史事)。不久，魏泽就暗中把方孝孺遗稿和德宗重托给余学夔。当时形势极为险恶，余携带文稿和德宗渡海逃到了荒僻的松江府华亭县青村港一带(今上海市奉贤区东南海滨)，过起了结网易米的艰辛生活。一段时间后，余又悄悄潜入松江府城，拜访方孝孺门生进士俞允。说明情况后，俞允慨然允诺收养德宗，并将其改姓为俞。华亭进士任勉也是孝孺门生，听说以后，就来俞家见德宗。德宗一开始非常害怕，欲逃跑，任勉拿出《癸酉录》示之，知道这两人均为父亲的门生，便放下心来。至此，方孝孺遗孤才过上了稳定的生活并受到良好教育。

又过了14年，德宗已长大成人，俞允就将养女嫁给德宗为妻，但又恐给同姓带来牵连，故改其姓为“余”，迁居华亭白沙里(今上海市奉贤区)。而余学夔则离开华亭后不知去向。德宗在乡里任教授，有三个儿子，名友直、友谅、友竹，均姓余。德宗去世后葬于华亭十四保白沙乡北刊字扦拓烈港。

方孝孺后人归宁海寻祖

方孝孺的平反从仁宗即位的洪熙一年(1425年)始至天启三年(1623

年),历时近200年。

洪熙年间,仁宗就为他平反,说:“若方孝孺辈皆忠臣”,并诏谕礼部:“建文诸臣,既然杀了,其有遗籍者,应放还为民,并还其田。其外亲充军的留一人,余放还。”明宣德一年(1426年),允许方孝孺诗文复出,并曰“方先生在当时名重行尊,故得祸最惨,然以身殉主,自其常分而心之安也。”万历十二年(1585年),谕旨赦免,恢复后裔正常身份,在南京故都为建文帝的追随者建“表忠祠”,方孝孺名列第二。万历三十四年(1606年)闰七月三十日,奉神宗恩诏为方氏归宁海守祠。天启三年(1623年)二月,内阁奉敕祭原任翰林院侍讲学士方孝孺及妻郑氏归里崇祠。自此,方孝孺遇难案得到彻底平反。

方孝孺后裔自德宗的三子友竹开始,就欲回宁海寻祖归宗。明史和清光绪《宁海县志》述“世宗时(嘉靖年间,即1522—1566年),松江人俞斌,自称孝孺后,谓当捕逮时,宁海典史魏泽藏其幼子德宗,嘱孝孺门人俞允携之,松江遂为俞姓,一时士大夫信之,为纂归宗录,既而方氏察其伪,言于官,乃已。”

明嘉靖甲子(1564年)二月,八世孙至,曾到天台寻祖,到天台和宁海的王爱山一带,乡人介绍方孝孺的情况,有一位姓陈的拿出一本明成化版的《逊志斋集》给他看,并说方孝孺已无后代。八世孙采,为南昌司训,其弟塾,以太学于海宁,其家住十五保地方,建有贞复堂,编有《贞复堂集》,记述祖辈情况。台州贡生叶琰,得知采和塾是方孝孺后代,于嘉靖乙丑(1565年),隆庆丁卯(1567年)两次去书给采和塾,附有《振发幽奇集》,要他俩来台州寻祖。隆庆二年(1568年),采与至同到台州找叶琰,未得遇。其后,至以“访先世遗迹,珍收《逊志斋集》归宗奉祀”作为遗训以传后代。采以遗嘱叮嘱后代要“复姓光宗”。至与采二人为复姓归宗事,表示二人“生同志,死同祠”的决心。

明万历年间(1573—1619年),家住华亭十四保余家行的孝孺九世孙珷,成为名儒后,曾归宁海寻祖,谱籍作有记载。万历二十年(1592年),松江太守张九德,也曾做了许多方氏复姓归宗守祠工作。万历二十五年(1597年),南京提学杨廷筠知德宗系孝孺后,给予昭雪抚恤,在华亭(现奉贤),复其方姓,建祠三处。

方孝儒的《逊志斋集》

孝孺亡后,后人曾收集整理方孝孺文集《逊志斋集》。其中有嘉靖四十年(辛酉,1561 年),于云间(松江)由范惟一编辑,唐尧臣校,郡守王可大作序,对前本进行考证、重印的《逊志斋集》,人称后郡本。清康熙二十二年(癸亥,1683 年),方孝孺二十世孙(按:“二十世孙”可能是笔误,根据推算应该是“十世孙”)。方世求,在松江刊《逊志斋集》,人称松江重刻本。

松江“求忠书院”

明万历三十七年(1609 年),南京提学御史杨廷筠得知德宗系孝孺嫡系,后裔已有 200 多人,便捐银三百两,在松江的普照寺西鹤城书院故址改建为求忠书院,又名正学祠,(以子孙在松立祠)纪念方孝孺。万历三十八年(1610 年)十一月壬寅朔越八月,求忠书院建成,松江知府张九德,同知朱勲、方应明、华亭县知事聂绍昌等率众万余人入祠奉祀,内奉有方孝孺、陪祭魏泽、余学夔、俞允、任勉、徐善安等。万历三十九年(1611 年)辛亥端午,有董其昌、陈继儒作记。文存松江府志,碑放在求忠书院。明崇祯中尝设义塾于此。清道光六年(1826 年),知府陈銮复设书院。光绪十九年(1893 年),曾重修书院。后曾改建为融斋初级师范学堂、云间师范学堂、农业学堂,学堂至宣统三年(1911 年)关闭。书院原址位于杨家桥北堍,解放后曾是松江县中山中心小学本部,现遗址为松江区人民政府第二行政中心西南角。

《松江府建求忠书院记》碑和《松江求忠书院碑记》

前者碑文由董其昌撰并书,郡守张九德立石,记明初惠帝时侍读学士方孝孺祠的建立经过,并于该祠建立求忠书院缘由。后者为松江布衣后学陈继儒撰,孙孟芳书。碑记中主要记录了方孝孺后人到松避难经过、灭十族之惨、皇恩诏表、复宁海古墟、修金陵旧墓和对方孝孺的评价等。另外,道光八年(1828 年),前松江知府陈銮撰并书,重修松江府求忠书院碑记。

华亭“方正学祠”

明万历年间,在松江府华亭县拓沥塘西十八图建有方正学公祠。天启五年(1625 年),孝孺九世孙道行创建于长浜之阳,额题“方忠书院”。清道光九年(1829 年)方裔孙元标在奉贤县(奉贤建县于雍正二年,即 1724 年)另建一祠,俗呼方家祠堂,现已废。

“忠烈明臣”匾

清康熙四十四年(1705 年),康熙皇帝南巡到松江,当时松江是府治,在那里住了三天,于三月十九日那天(甲寅),带文武官员至方正学祠(求忠书院)和董其昌祠等处巡游,在到方正学祠时,御书“忠烈明臣”匾额及御书“芝英云气”四字,下署“四月乙丑朔”。还赐方孝孺先生为“明文渊阁大学士”。宁海现存的匾是仿制的。

“正心诚意”碑

大字“正心诚意”后有“意诚而后心正,则诚意为学问大关,领颜子之愚,曾子之唯,孟子谈仁义,宋儒定性理,皆本乎,此无以为本,故君子心慎独也”言诠。署名“后学方孝孺薰沐顿首书”。赤文印“正学”,白文印“孝孺”,是在清道光七年(1827 年)十二月,鄂州陈銮重摹方孝孺篆书,字径尺许,有行书跋四行,后刻陈銮跋文。曾作为碑文,现立于松江醉白池公园中。该碑太湖石已断,字迹模糊。

至此,松江遗存的有关方孝孺后事的除文字史料外,遗迹仅存这一处了。

2013 年 12 月

(原刊于 2014 年 7 月 18 日《松江报》茸城旧闻栏)

附:方孝孺的后事在松江府年谱

建文四年(1402 年),方孝孺二子方德宗匿居松江府华亭县青村港。

宣德二年(1427 年),德宗娶俞允养女为妻。住华亭白沙里,后生三子,名友直、友谅、友竹。

嘉靖年间(1522—1566 年),在松孝孺后人俞斌,去宁海寻祖。

嘉靖四十年(1561 年),于云间(松江)由范惟一编辑,唐尧臣校,郡守王可大序,对前本进行考订、重印《逊志斋集》,人称后郡本。

嘉靖四十二年(1563 年),孝孺八世孙至、采、塾三人到天台、宁海寻祖。

嘉靖四十四年(1565 年),隆庆元年(1567 年)台州贡生叶琰,得知采和塾是方孝孺后代,两次来书采和塾,附有《振发幽奇集》,要他俩来台州寻祖。隆庆二年(1568 年),采与至同到台州找叶琰,未遇。

方正学遗像　童帝莘画

位于松江醉白池公园内的"正心诚意"碑

万历年间（1573—1619 年），家住华亭十四保余家行的孝孺九世孙珷，成为名儒后，曾归宁海寻祖，谱籍作有记载。

万历二十年（1592 年），松江太守张九德，也曾做了许多方氏复姓归宗守祠工作。

万历二十五年（1597 年），南京提学杨廷筠知德宗系孝孺后，给予昭雪抚恤，在华亭（现奉贤），复其方姓，建祠三处。

万历年间，在松江府华亭县拓沥塘西十八图建有方正学公祠。

万历三十七年（1609 年），南京提学御史杨廷筠得知德宗系孝孺嫡系，后裔已有 200 多人，便捐银三百两，在松江普照寺西鹤城书院故址改建为求忠书院，又名正学祠，（以子孙在松立祠）纪念方孝孺。

万历三十八年（1610 年）十一月壬寅朔越八月，求忠书院建成，松江知府张九德，同知朱勲、方应明、华亭县知事聂绍昌等率众万余入祠奉祀，内奉有方孝孺、陪祭魏泽、余学夔、俞允、任勉、徐善安等。

万历三十九年（1611 年）辛亥端午，有董其昌、陈继儒作记。文存松江府志，碑立求忠书院。

天启五年（1625 年），孝孺九世孙道行于长浜之阳，创建“方忠书院”。

康熙二十二年（癸亥，1683 年），方孝孺二十世孙（按：“二十世孙”可能是笔误，根据推算应该是“十世孙”）方世求，在松江刊《逊志斋集》，人称松江重刻本。

康熙四十四年（1705 年），康熙皇帝南巡到松江，于三月十九日那天（甲寅），带文武官员至方正学祠（求忠书院）和董其昌祠等处巡游，在到方正学祠时，御书“忠烈明臣”匾额及御书“芝英云气”四字，下署“四月乙丑朔”。还赐方孝孺先生为“明文渊阁大学士”。

道光七年（1827 年）十二月，鄂州陈銮重摹方孝孺篆书，字径尺许，有行书跋四行，后刻陈銮跋文。曾作为碑文，现立于松江醉白池公园中。

道光九年（1829 年）方裔孙元标在奉贤县（奉贤建县于雍正二年，即 1724 年）另建一祠，俗呼方家祠堂，现已废。

2013 年 12 月

张岱《快园道古》证明《小窗幽记》的真实

张岱(1597—1679年),号陶庵,汉族,山阴(今浙江绍兴)人。寓居杭州。他出生仕宦世家,少为富贵公子,过着衣食无忧的生活,入清后不仕,晚年穷困潦倒,避居山中,仍然坚持著述以终。他一生落拓不羁,淡泊功名。张岱爱好广泛,颇具审美情趣。喜欢游山逛水,深谙园林布置之法;既懂音乐,又擅抚琴创曲;善品茗,茶道功夫深厚;喜欢收藏,鉴赏水平很高;又精通戏曲,编导评论至善至美。张岱为明末清初文学家、史学家、散文家,最擅长散文,著有《琅嬛文集》《陶庵梦忆》《西湖梦寻》《三不朽图赞》《夜航船》《四书遇》等文学名著。

张岱在《自为墓志铭》中谈到他著有《快园道古》一书,但未见有刊本行世,有人认为它已经散佚。1985年,浙江古籍出版社在绍兴市鲁迅图书馆发现了它的清抄残本。其中有张岱的《快园道古小序》,还夹有其乡人董金鉴在1908年写的《快园道古序》。从清抄残本分析,可断定它抄于乾隆年间或稍后。

《快园道古》是一部仿《世说新语》的著作,资料广博,内容繁富,文笔简练,诙谐嬉笑随处可见。书中内容涉及明代社会的各个方面,尤多张岱及其亲属、先世和一些名人文士的佚事,可资研究张岱和当时社会的参考。该书分二十门类,各类一卷,现存一、三两册,即卷一至卷五,卷十二至卷十五。2013年重版时仅补充了五则佚文。20多年来,佚失部分仍未重见天日,甚为憾事。

重版的《快园道古》中共有短文短句728则,其中记录原松江府人和事的有44则。如移居松江的杨维桢(3则)、松江籍人曹定庵、唐士雅、何良俊、陈继儒(35 则)、松江太守赵豫等。这些历史佚事对丰富松江史料可起到弥补作用,这是笔者写此文的用意之一。

而《快园道古》中在卷四言语部中共有 137 则,松江名人陈继儒(眉公)的言语就录有 33 则,占了近四分之一。可见,张岱对陈继儒是非常崇拜的。《快园道古》中卷五夙慧部第 28 则记载:"陶庵年八岁,大父携之至西湖。眉公客于钱塘,出入跨一角鹿。一日,向大父曰:'文孙善属对,吾面考之。'指纸屏上《李白骑鲸图》曰:'太白骑鲸,采石江边捞夜月。'陶庵曰:'眉公跨鹿,钱塘县里打秋风。'眉公赞叹,摩予顶曰:'那得灵敏至此,吾小友也。'"从这则短文中可见,张岱在明万历三十二年(1605 年)曾与陈继儒相识,那年陈 48 岁。陈故于明崇祯十一年(1639 年),那年张岱 42 岁,正属当年,因与陈有交情,可能对收集陈的言语会有所方便。而陈的这 33 则言语中,有 14 则在陈的《小窗幽记》中找得到。张岱故于清康熙十七年(1679 年),在他亡故前,《快园道古》已成书。而陈的《小窗幽记》最早刻本是乾隆三十五年(1771 年)问心斋本。所以,陈在《小窗幽记》中的部分言语被张岱编入《快园道古》,早于乾隆刻本至少 90 年的认定是真实可信的。

陈的《小窗幽记》是一部论述待人、接物、修身应事的隽语集,每则数十百字,短小精美,促人警觉,言近旨远,益人神智,颇多独特诱人的人生见解。它同《围炉夜话》、《菜根谭》并称为"中国人修身养性"的三本必读书。然而学界对《小窗幽记》的原著者存有异议,有人认为是晚明清初之际的陆绍珩,由于入清后,陆的声名有限,故被人冠上陈继儒的大名,是一本伪书。张岱的《快园道古》可从一个侧面澄清《小窗幽记》的真正作者就是陈继儒,这就是笔者写此文的第二个用意。

2014 年 12 月

(原刊于 2015 年 1 月 9 日《松江报》副刊)

宋与清两部《华亭百咏》风物景观选题的比较和联想

从松江现存的史料新编《云间风物诗歌集》中可见，南宋淳熙年间(1174—1189年)，和光老人许尚曾取华亭古迹，每一事为一绝句，名曰《华亭百咏》，虽为残稿，也有85咏。有近一半的景物在仅晚于其作10年左右的南宋绍熙四年(1193年)所编纂的《云间志》中都有记载，有的则在当时已废，有的则也是受《华亭十咏》的影响，为相传之闻。清道光十年(1830年)，华亭如玉唐天泰所作的《续华亭百咏》也以每一事为一绝句，并为全本。两部《华亭百咏》，前者距今已有835年上下，后者也已隔了185年了。这些"咏"的选题内容主要是哪些？两者有何变化？今日我们还能看到的古迹风物还有哪些？笔者在此对古诗不作感悟，而对古人选哪些景物作一浅浅的归纳、统计分析，以为今日新编《新华亭百景》作依据和联想，也算是传承和"古为今用，推陈出新"吧。

一、宋代《华亭百咏》选题归纳及地理位置

将许尚的85咏作归类，大致可分成四大类。

一是山、水、泉、洞等自然景观，共17处。它们是：金山，即今金山岛。寒穴泉，在金山之北。华亭谷，谷水上游。柘湖，在府南32.5公里。唳鹤湖，在县南22.5公里。昆山，即小昆山。谷水，即古三泖。凤凰山，现同。陆宝山，在凤凰山与薛山之间，现已无。佘山，现同。白龙洞，在横山顶。淀山，在淀山湖东南。俞塘，在城东门外。御史泾，在东门外。白龙潭，府城谷阳门外。小湖，西湖北一湾。苏州洋(注：无地点说明的均为原址不详，下同)。

二是亭、楼、阁、堂、塔、桥、宅、园林等建筑，共22处。它们是：孔宅，府北30公里。袁崧宅，府西北。顾亭林，现亭林。顾府君宅，在亭林。陆机宅，在小昆山。秀道者塔，在西佘山东庵。东堂，在县之东。思齐堂，在县之东。月榭。濯缨亭，在府南10步。震桥，又名虹桥，在邱家湾南。小隐园。望云桥，县西70步。弥陀阁，在佘山顶。丁公桥，在县北。云间馆，县西600步。湖桥，在西湖上。泳波亭，在西湖中洲。风月堂，在旧市舶司。湖光亭，在瑁湖上，风月堂西。柳园。望仙桥，在方塔园内。

三是祠、寺、庙、庵、院等宗教场所，共25处。它们是：东庵异迹，即佘山普照寺。秦女祠，在府南32.5公里。灵峰庵，在佘山。芥子庵，在佘山。三姑庙，在淀山。姚将军庙，在府西。普照寺，现普照路北。罗汉院。福顺庙，在旧酒务西。东岳行祠，在府城西。西庵，在西佘山修院。昆庐庵，在西林，早西林寺之地。道院，在西湖西。显忠庙。东寺。证觉院，在县西南150步。栖真庵。陆四公庙。南庵。姜庵。三洞庵。净居院，在县东北300步。冰柏庵。圆珠庵。

四是地名和古迹，共21处。它们是；八角井，在张泾桥西。陆机茸，在华亭谷东。三女冈，在县东南40公里。金山城，在县东南42.5公里。前京城，即康城，建于梁天监七年(508年)，在海盐东北，后陷入海中。秦皇驰道，小昆山南2公里。征北将军遗碑，在小昆山。集贤里，在县西北10公里。石鱼，在天马山。思(堂)，在县府丞厅，已废。沙冈，府东35公里，古冈身。石兽，在府东。赵店，县治东，现照相机厂原址处。石幢，现中山小学内。陆瑁养鱼池，在西门外。唳鹤滩，在西湖上，今金沙滩。异木。鹤坡。安公像。莲巢。沪渎，在县东北55公里，入海处。

唐宋时的华亭县，地域面积基本覆盖吴淞江以南地区。华亭县自元代升华亭府并改松江府后，到了清代已辖七县一厅，地域面积随着陆地东移也有所增加。南宋淳熙年间至清道光十年相隔了650年上下，沧海桑田，星移斗转，许多景物都会发生很大变化。

二、清代《续华亭百咏》选题归纳及地理位置

将清唐天泰的“百咏”按南宋许尚的“百咏”作同样的分类。

一是山、水、泉、洞等自然景观，共28处。它们是：兰笋山，即佘山。神山，即辰山。库公山，现同。秦山，即金山张堰秦望山。铁山。松江，即吴淞江。三江口。范家浜，今黄浦江北南段。淀湖，今淀山湖。青龙江，

青浦境内。秦皇走马塘,小昆山镇。日月河,普照寺南。采花泾,在城北。夜游泾,在城北。归泾,在胥浦北。白牛塘,金山枫泾北,现为金山、松江界河。贞溪,在青浦小蒸塘。会仙浦,内勋浦分支,在县西40公里。松塘,小昆山西北。闸港,在浦东新场东。吴淞闸,上海县北。洗鹤滩。钓滩。虾子潭。五色泉,在西湖道院内。涌泉,静安寺前。白鸥池。仙人洞。

二是亭、楼、阁、堂、塔、桥、宅、园林等建筑36处。它们是:玲珑坝,在金山卫。问俗亭,在城西南。沪渎垒,上海县北5公里。瞻录亭。云间第一楼,今松江二中校门。读书台,今小昆山上。醉眼亭,青浦青龙江边。折桂阁,在尉厅之中,已废。云间洞天,府治钱家巷。松雪读书堂,在松江。山月轩,在佘山。晚香亭,在辰山。南村草堂,在泗泾南。清樾堂。最闲园,在乌泾镇。露香园,在上海县。小蓬台,即百花台。放鹅庄。戏鸿堂。丽秋堂。皆山阁,在东佘山狮子峰。顽仙庐,在东佘山,陈眉公隐居处。横云山庄,在横云山,即横山。宿云坞,在横山。也是园,亦名南园,即蕊珠宫,在上海县。古倪园。松泽西亭。月轩。幻住山房。听雪轩。丹凤楼,在上海县。神罾仙馆。点易台。泖塔,今青浦太阳岛。菊庄,在天马山。铁笛桥。

三是祠、寺、庙、庵、院等宗教场所,共21处。它们是:三俊祠。四贤祠,在辰山。胡公祠。白燕庵,在贤游泾。方正学祠,原求真书院,现行政二中心西南角。夏周二公祠,在府治西南。方公祠。陈夏二公祠。周太仆祠。李公祠。罗神祠,在会仙桥南。静安寺,今上海市区。超果寺,原址在今松江一中内。不香庵。澄照禅院。楞严庵。芦花庵。莲生庵。有衮楼,即佘山慧日寺。黄耳冢,即黄泥寺,在城南二里余。花影庵。

四是地名和古迹,共15处。它们是:大境。三高士墓,在天马山东。发冢。瑞光井,在超果寺。天移井。由拳,指长泖。白苎城,在县南20公里。吴王猎场,在华亭县。乞花场,在小昆山。思鲈巷,今思巷弄。读书堆,在亭林。葛蓬墩。绫锦墩,在盘龙塘上,钱全衮种桑之所。试院古柏。玉玲珑,为江南三大名石之一,为北宋花石纲遗物,现存上海豫园。

三、选题比较

(1) 选题。从以上两部"百咏"的选题来看,宋代许尚选取的祠寺庙庵院最多,达25处,这或许是唐代华亭建县后受杭州钱镠的影响。唐宋时期华亭县祠寺庙庵院规模较大的就有48座，四周邻县乡里来进香的船只首尾相接达十里之长。选取的建筑和地名古迹居其次，有22处和21处。唐代华亭城内已是街巷交织、市河横贯、房屋栉比、商肆喧嚣，城市已形成规模，可见一些建筑是很有影响的。山水泉洞居后，有17处，基本能反映当时的风物景观现状。另外，和光老人受前人（唐询、梅圣俞、王安石等）著《华亭十咏》的影响，《百咏》中也"复咏"了《十咏》中的顾亭林、寒穴、柘湖、秦皇驰道、陆瑁养鱼池、华亭谷、陆机宅、昆山、三女冈，仅少了一个吴王猎场，估计在遗失的15咏中也有此景。而唐天泰的《百咏》中《华亭十咏》仅存二处，秦皇走马塘和吴王猎场，已有所淡化。而清代唐天泰选取最多的则是建筑，有36处，这也是历史变迁所致，在明清时期，松江的私家园林之多可以与苏、杭、嘉、宁、锡不相上下。清人还注重山水风光，使其占其次席，有28处。宗教之地退至第三位，有21处。地名古迹为最少，共15处。而且，唐天泰所选内容与许尚所选内容重复的不多，仅寥寥几个而已。

（2）归类。应该看到，许尚的"百咏"在编排顺序上不太讲究，属于看到什么就写什么。而唐天泰的"百咏"归类较清楚，山、水、建筑、寺庙、地名古迹，只是最后几篇有"硬补"之感。

（3）范围。许尚的"咏"西北到淀山，北到孔宅，东北到沪渎，东南到金山，西南到前京城，范围是很大的，但主要还是集中在县城及周遭。唐天泰的"咏"范围要小些，府北的孔宅、袁崧宅，府南陷入海中的新京城、金山等均不在选题范围内。相对更集中在松江、上海、青浦、金山、川沙、奉贤一带，以现松江区居多。

（4）遗存。两部"百咏"中的景物，有的在当时就已无遗迹，仅是后人的文字传诵，如《华亭十咏》等。有的在当时已经废弃，无遗迹存世。有的景物并没有说明出处或地理位置，在史料中也查不到它究竟在何处。如许尚的"百咏"（实为85咏）中至少有20多处无方位记载，唐天泰的"百咏"中有40处无方位记载，后又无史料记载，故所描写的景物后人也不得而知，并难以传诵。再说，经历了八百多年的历史变迁，许多景物已不复存在。宋时的"百咏"景物，今日我们还能看到的仅剩9处了，它们是：金山岛、小昆山、凤凰山、佘山、秀道者塔、淀山、石幢、东岳行祠和望仙桥。

其中,位于今松江区的有7处(金山岛和淀山分属今金山、青浦区)。清时的"百咏"景物,今日可见的也只有12处了,它们是:佘山、辰山、厍公山、秦山、吴淞江、淀湖、白牛塘、云间第一楼、读书台、静安寺、三高土墓、泖塔。其中位于今松江区的有6处。以现在的松江区境内可见的这些历史遗存来看,两部"百咏"的内容也仅有11处。其中:山5处(小昆山、佘山、辰山、厍公山、凤凰山),塔(秀道者塔),桥(望仙桥)、幢(唐经幢)、楼(云间第一楼)、台(读书台)、墓(三高士墓)各1处。变化是如此之大,能保存下来的不多。

(5)不解。在许尚和唐天泰的"百咏"中我并没有看到"咏"李塔、天马护珠塔、方塔的诗歌,而这些塔在南宋淳熙年间均已存在,不知何故?唐天泰也没有"咏"西林禅寺和西林塔,连天马山都未提及。而哪些早已荒芜、不见遗迹的如秦皇走马塘、吴王猎场、陆机宅、沪渎垒、黄耳冢等还每每咏诵不已,这也许是受古代名人有名诗、名词、名句流传下来的影响。

四、今日"新华亭百景"

从清道光十年至今的184年,除经历了水淹、风袭、火灾、虫蚀等自然灾害之外,松江还经历了太平天国与洋枪队之战、民国时期的军阀割据战、日本侵略者的多次狂轰滥炸等战火的损毁,解放后的"文革"和"破四旧"的拆除、城市规划改造的影响,许多文物古迹和历史建筑受到殃及。改革开放以来的35年,文物古迹和历史建筑得到了较好的保护和修缮,生态环境意识的不断增强和改善,松江的景物也不断增多,现足以排摸出"新华亭百景"。

新百景可坚持:一是要选那些能让大众可见的景物,那些可闻不可见的均应删去;二是要坚持选取文物古迹遗存、山水自然风光和生态环境、名建筑和馆宅为主的景物来介绍;三是可采用让大众可接受的散文体来叙述,图文并茂,一景一页,不用古诗体。四是结构上可沿用原"百咏"的选题,山水、建筑、寺庙、古迹,另加上馆居类。五是范围仅限于现松江区境内,不包括其它周边区,仅是续前,仍用"华亭"之名。

"新华亭百景"选题如下:

(1)山水:共20处。西佘山、东佘山、天马山、小昆山、辰山、黄浦江、沈泾塘、张家浜、西市河、华亭湖、昆秀湖、月湖、三官塘、雪浪湖、泖田湿地、斜塘港、油墩港、徐霞客古水道、四水会波、浦江之首等。

(2) 建筑：共40处。李塔、修道者塔、天马护珠塔、兴圣教寺塔、西林塔、安方塔、大仓桥、秀南挢、秀野桥、跨塘桥、松浦大桥、泖港斜拉桥、望仙桥、迎仙桥、中字桥、城东五古桥、云间第一楼、唐经幢、三高士墓、二夏墓、陈子龙墓、颐园、照壁、醉白池、方塔园、雅园、华亭老街三宅、广富林文化遗址公园、大学城、泰晤士小镇、中央公园、施贤公园、欢乐谷、辰山植物园、上海影视乐园、月湖雕塑公园、天马赛车场、佘山高尔夫球场、天马乡村俱乐部、青青旅游世界、雪浪湖休闲园、浦江源休闲农庄等。

(3) 寺庙：共14处。佘山圣母大殿、苦路、邱家湾耶稣圣心堂、永恩堂、知也寺、清真寺、西林禅寺、东岳庙、福田净寺、大方庵、九峰寺、泗泾福音堂、泰晤士大教堂、李塔汇延寿寺等。

(4) 馆居：共16处。松江博物馆、佘山天文博物馆、佘山地震科普馆、中国珠算博物馆、中国中医药博物馆、余天成堂药号博物馆、程十发纪念馆、马相伯故居、史量才故居、春申君祠堂、卢宅、松江民间民俗馆、顾绣工作室、松江科技馆、包家花园、二陆纪念馆等。

(5) 古迹：共10处。仓城、府城、泗泾下塘、天马山上峰寺遗址、小昆山二陆读书台、横山摩崖石刻、东佘山木鱼石、眉公钓鱼矶、白石山亭、佛香泉等。

另外还有一些现代建筑如：轻轨9号线、高铁松江南站、沪昆高速公路松江段、景观道路、酒店建筑（深坑酒店）、上海漕河泾开发区松江新兴产业园等，也可作为现代景观编入，总共可超100处。

以上仅一孔之见，是为抛砖引玉。

2015年8月

（原刊于2015年10月8日《松江报》大讲坛栏）

松江的碎片记忆——“秦皇驰道”

公元前221年，秦王嬴政统一六国，结束了长达500多年的割据局面，建立起中国历史上第一个中央集权制的封建王朝——秦朝。秦朝的疆域“地东至海暨朝鲜，西至临洮、羌中，南至北向户，北据河为塞，并阴山至辽东”(《史记》)。这个面积是西周王朝无法想象的，更比东周时期的任何万乘之国大得多。为了维持统治，秦始皇废除了分封制并全面实行了郡县制，把全国分为36个郡(后又增至48个郡)。没收民间兵器，铸成铜人置于宫门外。统一度量衡，车同轨，书同文。迁徙天下12万富豪至咸阳。其中还有重要的一项制度就是修建秦驰道(直道)。

一、秦朝的八条驰道

秦始皇始于公元前220年建直道，公元前214年开始在全国修建驰道。其目的有二：一是为了巡视全国，政令传递快速到达，加强对地方的控制；二是为了国防需要，有战事时便于调兵遣将，物质运输快速便捷。

秦驰道共有8条，分别是：咸阳到朔方郡(今内蒙古北黄河南岸)和九原郡治所(今内蒙古包头附近)的秦直道；高陵通上郡(现今陕西榆林东南)后向东北延伸到原燕国之地的上谷、右北平和东北辽东郡(今辽阳市)的上郡道，也称“北边道”；咸阳到甘肃临洮的西方道，也称“陇西北地道”；咸阳经汉中到巴都的汉中巴蜀道。再延伸至原蜀地和乐山的秦栈道，也称“五尺道”；咸阳经洛阳、南阳、南郡至长沙后再到南海的武关道，也称“南郡道”和“新道”；咸阳经三川到原赵魏之地邯郸和保定的临晋道，也称“邯郸广阳道”；咸阳经河内、东郡至原齐鲁之地临淄的东方道，也称“川东海道”。辽西至临淄、胶东、琅邪、东海、高邮、扬州、会稽(今苏州)、钱唐

(今杭州)和今宁波地区的滨海道,也称"辽西会稽道"、"并海道"("并"有"傍"的意思)。东海以南也称"邗沟道"("邗"古国名,"邗沟"淮扬段古运河名)。它也是唯一一条不是从咸阳出发,而是由北南向的沿海驰道。

这八条"高速公路"在历史上是联系中国版图的重要纽带。(注1)《汉书·贾山传》云:"秦为驰道于天下,东穷燕齐,南极吴楚,江湖之上,濒海之观毕至。道广五十步,三丈而树,厚筑其外,隐以金椎,树以青松"。以秦代六尺为一步计,其宽度可以想见。路两旁又筑围墙,墙上又有铁栏(金椎),两旁又植松树,道路宽大笔直,禁止路人行走,可见十分威风。

二、秦始皇的五次巡游

自公元前220年至公元前210年始皇病死的12年间,秦始皇曾先后五次进行大规模巡游(又一说为六次)。《史记》中记载:公元前220年巡视陇西、北地,出鸡头山、过回中。修筑驰道。翌年,始皇东巡,在泰山封禅、刻石颂德。后又到渤海边,到达成山,登芝罘,立石颂秦德。南登琅邪,立石颂秦德。并派遣方士徐福与童男童女入海求仙药。始皇此次东巡的归途是过彭城,乃西南渡淮水,到衡山、南郡(今湖北江陵)。上自南郡由武关归。第三年,又东巡。张良在博浪沙(今河南原阳)狙击始皇,未中。公元前215年,"始皇巡视北边,从上郡入。燕人卢生使入海还,以鬼神事,因奏录图书,曰'亡秦者胡也'。始皇乃使将军蒙恬发兵三十万人北出胡,略取河南地"……

公元前210年,始皇南巡(这也是他的最后一次巡游)。《史记》中有记载:"三十七年十月癸丑,始皇出游……十一月,行至云梦,望祀虞舜于九疑山。浮江下、观籍柯,渡海渚、过丹阳、至钱唐。临浙江、水波恶,乃西百二十里从狭中渡。上会稽、祭大禹、望于南海,而立石刻颂秦德。……还,过吴,从江乘渡、并海上,北至琅邪。"在西还途中,病死于沙丘(今河北广宗),年50岁。

从以上这些历史记载来看,秦始皇巡游的足迹遍及现在的陕、甘、冀、豫、鲁、晋、川、鄂、湘、皖、苏、浙12省,凡到之处,必建驰道。秦始皇建驰道,除直道和上郡道是用于国防之外,其余的驰道都是用于始皇巡视游玩、寻长生不老药的。而且一次巡游要花时几个月。如第二次东巡时在琅邪"大乐之、留三月",第五次巡游花了9个月,十月出行翌年七月病死在归途中。这样的不务正业也导致了秦皇朝的短命，统一中国 16 年后便灭亡了。

三、松江的“秦皇驰道”记载

秦朝仅维持了 16 年，秦文化在上海的遗存很难确认，能与秦朝扯得上的恐怕只有相传中的“秦皇驰道”遗址（现为松江境内）和“秦望山”（现为金山张堰镇西北）了，但纯为碎片。

在松江的历史记载中，对“秦皇驰道”最早的记载，是北宋景佑年（1034 年）华亭知县唐询所作的《华亭十咏》中对“秦皇驰道”的诗句。之后在南宋绍熙年间（1193 年）编纂的《云间志》中，在卷一《古迹》中记载：秦始皇驰道，在县西北，昆山南四里。相传有大冈路，西通吴城，即驰道也。元至元《嘉禾志》记载与前同文。《舆地志》云：秦始皇至会稽、句章（秦置县，今余姚东南，后废），渡海经此。明正德《松江府志》载：昆山南四里，即古浦塘，驰道即塘之岸，山北又有秦皇走马塘。《大清一统志》云：在娄县西。《嘉庆松江府志》卷七十四中记载：顾炎武亦谓驰道即古浦塘岸。然中隔一泖，不能西通吴城。疑筑驰道时，由拳县（秦置县，今松江西境，后陷入长泖中）未陷为谷也。

此外，嘉庆《松江府志》卷八《三川志-水》载：秦山“在（松江）府东南六十五里，高二十八丈，周围一里九十步，俗呼为秦望，谓始皇曾登此望海，故名。”这里的秦望即指今金山区张堰镇西北的秦望山。此处考古证明，有夏商、春秋战国遗物，但是否与秦朝有关，尚缺乏确凿的证据。

宋时，有多位名人在《华亭十咏》中写过“秦皇驰道”的诗句。如唐询：“秦德衰千祀，江滨道不修。相传大堤在，曾是翠华游。”梅圣俞：“秦帝观沧海，劳人何得修。石桥虹霓断，驰道鹿麋游。车辙久矣没，马迹亦无留。骊山宝衣尽，万古空冢丘。”王安石：“穆王得八骏，万事得其修。茫茫千载间，复此好远游。车轮与马迹，此地亦尝留。想当治道时，劳者尸如丘。”许尚：“叹息秦皇帝，何年此逸游。迢迢大堙路，千古为嗟羞。”元时王艮：“秦皇混六合，荒诞殄厥修。求仙望蓬莱，驱车乃东游。道毙杂鲍鱼，腥风久弥留。徐福竟不还，何处营丹丘？”段天祐：“嬴政大狂惑，轮蹄无阻修。驰道弥六合，此身能几游？何曾悔心起，祗有恶名留。长城一千里，不解障沙丘。”

秦时建驰道为公元前221—公元前210年，至南宋已隔1 400多年，由于时代久远，史迹湮没，故《云间志》中对“驰道”用“相传”记之。而宋元时期的多篇《华亭十咏》中对“秦皇驰道”的诗咏多为讽刺和贬言。诉说秦始皇建驰道，劳民伤财，劳者尸堆成丘。巡游讲排场，兴师动众，有骏马拉的专车——铜车马。纯属游玩，为寻长生不老之仙丹。驰道无车痕马迹，空闲无用。出游死在途中，还被左右人隐瞒实情，并篡改继皇位者。七月天，尸体发臭，每车都装上鲍鱼，用鲍鱼的腥味来掩盖尸体的臭味。徐福人也不见，何处有仙丹。用驰道来统一六国，一生能出游几次等等。

以上为松江史料中的记载，罗列了多种史志和古诗，但对秦皇驰道的记载都只有片言只语，基本上是后志引用前志，后诗和前诗，但也有人提出疑问或判断，如顾炎武。

四、松江的“秦皇驰道”分析

从上述史料来看，秦时建有驰道，其中滨海道是通向吴越之地的。始皇南巡也到过吴越之地。《史记》的记载可理解为：始皇南巡，出咸阳后过南郡，到达云梦（江汉平原），再到九疑山望祀虞舜，后乘船沿湘江、长江而下，观看沿江的田地改革。过丹阳（西汉时设丹阳郡，今安徽宣城）后至钱唐（今杭州），面临浙江（古称，即今钱塘江），因水面宽、波浪大而向西移了一百二十里，在江面狭窄处过江。到会稽山，祭拜大禹，后来到句章海边“望于南海”（实为东海），刻石颂秦德。……然后，“还，过吴。”在回归途中渡海经过吴地。《舆地志》中“渡海经此”也证实了这一点。经海盐秦望山（今金山张堰）和由拳东段驰道（今松江境西）到达会稽郡（吴城，今苏州）。这是按《史记》的记载来理解的，是先到浙东，后到吴地。再“从江乘渡，并海上”。即渡过长江，沿滨海道北上至琅邪。

另有一种记载：“为使越族中心地区名副其实地成为秦国东南一角，秦始皇于公元前210年亲自南巡会稽。他过长江后，经溧阳、过乌程（今湖州市。湖州城北有一山，名仁皇山，据传为秦始皇路过时取名）、到由拳（今嘉兴市），再从由拳经水道到余杭，改由陆路到钱唐（今杭州市）。因浙江（钱塘江）水急浪高，于是西行120里再渡过浙江，经诸暨到大越（今绍兴市）。然后，登会稽山，祭大禹。望南海，刻石颂秦德。”（注2）

从这段文字记叙来看，比《史记》记载更为详细。但始皇南巡走溧阳、湖州、嘉兴，再到杭州，似乎在绕圈，不知为何因。

在秦朝时，松江属会稽郡（郡治原吴城，今苏州。郡辖24县，辖区相当于今上海、苏南、浙北浙东和皖南一部分）三县所辖之地。娄县辖今松江北部；长水县（秦三十七年，公元前210年改由拳县）辖今松江西部；海盐县辖今松江南部及金山区大部。

那么，松江的“秦皇驰道”是何走向呢？笔者假设有几种可能。一是驰道北通吴城（苏州）南接钱唐（杭州），走向是沿苏嘉杭古运河而筑的，与滨海道淮扬段相似，也与现展出于高邮盂城驿内的“秦始皇时代主要交通线示意图”中的“邗沟道”相同。这也与第二种记载相吻合，始皇在由拳坐船经运河至余杭，余杭走驰道至钱唐；二是驰道北通吴城（苏州）南接海盐，过秦望山至海边（今大小金山处）或渡海，或沿海向西南至钱唐。这与《史记》中的记载也相吻合。始皇南巡至浙东后，在返回时“渡海经此”，走过这段驰道。三是驰道在由拳分成两条，一条向西南至钱唐，一条向东南至海盐秦望山和海边。当然，这仅仅是一种假设。

而松江“昆山南四里”一带在2 200多年前还是一个水网交错的“三泖”之地，离东部的海岸线也仅五六十里地。在此建驰道，可否以第二种假设理解：滨海道由会稽郡（今苏州）延伸经由拳县东（松江西部），然后折向南，过海盐县东的秦望山（今金山区南部）至海边，再渡海至鄞或沿海西行至钱唐。当时的海边在大小金山一线以南，据文献记载西周时期建有康城，或叫前京城（唐宋时因海岸线塌陷沉入海中）。海盐的友人告诉我，县志曾记载当年秦始皇到过海盐。这样，始皇在“还，过吴”时还会用得上这驰道。松江西段的驰道“西至吴城”，经过后已陷入长泖中的由拳城，也是有可能的。“驰道即古浦塘之岸”，古浦塘为东西走向河道，东接油墩港，驰道可能会折向南延伸至秦望山。向西遇泖河可能会转向西北，沿泖河北上。否则，在小昆山“山北有秦皇走马塘”又能说明什么呢？以上仅为一种推断，不知对否？

2015年8月

注1：参见文《秦始皇筑高速公路》，作者俞剑明，《江南游报》2015年8月5日第9版。

注2：参见《华夏纵横》卷七《东南形胜——浙江》[历史沿革]华艺出版社2001年版。

（原刊于2015年12月17日《松江报》大讲坛栏）

说明：此文在编录时略作改动。

第　四　辑

灯下偶得

争奇斗艳的磁卡

20世纪80年代，使用了40年的各种票证逐步完成了它的历史使命，渐渐地淡出了人们的生活视线。随之，一种新的卡证——磁卡，悄然地进入了千家万户，成了人们生活中的贴身伴侣。

自1985年中国银行发行第一张银行磁卡开始，至2005年已20年了，银行卡的发行已突破8亿张，仅次于美国的8.5亿张而列世界第二。在我国，磁卡不仅广泛应用于金融业，在电信业中的使用量也很大。试想一部手机的充值卡消费，一年中购买的充值卡有10张左右，而手机的普及面和覆盖率已遍及到了广大的农村地区，只不过电信部门还未公布确切的统计数罢了。

磁卡除了用于金融业、电信业，也早已渗透到了各行各业，得到广泛的应用。如今，磁卡已成了人们学习、工作、生活中不可缺少的“通行证”了。它是科技发展的产物，具有强烈的时代特性。

磁卡是一种磁记录介质卡片，它由高强度、耐高温的塑料或纸质涂覆塑料制成，能防潮、耐磨且有一定的柔韧性，携带方便，使用较为稳定可靠。

磁卡就其本身的功能而言，是一种嵌有磁层或磁条，具有2～3个磁道以存储有关信息和数据的，可进行消费清算、存取现金、消费信贷、验资证明的功能型卡片。除外，还有一种“磁卡”本身并无磁性，仅以卡表面的内容作为证明、凭证而已，只是在称呼上借用了“磁卡”的名称，形象上像磁卡罢了。

磁卡就其使用范围而言，我以为，大致可分八大类。

一是金融类。主要是银行卡、证券卡、保险卡。仅银行卡，其名目之繁之杂，就可罗列几多。从发行机构分，有"银联"标志的磁卡具有很大的覆盖面，其次各银行又都有自己的品牌专用卡。如建设银行的龙卡；工商银行的牡丹卡；交通银行的太平洋卡；农业银行的金穗卡；招商银行的金葵花卡；光大银行的阳光卡；民生银行的蝶卡；广东发展银行的商务卡；深圳发展银行的发展卡；华夏银行的华夏卡；商业银行的万事顺卡；中国银行的长城卡；浦发银行的东方卡；福建兴业银行的兴业卡；上海银行的申卡……从内容上分，有储蓄卡、非外汇卡、借记卡、信用卡、消费卡、缴纳卡、查询卡、审核卡、专用卡、储值卡、理财宝、石油卡、医保卡、爱心卡、灵通卡、联名卡、通宝卡、白玉兰园丁卡、纪念卡等等。证券卡有账户卡、交易卡等等。

二是电信类。主要是电话卡、手机卡。如：IP 卡、201 卡、神州行充值卡、全球通缴费卡、短信卡、200 智能卡、国内漫游卡、长途电话卡、信息卡、小灵通充值卡、智能 SIM 卡、试机卡、手机使用证卡等等，市面上用量最多的是充值卡，众多的销售网点足以说明这一点。

三是商业类。主要是商家企业为了营销促销，推动团体购买而特制的卡。常见的有用于购物、餐饮、休闲娱乐的消费卡、优惠卡、贵宾卡、金卡等。这类卡在前些年很时兴，后因卡内有金额，有"贿赂"之虞，"不廉正"之嫌，特别是购物卡，故被国家有关部门明令制止。目前，市面上已不多见了，而现存较多的是各类大卖场的会员卡等。

四是门券类。主要是用于旅游景点的门票，博物馆、纪念馆的参观券，展览、交易会、节庆活动的进入凭证等，这也是门券长期以来由纸质一统天下向磁卡方向发展的质的飞跃。本人收藏的 1997 年上海艺术博览会、1998 年第一届上海国际花卉节、北京八达岭长城磁卡门票、青岛天后宫门券均属此类。中国历史博物馆在建馆 85 周年时发行一套 3 张的门票，上海金茂大厦迎千禧年发行的一套 2 张的参观券，江苏省于 1998 年 12 月为纪念十一届三中全会胜利召开 20 周年之际，特发行一套 4 张磁卡门票，分别选用了南京雨花台、淮安周恩来纪念馆、苏州虎丘、扬州瘦西湖 4 个景点，面值均为 20 元，都是很有收藏欣赏价值的磁卡。

五是交通类。主要是公共交通卡、高速公路通行卡、地铁卡、磁浮列车卡等。高速公路通行卡较难收藏。近日，上海公共交通卡股份有限公司宣布：一批 99 版的交通试运行卡近期将陆续过期，可免费调换。分别是系统试运行卡（AA9K）、世纪卡（JAOA）和龙年卡（SAOB）。而地铁卡、磁浮列车卡在民间的收藏很热，企业的成批成套发行也很盛。1999 年 3 月，上海市地铁有限公司开始启用磁卡式车票。目前，上海的地铁卡可分为试机卡、纪念卡和运营卡。运营卡分为单程卡（普通卡和广告卡）、储值卡（全磁金额卡和智能 IC 卡）和内部卡（工作证和乘车证）。至 2004 年 4 月前，已发行了 173 套 760 张纪念卡和 127 张运营卡。

六是宣传类。这类是用于宣传、广告、教育方面的卡，一般是不具有磁性的普通卡。如为某一庆典事件而专门制作的纪念卡、宣传广告卡，有单张的，也有编号成套的。例：中国银行在 1999 年为纪念建国 50 周年，特制 12 张一套的长城纪念卡。上海行政学院于 1999 年特发行 13 张一套的学院宣传纪念卡。还有如某一风景名胜区专门制作的风光纪念卡，例：2000 年九寨沟景区风光卡 4 张一套。还有如重大活动和纪念某一事件、某一人物而发行的纪念卡，例：毛泽东诞辰 110 周年纪念卡，1998 年范志毅获“足球先生”的纪念金卡，1997 年香港回归纪念卡等。另有个人的名片也用卡制作，很是气派。另有一类是用于教育的警示卡，如某地限制公务员中午饮酒的“禁酒卡”，某地纪委发给干部的“勤政廉洁警示卡”等。

七是医疗类。主要有社会保障卡、医疗就诊卡、慈善医疗卡、疗养证等，用于挂号、门诊、记账配药等。上海申江医院近期还向社区困难家庭推出“爱心助医帮困卡”，体现了人文关爱。

八是服务类。归入此类的磁卡品种比较多，也比较杂，难以细分。常见的主要有用餐的饭卡、集邮预订卡、书友卡、报友卡、电影观摩卡、在线学习卡、俱乐部会员卡、游戏卡、供水卡、煤气卡、取电卡、产品的信誉卡、服务卡、质量跟踪卡、保险卡、使用证卡、单位的出入证“一卡通”。而更多的是旅游、机票、客房的预订卡、携程卡。这类卡很易得到，你只要在机场候机厅坐上半小时，就可以收到 3～4 张。所报载，携程旅行信用卡，历时仅 8 个月，总发卡已成功突破 30 万张，从而成为目前国内发卡数量最大的联名信用卡之一。还有一种是宾馆饭店专用的房卡，在欧美国家，这种房卡在你离开宾馆时是可以留作纪念带走的，客人退房后卡中的开门密码便无效了。本人曾收集了近百张这样的房卡，这也是一种宣传广告。

但在国内的宾馆饭店也许是为节省成本支出的缘故吧，几乎都要收回的房卡，以致无法满足游客收藏的愿望。

磁卡就图案而言，现在是越做越精美漂亮了，而且还编号成套，选题也十分讲究，很受人们青睐、收藏。本人收集到的福建漳州水仙卡（充值卡）图案为“福建民居”（4张一套）；广东电信发行的200卡，图案为“西藏古堡”（4张一套）、“金银器”（5张一套）；重庆移动发行的充值卡、图案为“磁器口”（3张一套）；上海电信发行的IP卡，图案是“松江历代名人诗录”（5张一套）；上海地铁公司发行的地铁卡，图案为“清明上河图”（18张一套）等都非常精美，具有很强的视觉冲击力和美感。

以上分类叙述，只是大概，不能全面。所言也只是一孔之见，尚待推敲。本人因喜爱收藏而有心观察，日积月累，收获匪浅，实觉“乐在其中”，今而一吐为快。

2005年5月31日

（原刊于2005年7月31日《上海收藏》报）

车尾贴

开车遇堵车，交通广播台的播音员常会用“稍安勿燥”或“堵车不堵心”来安慰驾车者。堵车时，怎么才会“不堵心”？我看车尾贴。

多年前，看到前面汽车的车尾，出现的是“保持车距，防止追尾”之类的安全警示牌。近十年来，随着经济社会的快速发展，人民的生活水平大有提高，私家车也越来越普及，驾车族们对自己的爱车也疼爱有加，在车尾处也喜欢粘贴一些安全提示，但和以前的提示不同的是，同属安全提示，语言却更诙谐、幽默、更具个性。

起先，看到有的越野车车尾贴着“熊出没，注意”，我不太理解，这“熊”指什么？想来想去大概是指越野车自己吧？那干吗要把自己的车比作笨熊、狗熊呢？还有“别吻我，我怕羞”，明明是大胡子男人，却把自己比作纯情少女，羞答答地让人想入非非。

后来，我发现车尾贴都疑是新手。以前看到较多的是“新手上路，请多关照”，直说自己是新手。也不知从哪天开始“驾校除名，自学成才”冒了出来。“自学成才”显然是不可能的，该是一种自嘲娱乐吧。新手上路，最担心的是后面的车跟得近，喇叭按个不停。于是就诞生了“新手，擅长急刹，随时熄火，上坡必溜”、“别嘀嘀嘀，越嘀越慢”、“越催越慢，再催熄火”、“脚底下有三个板板，哪个刹车?”、“我只会踩刹车”、“保护新手，人人有责”、“马路新秀，急刹天后”、“请超车吧，新手龟速行驶中”、“我牛，我是蜗牛”、“你先走，我断后”等等，你想不笑都不行。

还有一些车尾贴，如“你不是 F1，悠着点”，“核弹后置，保持距离”、还有的模仿小沈阳的话“人生可短暂了，油门一踩一松，一辈子就过去了，嚎!”、“撞上来吧,我正缺＄￥用”、“大修缺钱,欢迎追尾”、“离我远点,别逼我变形”。这些都可算是在规劝和提示。但不乏幽默和诙谐。前些日子媒体还报道过,西安一位82岁老大爷的三轮车车尾贴着“你酒驾,爷担忧”,老爷子因曾被酒驾的人开车追过尾,于是就想出了这一招,而被网上称为“担忧爷”。

五花八门的车尾贴,似乎形成一种车贴文化。这种文化看似张扬,却无伤大雅,又因其别出心裁妙趣横生而让众多“堵车又堵心”的人一笑解堵,用现在的时髦语说,也很“给力”。

2010年12月12日

(原刊于2010年12月12日《松江报》副刊)

“给力”尾牙宴

这天，我和同事们参加一个公司的尾牙宴。

公司主人小梁穿着一件红色的大衣，时尚而亮丽地等候在大堂里。来到宴会厅门口，见许多人衣着规整，有着西装的，也有着唐装、旗袍的。事先我已听说，她们的尾牙宴要评出时装“天王”和“天后”。

宴会厅门口布置了一堵墙，上面是员工们的画作，有卢浦大桥、东方明珠、中国馆，大家纷纷在此合影。进入宴会厅，我眼前一亮。正面一个舞台，台后有一个LED，台左侧有一个装饰墙，墙前放着一架白色的钢琴，台右侧是一个大橱窗，里面布置着一些旗袍服饰。小梁告诉我，这些旗袍都是员工当“新娘”时穿的，拿出来点缀尾牙宴的环境。小梁的公司有30多人，共设5桌，主桌上是她特邀的嘉宾，其他4桌都是她的员工，员工以年轻人为主，其中有多位“海归”。作为一个以引进国际性会议为主的会展公司，员工个个都会讲流利的英语，个个都有英文名字。

尾牙宴在一名员工弹奏的钢琴曲中拉开序幕的，两名青年员工在对唱中缓缓走上台，开始主持宴会。大家边吃边搞着活动。会上，揭晓了8个团队奖和个人奖，如“最佳设计奖”、“最佳组织奖”、“最佳文案奖”、“最佳新人奖”什么的，得奖者都发表了“获奖感言”，有点像奥斯卡颁奖。小梁的公司去年一年中有2位员工的亲人离世，于是在尾牙宴上，他们建立起一个互助的“爱心基金”。员工们将自己的心爱之物捐了出来现场“拍卖”，有世博纪念章、纪念衫、纪念扇、油画、电动玩具等等。所得款进入“爱心基金”，大家纷纷举牌，这也感动了嘉宾，嘉宾也加入了捐款的行列。团队在颁奖时，将一个“感恩奖”颁给了一位搞财务的老员工，她很激动，当场表示要将奖金捐给“爱心基金”。最后，小梁上台，她没有冗长的工作总结，而是将她的团队成员一一引上了台，一一给予了很好的评价。并介绍说团队中有一半人参与了本次年会的策划和组织。然后大家一起开启了香槟酒，在她的带领下，绕着主桌一一向嘉宾敬酒，然后一起再次登上舞台，拍下了一张公司的“全家福”。

这顿尾牙宴，我听到的是“感谢”、“感恩”、“明年再努力”、“希望自己明年做得更好”这样的表态；我看到的是团队成员一年的辛勤努力得到了肯定，团队的凝聚力超强；我感受到的是团队成员之间的亲密友情和员工对自己的团队的贴心……至于吃什么菜、喝什么酒，已不重要了。

这顿尾牙宴，给力。

2011 年 1 月

（原刊于 2011 年 1 月 25 日《松江报》副刊。2011 年 11 月编入《我们的节日》专题集第 28—29 页）

夫妻碗

除夕，全家人和往年一样，回到我父母亲家去吃年夜饭。

刚围桌坐好，我不经意地拿起母亲座位前的一只空碗，感觉这只碗似乎与众不同。碗很薄，分量也轻，小巧、精致，碗壁上画的花特别鲜艳，大红的花瓣、黄色点点的花蕊，边上一朵淡蓝色的小花，配上绿叶，构成了一幅美丽的花卉图。出于好奇，我随手将碗翻过来，只见碗底印有一枚从右往左书写的红色圆形印章：景镇市第一陶瓷合作社。我问父亲："这只碗有些年份了吧？"父亲说："是呀，你妈这只碗和我的这只碗是一对，家里就这两只。"说时，他将自己手中的一只碗举了举。我转眼一看，两只碗一模一样，只是父亲那只碗内有一条浅短的裂纹。父亲边喝着酒边说："这对碗，是你外婆和你妈，在我们结婚前买的，就买了这两只。按照我们家乡的习俗，这叫'夫妻碗'，我们一直用到现在，快有60年了。"

"哇！用了那么久啦！"我感到很惊讶，这么多年来，我还是第一次听说这两只碗的来历。父亲说是"夫妻碗"，其实就是两只图案相同、做工相对精细的普通碗而已。但在解放初期，这种碗可能也算是碗中的上品了吧，虽然它并不像当今那种专门配上两碗、两碟、两调羹，再加两双筷，外面再配一个小盒子的"夫妻碗"那么考究。

这天除了惊讶，我还感动。碗是每天都要用的，免不了磕磕碰碰，可父母的"夫妻碗"快60年了，居然还保存的那么好！

我在网上查询，方知"景镇市"是江西景德镇市昌江区的一个地名，"第一陶瓷合作社"已无法查到，应该是后来被合并了，或改名了，或歇业了。两只普通的碗，产自景德镇，与百年前的清官窑瓷器相比，它算不了什么，但在一个家庭里能用上近60年，也可算是件稀罕物了，更可算是一件家庭文物了。

妻子对我说，这两只碗也是爸妈俩相濡以沫、恩爱相伴的见证，是件纪念品。是啊，从我记事至今，我从未见过父母亲拌过嘴、红过脸。再过两年，将是父母亲“钻石婚”的喜庆日，愿这对“夫妻碗”永远陪伴着两位老人，相伴到永远。

2011年2月11日

（原刊于2011年2月17日《松江报》副刊）

知青生活记忆碎片

1974 年五四青年节，松江火车站，一列客车在红旗招展、锣鼓喧天中缓缓驶出向西而去。这列车中有两节车厢是包厢，专送松江县 74 届中学毕业生去松江县古松公社（今石湖荡镇）和新浜公社（今新浜镇）插队落户的。我是 74 届应届生，在家中是长子，按当时的政策，必须去务农。于是，一个当时还不满 17 周岁的我就成了这两节车厢中的一员。

新浜公社联民大队（今为南杨村）第 6 生产队是我的“广阔天地”，生产队地方偏僻，交通不便，从火车站到生产队要走 6 里地，约三刻钟，而走水路则要近 2 个小时。36 年前的联民大队没有机耕路，都是沿着水渠、垄沟和田埂走向公社的，全大队还没有一辆自行车。那天，生产队的指导员老邵摇着一艘水泥船，将我及行李载回到生产队。生产队专门为知青建造了 32 平方米的砖瓦房，一套 2 间，2 人合住，外间为灶间，里面为卧室。我在这里住了 3 年 10 个月。恢复高考制度后，我于 1978 年 3 月考入师范学校，离开了这个我难以忘怀的“第二故乡”。迄今已有 32 年了。近 4 年的插队落户务农生活，成了我记忆中的碎片，但刻骨铭心。

初学农活　脱胎换骨

农村的劳动是艰苦而繁重的。刚下乡时，我是一个身高 1.85 米，体重 68 公斤的瘦高个，因从小生活在城里，所以手不能提，肩不能挑。下乡后正逢春耕，种早稻，当时采用“小苗育秧”的技术，一担“小苗育秧”也不过二三十斤，可我就是放不住肩上。农村当时没路没车，全靠人工肩挑，扁担是男劳力的主要工具。一年锻炼下来，我也能跻身“扁担族”行列，挑起一百五六十斤，快步行走。

因为我是左撇子，每逢割麦子、稻子，左手握镰刀就很不顺，右手又使不上力。没办法，只能学着用右手操作，每次割稻我总是被人超出，常常落在最后，孤独地、艰苦地接受着“再教育”。慢慢地我也能跟上大家的速度了。

长期的赤脚干活，左脚底部长出了鸡眼，挑着担子踩在软软的水稻田里还好，一上岸，踩在硬土疙瘩上就疼得跳起来。农忙缺劳力，只能默默忍受着，咬着牙坚持着。长时间赤脚泡在水田里，脚丫子都溃烂了，不能行走，只得躺在床上。偏偏那时收到了家里的来信，传来了噩耗，住在上海的大伯母因车祸身亡，择日举行追悼会。当时的投递员是将报刊书信放在大队部的小商店，小队里有人去小店才把信带回来，这样一转一传，我收到信时早已过了开追悼会的时间。望着不能行走的双脚和迟到的信件，想着不能与疼爱我的大伯母见上最后一面，我欲哭无泪。

在农村务农，还要受到各种虫害、气味的侵扰。记得刚下乡时，队长叫我干的活是撒猪塮，猪塮就是猪圈里的猪粪和杂草经过猪的长期踩踏发酵成的东西，农民用来当有机肥料，奇臭无比。撒了一天塮，两只手经过七八次的肥皂洗也洗不掉臭味，晚上整个被窝里也是臭味难闻。还有一种名为氨水的化肥，气味扑鼻，干勾兑氨水的活简直可以把人熏倒。“三夏”时割麦子，麦田里到处都飞扬着一种不知名的小虫，嗡嗡叫，叮你、咬你，还有往你耳朵里钻，难受极了。更可怕的是在水田里干活时，蚂蟥直往你小腿上钻，吸你的血，当你发现蚂蟥已钻入小腿时，你还不能去用力拔，越拔它钻得越深，第一次被蚂蟥叮咬，我没经验拼命拔，结果蚂蟥断了，半条钻在小腿里，鲜血淋淋。农民告诉我千万不能拔，要在边上拍，把它拍出来。

评工遭挫　坚强面对

当时的人民公社，是一片“农业学大寨”，实行的是“大寨式评工分”制。即你干一天活，给你记一天工，一天工为 10 分，农忙时也会增加为

1.5个工，即15分，算是加班工分。年终分配时，核算出每个工的工价，如工价为一元钱，评定为一工为10分，全年有350工，即可得350元，扣除分粮、分柴和预支款，如果是170元，年终就可分到180元。

我第一年评定的工分为6分，这在我们那个地方是属于很低的，一般的知青第一年评分均在7—8分。几天后有人告诉我，是那个"贫协主席"从中作梗，说就是要让这些城里来的人吃吃苦。生产队长生气地说，他(指我)就是站着不干活也不止6分，妇女主任为此还流了泪。在那个年代，"贫协主席"也算是个"人物"，队长和指导员为我抱不平，感到委屈了我，只能安慰我。这一年年终分配时，我超支13.6元。8个月的辛勤劳动换来的是欠资！这是我踏上社会遭受的第一个挫折，刻骨铭心。但也磨炼了我，坚强了我，我并不因此而消沉。第二年我评了8.5分，一年干下来，年终分到了125元，这也是我的第一笔收入。母亲说，去买块手表作个纪念吧。于是，我花了120元钱买了块"上海"牌手表。到了第三年我才被评为10分，分红得了180元，这在当时的农村也算是收入多的了。

严格要求　自觉劳动

当时的农村，全凭工分吃饭，没人来管你，是比较松散的。完全不像在学校、工厂、单位有人来管你。你今天不出工，也不会有人来问你；你长年不在农村，也不会有人来找你。出工不出工，全靠自觉。当年，我们是响应毛主席"知识青年到农村去，接受贫下中农再教育，很有必要"、"农村是一个广阔的天地，在那里是可以大有作为的"号召来到农村的，一心想的是好好劳动、锻炼自己。我给自己订了两条制度，一要坚持每天出工。于是每天清晨五六点钟时，当公社的有线广播响起《东方红》乐曲时，我就必须起床做饭，早饭后，便随着队长的哨声出工了。二要少休息，自己规定两个月回家一次，农忙不回家，每次休息三四天，然后必须回农村，也算是对自己的严格要求。

队长和指导员对我这个知青也算是蛮照顾的，时不时给我派些轻松的活，如去镇上买些化肥、种子、机器零件，到学校当"代课老师"什么的。他们常说，知识青年又要干活，又要做饭洗衣，不容易。一年后队里看我劳动积极，让我担任团小组长，后又任大队团支委、团支部书记、大队民兵连副指导员，也参与大队的工作，帮助搞活动，还参加外调、搞政审等，我就在贫下中农的再教育下“茁壮成长”了。

吃苦耐劳　终身受益

下乡第一年的“双抢”(抢收割、抢播种)，指导员出于好心，问我是否愿意作为劳务输出，去上海浦东第十牧场打工，我想着有食堂可以不烧饭菜便同意了。到了牧场，干的活是将成捆成捆的约七八十斤重的玉米秆子堆入粉碎机碾成小块，撒上盐，一层一层盖上土，腌制后给奶牛吃，这活真是又累又苦，住的是大牛棚，每天要来回走40分钟到腌场干活，没有休息天。好在有食堂，不用自己烧饭菜。现在想想我在36年前就当过“农民工”了。由于我只身一人去了浦东，没有及时给家里写信，父母亲不放心，父亲竟一路找来，看到我浑身被汗水湿透，衣服上都起了盐渍的狼狈样，心疼不已。父亲说“你要牢牢记住这一个月的日子啊!”

第二年，队里让我开手扶拖拉机，全队仅有这一台拖拉机，农忙时都要靠它来耕地，为了抢时间，得昼夜运转，我也忙得连轴转。记得在大伏天的“双抢”时，社员们收工后，已吃过晚饭洗过澡在纳凉了。我却还在忙乎，一身泥水的从漆黑的田里回到村里取柴油，冷不丁的把大家吓了一大跳，以为见到“鬼”了。

开拖拉机时，有时要用水泥船将拖拉机摆渡到对岸去耕田。有一次，我和另一位社员在搁跳板时，由于配合不当，一块跳板猛地砸在我的小腿上，整块小腿皮被拉了下来，鲜血直流。为了接受再教育，我“光荣负伤了”，至今还留着深深的疤痕。还有一次，拖拉机上船时，我在后面把“方向”，另一位社员在前面摇动发动机，原本是慢慢摇，轮子在跳板上慢慢向前移动，移动到船头即可。想不到那位社员摇得太快了，竟发动了机器，拖拉机直往前窜，一下子扎进了江里，我也随着掉进了江里，真是危险。

农忙结束后，生产队要将晒干的稻谷缴公粮，用5吨或7吨的水泥船，装载着满船的稻谷去粮库，用“栲栳”(能装七八十斤稻谷的柳编盛器)靠人工扛在肩上，踩着“之”字形的跳板，登上小山似的粮囤。那时没有机械传送带，全靠人工。三四个人来来回回要扛整船的稻谷，时间一长，人已筋疲力尽，站在“过山跳”上，双脚发软，可真是够呛。

生活艰难　乐观面对

在农村务农，除了干高强度的农活外，物质生活也是十分匮乏的。吃饭时也没什么菜，常吃的是当地人自制的“大头菜”，实在没菜时，就用酱油加猪油拌饭吃。买肉要肉票，一个月难得吃上一回肉。记得有一次“双抢”时，母亲烧了些菜来看我。吃晚饭时，我窗外就站着许多住在附近的妇女和小孩，馋馋的和我套近乎。母亲带来一大搪瓷杯子红烧肉，可我仅吃了一顿，第二天杯子和肉都不见了。半个月后，我在河里洗澡时，脚下突然碰到了一样东西，捞起来一看，竟是我的那只盛肉的大搪瓷杯子……

生产队的田地处黄浦江支流两岸，干活得摆渡去江对面的塘田（低洼地），一干就是一天。早晨将饭烧好后盛放在一个竹饭篮内，上面放些榨菜、酱萝卜，一天五顿全在里面了。过江后到了田头，将竹饭篮往树杈上一挂，干活、吃饭、干活、吃饭、再干活，一直到天暗，真的是“日出而作，日落而息”。

经历过近四年的农村锻炼，使我养成了吃苦耐劳、任劳任怨、脚踏实地的坚强性格和工作态度，这给我后来的人生、工作和学习带来了益处。

30多年前的知青生活有的已经淡忘，有的却刻骨铭心，成为我一生中难以磨灭的记忆碎片。虽是碎片，值得珍藏。

2010年12月2日

（原刊于2012年6月上海辞书出版社《知青记忆》第65—70页）

何不也设此“专柜”

当今是互联网时代，也是网购的疯狂时代。现在实体书店的日子都不太好过，此时再拿书店来说事，似乎有点不合时宜。但想说不说似乎又很不爽，于是乎，就一吐为快了。

在外面出差、旅游什么的，只要有空闲我便喜欢去逛书店。走得多了，我便发现有许多地方的书店都有一个“本土作家作品专柜”，如浙江的海盐、嘉兴、宁海、萧山、宁波、江苏的无锡、泰州等等。我习惯于每到一地，总要买本描写当地历史或风情的书看看，碰到有本土作家作品专柜，我会看得更仔细，买的可能性也大。我曾在一个江南古镇一条拥挤的小街上看到这么一景，一位老奶奶在她的临街屋门口放着一个小方凳，上面就竖放着七八册书，我上前翻阅了一下，竟都是一些作家写这个古镇的散文集，我很惊讶，有文化味呀！

于是乎，我想，我们松江历史悠久，文化底蕴深厚，文人不少，本土作家也不少，作品更不少，也有知名度和影响力。以前曾在松江图书馆看到过松江本土作家的作品展，但这是图书馆收藏和展示的。在松江的新华书店，没有本土作家作品的专柜，就是被誉为“最美书店”的钟书阁也只是零星地放了几本。松江是个花园城市，来旅游的人也不少。如果在书店里常设这样一个专柜，我觉得还是蛮好的，松江人会感到自豪的，作者本人就更不用说了，游人或市民也会感到方便的，特别是为那么多的新松江人了解松江提供了方便，对宣传松江也是有利的。

既然好处不少，为何我们的书店就辟不出这个“专柜”呢？看来，问题不在于没想到，而是现实使然。当今，逛书店的人不多，书的销售也不火爆，这就给书店经营者出了个难题。何不也设此“专柜”？书店的经营者可能认为这不是个好点子，书店不是展览馆，它是要靠书的销售来维持生计的，啥书好卖就展示啥书。家长不希望自己的孩子输在起跑线上，教辅书好卖，书店自然就多展示教辅书，其它的书卖不掉，只能下架了。如今很多书店为了生计，要么缩小门面出租场地，要么关门。全国的书店似乎都一个样，这就是现实。难怪社会贤达对扶持实体书店呼声不断，政府也出台了扶持政策。看来，扶持政策还应加上一条：设有本土作家作品专柜。

2014 年 6 月 24 日

（原刊于 2014 年 7 月 10 日《松江报》副刊）

人生的铺垫

自1974年离开母校松江二中迄今已整整40年了，母校也将迎来建校110周年的纪念日。岁月如梭，光阴似箭。40年的人生经历，与在二中学习的四年半所打下的基础密不可分，无不留有在二中生活的影子。

离校后的第一段经历是四年的农村插队务农生活。插队务农，条件艰苦，全凭自己思想的坚定和体力的承载，没人来管你，看你如何去适应。也正是自己有在二中读书时所留下的烙印，当了四年多的副班长，也算是个积极要求上进的学生、共青团员。也是个体育运动的爱好者，跑步、打篮球、排球等，体能上还行，这两方面的基础使自己也适应了务农时的环境。在农村的第三个年头，我已是个全劳力了，拖拉机手，并担任了大队团支部书记。

我的第二段经历是学习。1977年恢复高考后，我考入了师范学校，重新拿起了书本。毕业后当了一名小学教师。工作之余，我继续读教育学院大专班、党校函授本科班，这也离不开原先在二中学习的基础。在二中学习生活，影响我人生经历最大的是看书阅读、写文章。在生活中我一直想拥有一个小书房，以前因住房小，没有这个条件。住房条件改善后，我有了自己的小书房和藏书，虽然藏书并不多，文章写得也并不怎样，但阅读和写文章的习惯陪伴了我40年。回想起来，这是在二中读书时被激发起来的，还有就是写作文。记得有一次，语文老师王宣在课堂上将我的作文"挑灯夜战"作为优秀作业念了一遍，这让我很激动，也萌发了我要写好作文的念想。记得我的学习经历中有过三次作文被老师表扬，二中的王宣老师是第一次。之后，在师范学习时作文被当作优秀作文展示一次，在中文大专班时作文又被老师念了一次。记得当时老师曾建议我向写小品文方面发展，由于自己兴趣不大，也就不了了之了，但工作之余喜欢写点东西的习惯却保留了下来。这40年也有了30多万字的文稿，在各类报刊杂志上也发表了40多篇文章。所以说，阅读和写作的习惯，是从二中开始的。

我的第三段经历就是这40年的工作。干了20年的教育工作、15年的旅游工作，做了近30年的管理工作。我始终抱定一条宗旨，认认真真工作，踏踏实实做人。在二中四年半的学习经历，让我养成了看书阅读、思考钻研、做事扎实、认真细致的生活工作习惯。并树立了求知、务实、改革、创新的人生追求态度。在此，我深深感谢母校给我的人生轨迹所作的铺垫。

2014年3月16日

（原刊于2014年6月30日《松江二中校友通讯》。后编入校庆纪念册）

“花辰”与“辰花”的纠结

在松江区境内有一条东西向的公路，刚启用时名为“花辰公路”，即花桥至辰山。现此路在龙源路以西的漕娄河桥、辰山塘桥等至少五座桥的桥碑上仍写着“花辰公路”。此路后改名为“辰花路”，去掉了“公”字，可能是将它从郊区公路中划出，纳入了城市道路的缘故。门牌号还是东小西大，东段的青青旅游世界是 388 号，西段的辰山植物园为 3888 号。但因用了“辰花”为路名，常搞得人摸不着头脑，也让来松休闲旅游的自驾车族犯迷糊。

近日《松江报》(1 月 28 日第五版)中“颠倒的路名配上颠倒的字”一图文中说:“‘花辰公路’的路名碑最初就写错了路名，但错误的‘花辰公路’还一时不能改成正确的‘辰花公路’”(《新民晚报》2 月 8 日也刊此文)。

笔者认为，“花辰公路”是正确的，而“辰花公路”却是错的，因为它有悖常理。

在我国，公路取名都遵循一条规律，就是“先北后南、先东后西”。如国家高速公路的类型分为纵线(北南向)、横线(东西向)、首都放射线、环线和城市环线五种。G15 沈海高速、G25 长深高速为北南走向的，以北面的地名为先，南面的地名为后，从未听说有“海沈”、“深长”一说。G60 沪昆高速、G56 杭瑞高速为东西走向的，起始点为上海和杭州，也是以东面的地名为先的，也未有“昆沪”、“瑞杭”一说。首都放射线向四面放射，如“京哈高速”等。省级高速公路也一样，只不过放射线以省会城市为起始点，如“沪嘉高速”、“沪苏浙皖高速”。省市级的地面公路在高速公路还未出现前就已遵循这个原则，松江区境内的跨境公路如嘉松公路、沪松公路、松卫公路、外青松公路、车亭公路、松蒸公路、北松公路、闵塔路、大叶公路、莘砖公路等都是先北后南、先东后西来定名的。区县级公路也遵循这个原则，如辰塔路、昆港公路、九新公路、泗陈公路、叶新公路等。但是，也有些路名是违背这一原则的，如沈砖公路、卖新公路、佘北公路和辰花路等都是反向命名的，不知出于何因？

取路名也好，地名也罢，有它的历史文化、地理位置和约定俗成。“青藏高原”为何不叫“藏青高原”，不也是遵循先北后南、先东后西吗？我们看地图，总是以“北”为上的。

“花辰路”明摆着是一条东西向的横线公路，怎么会叫“辰花路”呢？即使作为城市道路也不应该用“辰花”为路名，这样很易被人误解。“卖新公路”取名较早，有其历史原因，可能当时认为“沪松公路”是干线道，由干线“辐射”至新桥，故名“卖新公路”，或许是随意取的。记得“沈砖公路”刚开通时也曾叫过“砖沈公路”，不知何因改为了“沈砖公路”？“佘北公路”可能把它作为“佘山”的放射线来命名，按理应名为“北佘公路”。

故笔者认为，取路名还是按常理的好，这样也便于记住，况且公路沿线的门牌号也是由东至西的。人有习惯性，一旦形成，改也难。取名时还得慎重，确定后再改会带来诸多的不方便和不经济。正如松江改区已十多年了，有人还在说“松江县”。“林荫路”改为“林荫新路”，别人以为是两条不同的路。

2015 年 2 月

（原刊于 2015 年 3 月 4 日《松江报》副刊）

思鲈园停车库的憾事

位于区中心医院南侧的休闲广场终于破墙开放了，取名为“思鲈园”，想必是思念原先近在眼前的秀野桥下的四鳃鲈吧。

思鲈园地下建有停车库，对前往马路北侧中心医院就诊、配药、探望病人的泊车主来说，无疑是解决了“停车难”的问题。停车库建得很漂亮，车位也不少，但使用了几次后发现了一个不足，深感遗憾。多数的泊车主是奔着医院而去的，而泊车后走到地面上的出入口却设在马路的南侧，到医院去就必须横穿马路。这条马路东面是十字路口，如遇红灯，车辆排队要至医院门口，西面是秀野桥的下坡道，下桥的车辆车速较快。医院门口人多车多，还有两个公交站点，本身就是“瓶颈”的拥堵之地，再加上泊车主的横穿马路，又人为的造成拥挤和无序。

停车库大概有 150 个车位，高峰时会客满，以每个车位一天内有 10 辆车交替停放计算，就是 1 500 辆车次，每车以 2 人计算，有 3 000 人次，来回横穿马路就是 6 000 人次，以每天上午 8 时到下午 6 时的 10 小时计算，平均每小时有 600 人要横穿马路。这仅仅是个大概估计，实际横穿马路者可能高于这个数。在医院急诊室门口虽有横道线划注，但因不受红绿灯制约，过往汽车也不会礼让过横道线者，所以形同虚设。

如果在规划建造停车库时，到医院门诊处有一条地下通道，泊车者就不必横穿马路了，那该多好。况且地下建通道距离也就三四十米左右，当然建造虽会增加费用，但能方便泊车主，减少交通事故隐患，也可减少医院门口的乱象，花点钱也是值得的。地下通道还可避日晒雨淋和风雪，上来就是医院门口，多方便，又多人性化。这种设计在国外或上海市区的地铁站出口并不少见。

近日，看了一本名为《天大的小事——城市如何让生活更美好》的书，作者王力客居北美七八年，“眯起眼睛看西方”，将西方城市管理中的安居、交通，包括泊车、治堵、信号灯、公交、车管控、校园护卫、社区隐患、超前服务、宠物教化、公厕文明等36个方面一些好的做法介绍给国人，很值得一读。为什么外国的月亮“显得圆”？我们需要“静下心来想自己”，尽管“以人为本”日渐深入，但城事不尽如人意之例证依然随处可见。在国人自古以来习惯大处着眼和大而化之，我认为还应“小处着眼”、“细节着力”。建地下停车库固然是好事，如果有穿越马路的地下通道，再加上坡式电梯配套，岂不是好上加好！

2014年12月

（原刊于2014年12月16日《松江报》副刊）

门　卡

去年初夏，我在比利时布鲁塞尔一家老饭店入住，总台先生给了我一把很大的老式钥匙，钥匙孔中还穿挂着一块刻着房间号的铜牌，拿在手上沉甸甸的，我顿时有回到了三四十年前的感觉。第二天退房时，看见有位住店客人将钥匙交给总台，总台先生顺手将钥匙挂在身后的墙上，墙上有一排排专挂钥匙的挂钩，这种情景现在已很少看到了。

当下的酒店客房开门用得最普遍的是带磁条或芯片的钥匙卡，简称门卡，一刷或一插，把手一转，门便开了，很方便。十多年，有意无意地收集了近百张门卡，其中有六成多来自国外和港澳台地区，许多酒店是允许你将门卡带走的，不收钱。可能是人性化使然，给你留作纪念，当然也可能是隐形宣传，赢得回头客。国内酒店则大部分不允许，你将门卡带走的，要回收，少了就在押金中扣钱。你要的话，就出钱买，成本价的十倍之多。也有一些品位较高的酒店，你问他要，他们也会送你的，但这样的酒店不多见。所以，收集国内酒店漂亮的门卡反而倒成难事了。印制门卡的成本也就是几元钱，国人为什么就不能想到几元钱后更大的利益是无可估价的宣传效应呢？老外无偿送你门卡，我们则要你掏钱买门卡，这仅仅是观念差异吗？

我将这些门卡分成三类。

甲类是图案漂亮的。国外有的酒店将门卡搞成系列型的，不时会出一些新图案。如一家酒店有两张门卡，一张画的是几条金鱼，另一张是一条放大的鱼尾，这可理解是“从整体到局部”。另有一家酒店的门卡是有三张色彩不一的纹路图案组成，俨然是一组绘画艺术品。还有一家美国酒店的门卡，四张风格一致，图案各异，常有新面孔出现。有的酒店将所在地的山水风光或地标建筑或老牌产品印在正面，如度假海滩、大瀑布、悉尼歌剧院、莱茵河古堡、瑞士手表等等；还有一张门卡的图案竟然是中国传统山水画，很漂亮。国内有的酒店门卡也很漂亮，如安徽休宁凤湖烟柳度假酒店、江苏同里湖大酒店采用的是粉墙黛瓦的江南水乡水墨画，浙江嘉兴富悦大酒店印的是如清明上河图似的嘉兴古运河，浙江仙居东方大酒店则印的是“日出东方”、“仙鹤群居”的绿水青山美景图，将当地最有名的“括苍山顶迎日出、仙人居住的地方”展示给了住店客人。

乙类是以酒店建筑作为图案，大同小异，缺少更深的寓意，但也算是在宣传本酒店的。

丙类是基本上无设计的，这类门卡还没有想到这也是宣传本企业文化或本地旅游资源的一个途径。

或许，再过几年，门卡将会被手机微信所取代。据说，现在有的地方酒店已开启“无卡入住”时代，用微信订房、开房锁、订餐、退房等。科技的快速发展会不会让使用了三四十年的门卡也像老式钥匙一样，完成它的历史使命，成为稀罕之物？

2015 年 8 月

（原刊于 2015 年 9 月 2 日《松江报》副刊）

难忘丁部长

丁锡满老部长去“玉楼”已有一个多月了，他的音容笑貌却时常在我脑海中浮现，挥之不去。

认识丁部长是在八年前。2008 年春，我们在宣传松江旅游时开展了“我与松江旅游”散文征文评选活动。在区文联许平老师的牵线帮助下，我们“杀鸡用牛刀”，请了丁锡满、李伦新、褚水敖、王琪森、桂国强等沪上知名文化人士来松征文评选。丁部长在全市文化宣传界是位德高望重的人，他提议将征文带回去认真阅读慎重地评选。一周后再次碰头，每位评委均谈了对征文的看法，最后评出了等第座次，征文活动得以圆满结束。有了这一次，我与丁部长之间结下了君子之交。后来的八年里，对我的工作，他给予了很大的帮助。

2008 年夏，我们计划化两年时间，到 2010 年上海世博会举行时，编辑出版一套《上海之根文化丛书》。丛书共分 6 册，分别以现代诗集、格律诗集、散文游记、摄影集、书画集和旅游资讯集的体裁来展示松江的旅游文化。在听取专家意见时，丁部长真诚地提议：出版书画集成本太高，经费将远远超过预算，还是改为楹联集吧。听之，我不禁拍案叫好，楹联可用书法来表现，可为景区文化增加内涵，丁部长此计绝妙。丁部长不仅出了此计，还主动担当起这一册的主编，之后，他组织了上海市楹联学会老师一行 30 多人赴松江旅游景区采风，创作出楹联 270 多副，并请市楹联学会的书法家免费书写。他自己也创作了六幅楹联，还亲自撰写该书的序言《佳联妙对咏松江》。最终形成了丛书之五——《谷水联玉》。在丛书编辑过程中，我们至始至终得到了丁部长的关心和指导。丛书之一《云间诗韵》他关心过，之二《华亭笔会》收录了他的散文《五库夜思》，之四《峰泖行吟》，他不但写了《诗的松江》序言，还用格律体创作了《云间八首》录入书中。2009年春，我们决定将“松江二十四景”军旅诗人薛锡祥的现代诗，配上书法、中国画和阴阳篆刻编辑出一函二卷的线装书，作为旅游纪念品（珍藏版），特请丁部长作序，他欣然应允，撰写了题为《人间天上美松江》的序言，使线装书更加厚重。2012年春，新编的《松江导游词》出版后，正好他来松，我便请他指正。想不到一周后竟收到他寄来的书评《循声寻迹看松江》，对松江的文化旅游资源和旅游文化赞扬有加。

我喜爱书，由于工作与接待等机会，收有作家签名书百余本。其中有丁部长的两本。丁部长签名本的内容与众不同，我格外珍惜：《走笔大千》的第二部分“申江放眼”，18篇美文，写松江的就有5篇，5篇中写到松江旅游有多处；《为人作序》共收录他十多年来所写的序言92篇，为松江人和事而写的占了7篇，其中写松江文化旅游的就有3篇……作为松江的一名旅游文化工作者，我的感激无以言表。

丁部长常说，“我来松江最多，写松江的也最多。”的确如他所言，松江的历史文化吸引了他，松江的朋友敬重热爱他，他与松江有着深厚的情结。每次我有问题请教于他，他总是欣然来到松江，给我指点迷津，他的无私、真诚和热心，让我至今想起，仍然心怀感恩、动容不已。

这几年，每逢佳节，他常会在短信中发一些新创的诗句或楹联给我，有时也会来电问候。丁部长是位毫无架子、多才谦逊、乐于助人、一生都在传播文化的老前辈老领导。友人告诉我，说丁部长在多个场合表扬我，说我注重文化，说搞旅游的一定要懂得文化尊重文化。蒙丁部长如此厚爱，我是既高兴，又不安。2013年暮春的一天，丁部长来电话，要我那个周末随他去天台看杜鹃。那天在去天台的路上他对我说，“我约了天台县的旅游局长，你和她谈谈做旅游文化的事。”我明白丁部长的意思，天台是他的故乡，他曾说过天台旅游文化尚需重视和提高，他很希望家乡在发展旅游事业的同时注重旅游文化，故要我把松江文化旅游的经验跟天台旅游局长做个交流。也许过于低调，也可能是谦虚使然，我在与对方交流时总上不了这个话题，仅谈了相互开展旅游推介、互送客源之类的意向，而未能如丁部长所愿。

记得那次跟随丁部长上山观杜鹃，年近80的他步伐矫健，气不喘脸不红，一直走在我们的前面。想不到，仅隔两年多，他却因病魔而驾鹤西去！斯人已去犹遗影，难忘丁部长。

2016年1月

（原刊于2016年1月26日《松江报》副刊。2016年3月编入上海市楹联学会主编的《高山仰止——丁锡满纪念文集》第59—60页）

厚重的建盏

到了马君在建阳的家，进客厅后首先映入眼帘的是案桌上、博古架上放着许多“深色的碗”，这碗手感厚重，碗中有挂釉的不规则结晶，也有布满斑纹或细丝状的，这就是建盏。不是亲眼所见、亲手触摸，还真不知建盏是这样的。之前，曾听马君他多次说起过建窑和建盏的事，他曾请人在废弃的古建窑中收集了几麻袋的建盏碎片，还高薪聘请专业烧窑师傅用传统工艺方法烧制了建盏，由他的“六通社”专营。

晚餐时，我们每人前面都有一只建盏用于盛菜。马君边招呼我们吃边介绍说：建窑是宋代八大名瓷窑之一，建窑烧制出的碗杯称为“建盏”，它以黑釉瓷器为代表，以厚重保温，挂釉有斑纹为特色，已有千余年的历史。在宋代，人们好饮茶，由此也兴起了“斗茶”。“斗茶”需有盛器，建盏被誉为最好的。建窑黑釉属于含铁量高的石灰釉，黏性强，其特点就是在高温中容易流动。所以，会有挂釉现象。它的胎骨厚实坚硬，叩之有金属声，俗称“铁胎”。手感厚重，胎内蕴含细小气孔，利于茶汤的保温，适合斗茶的需求。当时据说都是皇室御用茶具，只有皇宫贵族才用得起，也是高贵的象征。传世并藏于日本的四只国宝级建盏“曜变天目”是饮誉世界的珍宝。因产地为宋建州府建安县（今建阳市）而称为建盏。可惜到了元末时，建窑逐渐淡出了人们的视线。20 世纪 30 年代，被美国人、日本人发现，并被仿制，才引起人们的重视。古建盏在北京、上海、台湾和日本、美国的博物馆中均有样品收藏，而位于建阳水吉村的古建窑址也得到了保护，并作为旅游景区对外开放。但在建阳，还有许多古窑址有待发掘保护。好在建盏还在烧制，有传统的柴烧和现代的电气烧，只是在规划、规模和宣传上还较弱。

听了他的介绍，手捧着建盏，我心难以平静。之前，我在云南建水，也见识过宋代四大名陶之一的建水紫陶，也是民族传统工艺的奇葩。然而为何很多人不知？为何“墙内开花墙外香”呢？如果元代不……假如明清时……可是，历史没有如果，现实也没有假如，只有去传承，去弘扬光大。

那天临走时，马君给我们每人备了一对建盏作纪念品，盒上写着“国家非物质文化遗产”。回来后上网一查，才知建盏常见的有油滴、兔毫和鹧鸪斑等不同釉面风格。烧制建盏难度较大，除了12道工序和配方外，花纹和颜色是不可控的，温度和时间的掌握决定了釉面的厚薄和建盏成形的效果，还会发生“窑变”。所以，它的成品率不高。我又托他买了一对兔毫盏，盏内为丝状呈放射状斑纹。宋徽宗在《大观茶论》中提到：“盏色贵青黑，玉毫条达者为上。”因建盏与我们常见的白瓷、青花瓷、紫砂不同，显得很特别，我很是喜爱。我曾做了个小试验，拿出4只体量差不多的瓷器，在建盏、龙泉瓷、越瓷和日本瓷茶盅内分别注入100毫升的沸水，五分钟后测其水温，的确是建盏保温最佳。

建盏，不仅是体形厚重，还有它的历史厚重与文化厚重。

2016年2月

（原刊于2016年2月25日《松江报》副刊）

一方澄砚被仿的事

十多年前，我从川西南的贡嘎山海螺沟下来，住在山脚下的一家宾馆。那天，离晚餐还有些时间，我便在宾馆附近的小街上闲逛。这里已是汉藏混居区，卖的东西大多是藏药和藏民用品。

我在一间门面不大的小店里闲看，突然发现在玻璃柜下一个角落里，有一方澄泥砚。便让店主拿给我看。店主将这一方积着灰尘的澄泥砚递给我后，仍在做他的事，并没太在意这方砚。这方澄泥砚，砚面沟槽边上刻着一只怪兽，兽爪下有云纹，砚面三条边上也刻着云纹。砚左侧脊上刻着一排字，是三个金文，四个汉篆，我不识是何字，落款是“大澂题”。砚右侧脊上刻着二排字，是行书，下面刻的是“乙卯秋吴昌硕”。砚背上端也刻着一条龙，有祥云纹衬托。中下方凹框内用隶书刻着一首诗，落款是“冯玉祥敬题”和“冯”字印章。我随口问店主，这只砚哪来的？他回答说是收来的。我又问卖多少钱？他头也不抬地说：“六百”。几经讨价还价，以半价购得。

买回来后也没去研究这方澄砚的真伪，便随手放入了书柜，这一放便是 12 年。近来闲时，便将此砚拿出来瞧瞧：它究竟是真是假？

这是一方土黄砚，长 14.5 公分，宽 10 公分，厚 2.5 公分。龙的雕刻很细腻，形象栩栩如生。“大澂”应是吴大澂，金文和汉篆题刻的 7 个字，前 3 字后用“·”相隔，好不容易译出，应是：“两罍轩·校书之砚”。吴昌硕题的字为：“两罍轩主研侧象，窸斋题石，友今收得，愁将虑事提”。冯玉祥敬题的是：“惟公勋业彪炳人群　文章道德卓卓今名　清风亮节寰宇景钦　方隆大年遽返本真　滇海浩浩昆华苍苍　缅怀遗风山高水长”。一方澄砚上有三位名人的题字，这的确是一个意外惊喜。但我还是怀疑它的真实，因这方澄砚两边的做工有些粗糙，留有明显的粗糙痕迹，金文“两”字少了上面一横，行书“豪”字上部是个“々”字头，不知为何字，而且，还似乎缺少一个红木座盒。这里，先按下不表。

那么，这三位名人是否有关联呢？查了一些资料得知：吴大澂（1835—1902年），初名大淳，字清卿，号恒轩，晚号愙斋，吴县（今江苏苏州）人。同治七年（1868年）进士。历任陕甘学政、左副都御史、广东和湖南巡抚。1886年，在收回被俄侵占领土上功不可没。甲午战事，折戟辽东，被革职回籍。吴大澂擅山水、花卉，精于篆书，他的专著有《说文古籀补》、《愙斋集古录》、《恒轩吉金录》及辑自藏印《十六金符斋印存》等，都是在清代金石学与印学史上以广博、专业著称的扛鼎之作，在国内产生了重要的影响。他对吴昌硕、黄士陵这两位篆刻大师的提携与交往，也成为了近代篆刻史上的伯乐。

那么，“两罍轩主”又是谁呢？经查询，得知是苏州知府、金石书画收藏家吴云。吴云家后院有一书房，名“两罍轩”，吴大澂是吴云家的常客，大澂比吴云小24岁。在金石、收藏方面吴云当属吴大澂的老师。吴大澂在这里又结识了小于自己9岁的吴昌硕，并对这位小老弟给于指导教诲，为吴昌硕成名有很大帮助。

吴昌硕（1844—1927年）是近代著名艺术大家，他的绘画篆刻百多年来受到海内外顶礼膜拜的推崇。他出生于浙江安吉，少年时遭遇战乱，穷困潦倒，背井离乡。中年时曾应吴大澂之邀北上参佐戎幕，却因甲午之战清政府一败涂地，使他报效国家的希望彻底破灭。这方澄砚上，吴昌硕的题字时间是乙卯秋，应该是吴大澂去世13年后的1915年。题字中有“愙斋”两字，为大澂晚号。题字中充满了对吴大澂的怀念和回忆。

冯玉祥（1882—1948年），少时从军，1910年曾任清军北洋军营管带，后任西北军总司令，是一位爱国抗日将领。在抗战时期，他写了1 400多首诗，诗为“丘八体”，与砚背上的诗体相符。由于没有注明时间，推断为抗战时期在四川重庆时所题。在这首诗中，他是在缅怀、瞻仰一位先人，应该是吴大澂。

这样来看，此砚的原主人是吴云，吴云就是这方澄砚中隐含的第四人。吴大澂题字一侧，上面是“两罍轩”金文，可能是擅长甲骨、金文的吴云自题的。很有可能是吴云将这方澄砚送给了好友吴大澂。吴大澂把它作为自己训古时用的手边之物，取名“校书之砚”。吴大澂被罢官后，经济上穷困潦倒，有可能将一些字画、古董和此澄砚出售以养家糊口。后有吴昌硕的友人收得此砚，赠送给吴昌硕。吴便题上了这几句，“窸斋题石，友今收得”，到了他手中，不禁感慨“愁将虑事提”。

经上网查询资料得知，北京有一古玩爱好者在2006年也曾收得一方与我同样的名人题字澄砚。他还作了不少的研究，在网上写了一篇题为《一方小砚背后的故事》的文章，洋洋五千字，将自己的考证作了详细介绍。

然而，我又查得在《沈氏砚林》所藏砚品中确有“两罍轩主校书砚”。北京的那位和我的都是多一个“之”字，我的则还少了一个“主”字。这样，就有了三方“两罍轩”砚了。至此，我知道我和北京的那位都属于“缴学费”的人。

都说现在的古玩市场里百分之九十以上都是假货，看来并非是空穴来风。经历了，就明白了。唉，真是水太深了！

2015年10月

怀念外婆

外婆离开我们已有35年了，但在我心里，她今年是102岁。每当清明来临，就特别思念她。思念她便会浮现出我儿时记忆中的一些碎片，而这些记忆碎片中又无处不有外婆的影子。

外婆是个普通、平凡的家庭妇女，充满爱心和满腔地付出。小时候，我弟妹四人，母亲管不过来，外婆就主动分担了轮流抚养一个外孙的义务。外婆家在杭城，我家在上海，我在学龄前就一直住在外婆家。我要念小学的那一年，全家迁到了松江。我回松江后，轮到我大弟去杭城。大弟要念书了，我妹便去了外婆家，再后是我小弟，就这样轮流着。

在我朦胧的儿时记忆中，外婆是个勤劳节俭的人。我小时候常跟着外婆，冬天去紫阳山上扒柴，枯枝松子壳什么的用于烧饭。清明时节去摘艾蓬叶做艾糕。夏天在桃树下摘桃浆，回来后，取一小团放在水中浸泡，慢慢地就涨成一脸盆了，烧熟后放在井水里冷却，放点白糖，就成了甜美丝滑的“冷饮”。

每年的暑假我都要去外婆家。她十分疼爱我们几个外孙，常会给我们一点零花钱。也许是我在外婆身边待的时间长些，外婆对我更是疼爱有加。记得有一次，路过一家甜酒酿店，闻到那酒酿和桂花香味，让我馋馋的。回家后向外婆提出我要吃，外婆便给了我两角钱。我走了一站多路，花了一角五分钱，买了个大份的，美美地吃了个底朝天，很满足和感激的。

在我10岁那年，外公因病离去了。这给外婆的打击太大了，中年丧夫又断了经济来源，大女儿远嫁，儿子从小就去了海外谋生，身边的小女儿还刚念完小学。坚强的外婆，默默地承受着巨大的压力。外公走后，外婆和我姨的生活费主要靠我舅的微薄贴补，也是很清苦的。可她会省吃俭用地将省下来的钱花在我们身上。

每年过春节，外婆总会带着我姨来松江。每当听到母亲说外婆要来，我们都会欢呼雀跃。我们知道，外婆会给我们带许多好吃的。我和弟妹们便迫不急待地去火车站等候。当时正是“文革”期间，火车也不准时，我们就这样眼巴巴地向西遥望着，一小时，两小时，总希望进站的列车里走下来的是外婆。下车的外婆总会挑着一对大大的、杭城特有的椭圆形竹编篮，里面装得满满的，我们是特别地高兴，可以解馋了。其实在当时，外婆来一次也是挺不容易的。百多公里路程，慢车走走停停要 4 个多小时，还没有座位，有时还要上“棚车”，又带着那么多东西，真是苦了外婆。

春节过后，父母亲上班去了。外婆要待到我们开学时，才带上我妹或小弟回杭城。春节时家里备的菜没几天就吃完了，伙食又回到和平时一样的简单。一天，外婆看见家里没什么荤菜，便出去了。回来时，外婆菜篮里有一只鸡。她笑呵呵地说：“一只羊！一只羊！”咋回事？原来她在菜场门口的自由市场问卖鸡的农户，“鸡多少钱一斤？”农户用松江土话回答说：“一只洋（即：一元钱）。”她听不懂松江土话，以为要用一只羊来换，吓了一跳！问清后才知是一元钱一斤，听后我们都笑翻了。

我念中学时，开始时兴蓝色的运动衫裤，我也很想有一套。外婆看出了我的心思，便花了 17 元钱给我买了一套，在当时那可是半个月的工资呀！

外婆不仅在吃穿上呵护我们，同时在自理能力上也是放手让我们锻炼。我 15 岁时，在杭四医院做扁桃腺快速剥离手术，不用打麻药。我有些害怕，想让外婆陪我去。外婆说你都是大小伙了，该自己去。

十年后，我工作了，也成家了。可外婆却累了，突然地走了。不管过去了多少年，这亲情刻骨铭心，这感恩之情永远在我心里。

2017 年 3 月

（原刊于 2017 年 4 月 26 日《松江报》文艺副刊）

捕鱼的那些事

江南水乡，河塘多，鱼虾也多，捕鱼的也就多了。捕鱼的方式也五花八门，除了常见的渔船撒网、钓鱼之外，还有松江方言称之为“烤浜兜”摸鱼。即将小河塘两头堵住，将河水淘尽再抓鱼，或将水搅浑，来个浑水摸鱼。

在20世纪70年代初，松江县城里很多家庭生活很拮据。我家东隔壁弄堂里有一户姓沈的人家，有个孩子是我儿时的玩伴，他有兄弟姐妹6个，靠他父母亲的工资维持生计，很艰苦。好在他父亲有摸鱼的本领。我常见他父亲在周日一大早，便将摸鱼时穿的防水橡胶衣裤卷成团，夹在他那辆重磅自行车的行李架上，后轮架左右各挂着一个塑料大水桶，悄悄地离家去摸鱼了。傍晚回家时，车还未停稳，他父亲便会大声呼唤：“把脚盆拿出来！”这情景必定是收获不小。水桶里往往是满桶的鱼，有的鱼足有七八斤重，也不知他是怎么摸的。然后将鱼倒入大脚盆里分拣，大小及品种分开，第二天早晨拿到小菜场门口的自由市场去卖，部分小杂鱼则留着自己吃。

当时，城里的人也时兴用各种捕鱼工具去乡村的河塘里捉鱼，一来可改善家里的伙食，二来也是一种生活乐趣，能捉些鱼回来，也蛮有成就感的。

记得我在十三四岁时，也学着别人的样，用省下的零用钱买了赶网和鱼篓，这纯粹是感觉好玩，当然能捉到鱼也不错。这赶网是用两根细竹竿呈十字拱形作为渔网的骨架撑起来的，左右、后面与底部有网罩着，前面为开口。赶网的大小也就一米长、半米宽的样子。人卷起裤管赤脚站在小河塘的浅水中，一手将赶网轻轻沉入水下，一手握着一根三角竹竿由远至近地在水中捣鼓，如水中有鱼，就会朝着平静的水中逃去，这样就撞进了赶网中。暑期中，我也会装模作样地去乡村河塘里用赶网捉鱼。当然都找些小河塘和垄沟。几次下来，也没有多少收获，捕到的尽是些很小的串条鱼、昂刺鱼和鳑鳊鱼。一次捉到一条蛮大的鲫鱼，晚饭时母亲说："这鲫鱼有六两重。"我便有点得意了。还有一次，赶网拎起来后，是一条蛮大的黄鳝和一条鱼，看着黄鳝拼命扭动，我误以为是条蛇，吓得忙把它连同鱼一起抖出赶网，自己连滚带爬地逃上了岸。打那以后，我对站在河塘水中总有点心有余悸，怕被蛇咬！慢慢地也就不再用赶网去捉鱼了。

后来，看见用夹网捉鱼不用下水。人只要站在岸上，手握着两根竹竿，将竹竿之间约 3 米宽的渔网抛向远处的水中，然后将竹竿慢慢往河岸边拽，两根竹竿一夹，有鱼就逮住了。看着别人这样捣鼓竟然能逮到鱼，我便用别人的夹网试了几下，觉得手臂很酸，终因臂力不够而作罢。

在当时，也有些成人在用扳网抓鱼。这扳网可要大得多了，足有 20 多个平方米，也不是小孩能玩得了的。扳网是由一根稍粗的竹竿做起吊杆，它的底部固定在一节横着的毛竹侧面的孔中，靠在河塘边作为上下起降的支点，两根稍细的竹竿成十字拱形，它的交叉点绑在粗竹竿的梢部，还有一根拉绳也绑在此处，一张渔网的四个角分别绑定在细竹竿尾部。然后将渔网慢慢放入水中，沉入河塘底。过个十多分钟，将扳网拉起悬出水面，就会看到网里有活蹦乱跳的鱼了，再用长竹竿的网兜将鱼抄入兜里。

这赶网、夹网和扳网现在已很少看到，也就成了往事回忆。

2017 年 2 月

（原刊于 2017 年 3 月 22 日《松江报》文艺副刊）

《西行漫记》八十周年纪念

掩合上手中的名著《西行漫记》，我仍沉浸在书中的一些章节和字里行间，思绪万千，打心底里对作者埃德加·斯诺先生是敬佩有加。

他有勇气和胆识，他关注中国革命，便要去探个究竟。1936 年 6 月初，斯诺先生在北平燕京大学（北京大学前身）告别了妻子海伦，只身一人来到西安，混在一辆北去的东北军军车中到达延安，随后朝着西面苏区的临时首府保安县（今志丹县）走去。他带着无法理解的关于革命与战争的无数问题，冒着生命危险，穿过东北军的防线，摆脱民团的跟踪，进入陕甘宁边区。他回答边区民兵的提问时很简单直白，“要去找毛泽东”。他被称为在红色区域进行采访的第一位西方新闻记者。我想，没有执著的信念和求实的精神，他就不会去冒这个险。

在当时的十多年中，国民党实行的是“攘外必先安内”的政策，将“剿共”作为头等大事。对中国革命进行了残酷的镇压和严密的新闻封锁。中国共产党和苏维埃政权及中国工农红军并不被世人所知。一般的人想去了解又知难以过封锁线，便以“过不去”为由而作罢。而斯诺先生是怀着“破釜沉舟”的决心去“西行”的，他是冲破这道封锁的第一人。

在以后的四个月中，他耳闻目睹这片贫瘠、荒芜和落后的黄土地上的红色中国的过渡社会是怎样的现状。虽然条件艰苦，对一个外国人来说，没有面包牛奶黄油咖啡、没有席梦思和抽水马桶。可他克服了种种困难，为了一个目的，就是要了解红色中国。

从安塞到保安，从保安到吴起，再走到了国共交战的前沿阵地甘肃的预旺堡（今予旺镇），来回行程近千公里。一路上，他采访了多位共产党的领导人和中国工农红军的指挥员，还与苏区的各行各业人物及当地老百姓广泛接触。在这些被国民党称之为“赤匪”的人身上，他找到了无数个答案，一路上的所见所闻对他在思想感情上也起了很大的变化。也就是有了这次冒险地体验，他认识了红色中国，成了红色中国的朋友。他的后半生，一直都在关注着中国革命。

在他的身上有着新闻记者严谨的“眼见为实”的职业操守，要的是真实的第一手材料。他是务实做事的，他采访周恩来、听李长林讲述贺龙。他还记录了刘志丹的故事、了解西北苏维埃的社会状况、听林祖涵谈苏区货币政策、约徐特立谈苏区教育、直观苏区的工业、了解苏维埃政权和民族宗教政策、观看红军剧社演出和感受苏区人的精神等等。在七、八月份的前线时主要是“和红军在一起”，采访了杨尚昆、彭德怀、徐海东、刘晓和多位红军战士。

他对毛泽东的采访进行了十多次，占了较大篇幅，采访已从毛泽东个人的经历转向了中国共产党在初创时期的过程。从井冈山到瑞金、从五次反围剿到二万五千里长征。

“朱毛，朱毛，两者不可分离。”这次他虽未见到朱德本人，深感遗憾，为了完整性，他在书的章节中已给朱德出了位置。对朱德的采访实际上是由斯诺夫人海伦在1937年5月抵达延安采访后补写并根据尼姆.韦尔斯女士的访问记录改写而成的。九月底，他返回到保安后，继续进行采访、观察、思考。了解共产党的政策和使命，停止内战，组成抗日统一战线等，直到十月中旬才离开。

斯诺回北平后，马上赶写了一系列他在红军根据地亲见亲闻的报道文章，分送给英美诸国的报纸和电讯社发表。接着，斯诺又以《毛泽东访问记》为题，将谈话录交由《密勒斯评论报》发表，该报为强调真实性，还配发了由斯诺拍摄的毛泽东头戴缀有五角星的八角红军帽的大幅照片，它像枚巨型炸弹震动了整个世界。毛主席十分感动地说道：“斯诺先生让世人知道我们并不是红毛绿眼睛、杀人放火的‘赤匪’，我们感谢他。”

他在整理采访笔记时仍有许多个问题还没搞清楚。于是，便委托妻子海伦在翌年5月去延安时寻求答案，以补齐材料。在该书的最后一章第六节中，他对中国共产党的纲领、目标、任务的理解已得到了升华，叙述也趋已完整。

在海伦的帮助下，斯诺用了不到一年的时间写成了这本33万字的书。1937年10月，该书取名为《红星照耀中国》由伦敦戈兰茨公司第一次出版，到了11月已发行了五版。而在国内，当时上海租界当局对中日战争宣告中立，要公开出版这本书是不可能的；在继续实行新闻封锁的“国统区”，就更不必说了。在得到斯诺本人的同意，漂泊在上海租界内的一群抗日救亡人士，在一部分中共地下党员的领导下，组织起来，以“复社”的名义，集体翻译、印刷、出版和发行了这本书的中译本。斯诺除了对原著的文字作了少量的增删，并且增加了为原书所没有的大量图片以外，还为中译本写了序言。作为掩护，用了《西行漫记》为书名。

《西行漫记》是一部了不起的不朽名著，由此产生了经久不息的巨大影响。它不仅让西方社会了解了红色中国和中国共产党，也是“向无数中国人第一次提供了有关中国共产党的真实情况”（斯诺《漫长的革命》）。更是激励了国内更多的有志青年投奔苏区或投身抗日战场。

今日重读此书，仍具有现实的积极意义。在振兴中华民族、建设小康社会的伟大征途中，如何正确理解党的一系列方针政策；在网络信息铺天盖地之时，如何甄别真伪。做到不人云亦云，眼见为实。要深入生活，有真实素材。要客观公正，记叙全面；今日中国的改革开放、与世界的和平共处、“一带一路”共谋发展战略等方针政策，还是需要我们加大在全世界广为宣传的力度。

今年10月是《西行漫记》出版发行80周年的纪念之月，今年也是埃德加·斯诺先生逝世45周年和海伦·福斯特·斯诺女士逝世20周年的纪念之年，谨以重读此书，感慨此书诞生的前前后后，并记之。

2017年5月

后　记

2000年春，干了20年教育工作的我，转岗到了旅游部门。现在回过头来想想，也许这辈子我是注定要与旅游结缘的。可能是我喜欢旅游；也可能是在教育系统工作时，我曾三次被借到区（县）搞文化旅游节活动和第三届全国农民运动会的接待工作；更可能的是，因工作需要，我与旅游结下了缘。

从事旅游工作18年，我深感搞旅游离不开文化。文化是旅游的灵魂，旅游又是文化的载体。我也有意做个旅游文化的实践者和推广者。于是，利用工余时间，我写了一些东西。这些东西，说游记又不像游记，说散文也不像散文，还有的是松江历史补遗和松江旅游的资源介绍，因与我的工作有关，就权当工作笔记吧。“笔记”中的大部分曾在一些报刊上发表，我有点闲空时，便将它们整理出来，结成集子付梓，算是给自己的工作以文字的形式划上一个句号吧。

我有机会对兄弟省市区县的旅游模式进行考察学习，借鉴他们好的管理经验和改革创新的举措；也有机会外出去各地宣传推介松江旅游，与各地旅游部门开展合作交流，或考察新的旅游线路和产品，让市民朋友的出行多些选择；也常利用节假日，定制私人旅行，去了不少地方。

著名园林学家陈从周先生有“旅游经”三要旨：一曰旅；二曰游；三曰思。“旅”重在旅途的考虑；“游”则是旅游的主题、主要内容，景点的欣赏、游踪的便捷和游玩的快乐；“思”往往被人所忽视，大抵苦于旅、忙于游，却把旅游最重要的思索、思考、思旅忘却了。陈教授还强调：“旅游思”之“思”，不但在于旅游之时，而且重在旅游之后，可以在不久，也可能在十余年乃至几十年后。这种“旅游思”，自然比当时见美景欢呼、惊异、感慨来得更深入、深刻。我认为说得很透彻。旅游不可停留在“上车睡觉，下车拍照”那种“到此一游”式的浅层，应有其深度。

我有个习惯，每到一地，就要用心去了解该地方的古今、文化、历史、特色等，有感觉了就写一点心得。我觉得，旅游不仅是放松心情、饱眼福、尝美食、购特产的过程，更是一个受教育、长知识、体验各地风土民俗的过程。“行万里路，读万卷书”。“旅行其实就是一次阅读”。把这些所见所闻所读的感受写下来，与大家分享，既是一种乐趣，也算是旅游文化的一片绿叶。至于能不能引起读者的共鸣？很难说，毕竟每个人对待景色、事物的欣赏角度不尽相同，感受也是不一样的，所以仅供参考吧。

松江是我生活、学习和工作的地方。就上海地区而言，松江是一个历史悠久、文化深厚的地方，新石器时代的马家浜文化、崧泽文化、良渚文化遗址均有发现。众多的历史遗存给松江留下了“唐宋元明清，从古看到今”的旅游资源。作为一名旅游工作者，对这些文化遗存，我奉行了解它、宣传它的精神。故而，学习了解松江的历史文化成了我的工作需要和爱好。也因此，其中一部分文章就是我这十多年来所做的部分工作：十多年前曾做过在上海方塔园天妃宫恢复妈祖文化内涵的事；十年前还组织评选过“松江新十二景”并为它们命名，与松江老十二景形成“松江二十四景”。也有一部分写松江旅游历史阶段的划分与特征等方面的内容。六七年前，我挖掘过徐霞客与陈继儒、与佘山、与明代松江名人的史料，提出了“重走徐霞客上海古水道(沿线)”的设想。还与青浦、金山兄弟区共同推动“上海山水画”的旅游产品。四年前还组织开展过“松江的 66 个经典符号”的评选等等。

对于是否集结出书，我曾经很纠结，主要是自己的文字功底不扎实，唯恐文不美读之无味。友人鼓励，说为松江的旅游文化留下一段痕迹，一片记忆，岂不是一件有意义的事？何乐而不为呢！

本书的出版，得到了文汇出版社社长桂国强先生的大力支持，得到了上海市文联原党组书记、上海市海派文化研究中心主任李伦新先生的拨冗作序，得到了松江区文联副主席许平女士满腔热情的帮助，也得到了我的同事和友人们的帮助，在此，一并致以最诚挚的感谢！

娄建源

2017 年 5 月